CURSO DE REGULAÇÃO PORTUÁRIA

INTRODUÇÃO À TEORIA E PRÁTICA DAS TARIFAS PORTUÁRIAS NO BRASIL

SANDRO JOSÉ MONTEIRO

Prefácio
Frederico Bussinger

CURSO DE REGULAÇÃO PORTUÁRIA

INTRODUÇÃO À TEORIA E PRÁTICA DAS TARIFAS PORTUÁRIAS NO BRASIL

Belo Horizonte
FORUM
CONHECIMENTO JURÍDICO
2022

FÓRUM
CONHECIMENTO JURÍDICO

Luís Cláudio Rodrigues Ferreira
Presidente e Editor

Coordenação editorial: Leonardo Eustáquio Siqueira Araújo
Aline Sobreira de Oliveira

Rua Paulo Ribeiro Bastos, 211 – Jardim Atlântico – CEP 31710-430
Belo Horizonte – Minas Gerais – Tel.: (31) 2121.4900
www.editoraforum.com.br – editoraforum@editoraforum.com.br

Técnica. Empenho. Zelo. Esses foram alguns dos cuidados aplicados na edição desta obra. No entanto, podem ocorrer erros de impressão, digitação ou mesmo restar alguma dúvida conceitual. Caso se constate algo assim, solicitamos a gentileza de nos comunicar através do *e-mail* editorial@editoraforum.com.br para que possamos esclarecer, no que couber. A sua contribuição é muito importante para mantermos a excelência editorial. A Editora Fórum agradece a sua contribuição.

Dados Internacionais de Catalogação na Publicação (CIP) de acordo com ISBD

M775c Monteiro, Sandro José

Curso de regulação portuária: introdução à teoria e prática das tarifas portuárias no Brasil / Sandro José Monteiro. - Belo Horizonte : Fórum, 2022.

392p.; 14,5cm x 21,5cm.
ISBN: 978-65-5518-401-3

1. Direito Econômico. 2. Economia da Regulação. 3. Administração Financeira. 4. Contabilidade de Custos. 5. Administração Pública. 6. Políticas Econômicas. I. Título

2022-1446 CDD 341.378
CDU 34:33

Elaborado por Odilio Hilario Moreira Junior - CRB-8/9949

Informação bibliográfica deste livro, conforme a NBR 6023:2018 da Associação Brasileira de Normas Técnicas (ABNT):

MONTEIRO, Sandro José. *Curso de regulação portuária*: introdução à teoria e prática das tarifas portuárias no Brasil. Belo Horizonte: Fórum, 2022. 392p. ISBN 978-65-5518-401-3

LISTA DE FIGURAS

LISTA DE TABELAS

SUMÁRIO

PARTE II
O CONTROLE TARIFÁRIO

PARTE III

TARIFAS E PROMOÇÃO DA EFICIÊNCIA

PARTE IV

VARIÁVEIS DE UM PROJETO TARIFÁRIO NOS PORTOS

PARTE VI
PROBLEMAS E APLICAÇÕES

APÊNDICES

PREFÁCIO

O tema me interessa. Com ele estive envolvido em vários momentos, projetos e processos ao longo das três últimas décadas; ora como técnico, ora como executivo, ora como consultor. Só essa afinidade pode explicar a "imprudência" de ter aceito, de bate-pronto, o honroso convite do autor; sem antes conhecer ou mesmo ter tido acesso ao texto. Não sabia o que teria pela frente!

Bem; aí já era tarde, mas não me arrependi. O susto inicial, que tive com suas densas quase 350 páginas do original, pouco a pouco foram dissipando-se: ao final, acabou sendo mais leve do que imaginara e havia aprendido bastante desse universo multifacetado, complexo e mutante. Também, em "*flashback*", pude revisitar momentos, episódios, construções, conceitos, processos (embates; por que não?) que, como a "remuneração binária" e o "sítio padrão", hoje o livro relata já como marcos da história recente do tema.

Quando do convite, pensei tratar-se de um (mero) livro didático, como o autor me apresentara naquela oportunidade: e o é. Mas é um livro didático daqueles clássicos, bem cuidados: com estrutura racional, texto e linguagem escorreitos, ilustrações, exemplos, anexos e "questões para revisão" ao final de cada um de seus 27 capítulos, e até problemas propostos e resolvidos. Assim, o aluno (ou leitor) é apresentado ao tema sob diferentes ângulos e abordagens, o que lhe abre novos horizontes; inclusive para eventualmente ponderar, arguir e divergir, uma vez que ele encontra fundamentos e referências para se aprofundar, caso queira.

Mas ele é mais do que um livro didático. Apesar da salvaguarda clássica, e de praxe, "Embora o livro não pretenda esgotar o assunto..." (Nota aos Alunos), difícil, em uma visada, ocorrer algum aspecto ou subtema que não tenha sido nele abordado. E mais: em geral, tratado em diversas dimensões: histórica, conceitual, normativa, instrumental e, até, alguns "cases". Assim, não seria exagero considerá-lo, também, como um tipo de manual para consultas específicas; mormente porque, apesar de harmônicos, os diversos capítulos são bastante autárquicos.

Da leitura, depreende-se que a obra foi desenvolvida, primariamente, com foco na problemática dos "portos organizados" (portos públicos). Mas do seu conteúdo, muito é extensível e aplicável também à temática congênere no ambiente dos "Terminais de Uso Privado –

TUPs". Esse, como se sabe, experimentou um "*boom*" a partir da Lei nº 12.815, de 2023, que balizou o modelo portuário brasileiro vigente, o que abre outros campos em função das novas condições concorrenciais resultantes em vários Complexos Portuários.

Finalmente, mas não menos importante, ao examinar o tema em quase todas as suas dimensões, garimpando e sistematizando dados, informações, conceitos, instrumentos e, também, visões de outros estudiosos, o livro contribui para reflexões e debates; seja das questões já surgidas, seja daquelas que surgirão nesse constante processo de transformação.

Em síntese, "*Curso de regulação portuária:* Introdução à teoria e prática das tarifas portuárias no Brasil" é um misto de livro didático, fonte de consulta e roteiro de debates: grande contribuição à comunidade portuária e regulatória brasileira.

Frederico Bussinger

Consultor e ex-Secretário-Executivo do
Ministério dos Transportes

São Paulo, abril de 2022.

NOTA AOS ALUNOS

Uma das principais razões de estudar a regulação tarifária dos portos é o crescimento constante desse setor, desde 2013 (pelo menos), independentemente dos demais setores da economia brasileira e do Produto Interno Bruno (PIB). Durante a pandemia de COVID-19, foi um dos poucos setores em crescimento, batendo recordes. Esse é um universo cheio de oportunidades profissionais, e este livro o ajudará a entender esse mundo. Ele o fará um participante ativo da regulação portuária – os conhecimentos aqui reproduzidos lhe darão uma nova perspectiva da matéria, demonstrando alguns instrumentos úteis para o seu dia-a-dia, compreendendo os potenciais limites da política regulatória de preços nos portos públicos.

Embora o livro não pretenda esgotar o assunto, nem incluir uma abordagem matemática mais profunda, muito menos inovar no conhecimento acadêmico, cuidamos que ele contivesse várias ferramentas de aprendizado, mostrando como o conteúdo pode ser aplicado na prática. Aparecem recorrentemente, assim:

a) **Figuras:** elas esquematizam o conhecimento, facilitando a sua memorização;

b) **Caixas ("box")**: partes incrustadas dentro dos capítulos, apresentando material acessório à regulação portuária. São conceitos que auxiliam o pleno domínio do assunto no capítulo;

c) **Questões para revisão**: ao final de cada parte do livro, há questões para revisão que testam os principais ensinamentos anteriores, recapitulando. Os alunos podem usá-las para verificar a compreensão, consultando as páginas, caso tenha dúvidas;

d) **Problemas e aplicações**: a parte final do livro apresenta vários problemas e aplicações. Alguns professores podem usá-los como atividade prática. A solução desses problemas dependerá de um esforço maior, dado que são situações mais concretas;

e) **Exercícios resolvidos**: alguns capítulos contemplam um ensaio numérico do modelo, pertinente ao tópico. Atente-se ao símbolo do MS Excel, esses serão trechos do livro que podem ser praticados diretamente no computador; tente repetir os resultados; e

f) **Apêndices**: o final do livro também apresenta diversas tabelas referenciais, de apoio, para consulta frequente. Partes relevantes dos normativos são transcritas.

Bons estudos.

APRESENTAÇÃO

À época da Empresa de Portos do Brasil – a chamada Portobrás, cuja existência durou até 1990 –, a gestão do setor portuário brasileiro era centralizada nessa estatal federal, no seu papel "*holding*". Ela controlava as administrações portuárias até então existentes, além de definir os programas orçamentários, as políticas tarifárias e de pessoal bem como as decisões sobre novos investimentos.

A partir da extinção da Portobrás e o advento da Lei nº 8.630, de 1993, a Lei de Modernização dos Portos, os portos organizados passaram ao comando direto das Companhias Docas, fato societário equivalente a uma forte descentralização do setor. Cada Administração Portuária tornou-se autônoma em suas decisões administrativas e estratégicas, ainda que permanecendo vinculada ao Ministério de Transportes de então. No aspecto tarifário, sem o domo anterior, deixou de haver uma coordenação central mais rígida do sistema portuário brasileiro.

Pela mesma Lei nº 8.630, de 1993, as Companhias Docas deixaram de atuar diretamente na operação portuária (prerrogativa agora do operador portuário privado) e converteram-se no papel de autoridades portuárias, com a responsabilidade de garantir a infraestrutura das áreas comuns, gerindo o espaço do porto organizado como uma espécie de "condomínio". A inovação foi em prol de uma maior eficiência, significando transferir competências das Docas em relação à movimentação e à armazenagem de cargas, e repassá-las aos entes privados previamente qualificados pela própria estatal. Passaram as Administrações Portuárias a exercer a atividade quase única de Autoridade Portuária, ou seja, de administradora do patrimônio e bem público, disciplinadora local e fiscalizadora das atividades portuárias na sua jurisdição.

Essa ruptura com o modelo anterior (modelo Portobrás) certamente reduziu a receita operacional das administrações portuárias. A movimentação e a armazenagem das cargas, muitas vezes, eram a maior fonte de renda dentro de um porto público. Após isso, couberam às administrações portuárias as receitas advindas das tarifas cobradas pela oferta e pela manutenção das infraestruturas públicas à disposição dos navios e das cargas, somadas com as receitas patrimoniais (outorgas onerosas) auferidas em função dos contratos de arrendamento de áreas e de instalações portuárias.

Essas diretrizes de remuneração guardam semelhança com o chamado modelo *Landlord Port*. Nesse modelo, a autoridade pública administra o porto e fica responsável por toda a infraestrutura portuária, enquanto a superestrutura e a operação portuária ficam sob responsabilidade de arrendatários e operadores portuários.

Esse descontínuo no modelo remuneratório, sem a presença de um robusto poder regulador central, ou mesmo sem um período de transição adequado para conformações, contribuiu decisivamente para a perda de uniformidade das cobranças tarifárias entre os diversos portos. Além disso, a nova receita total, evidentemente, é menor que a receita da operação portuária anteriormente arrecadada. Para a administração portuária, restou, portanto, uma parte bastante arriscada do negócio, isto é, lidar com o bem público, tendo ela confrontado esse risco a sua própria maneira, muitas vezes criando uma estratégia comercial de sobrevivência, refletida sobremaneira na sua estrutura tarifária.

A respeito dessa política tarifária, a Lei de Modernização dos Portos, no seu art. 51, assim prescreveu:

> Art. 51. As administrações dos portos organizados devem adotar estruturas de tarifas adequadas aos respectivos sistemas operacionais, em substituição ao modelo tarifário previsto no Decreto nº 24.508, de 29 de junho de 1934, e suas alterações.

Em síntese, os ideais demarcados no Decreto nº 24.508, de 1934, da era Vargas, criado para organizar e padronizar a estrutura tarifária dos portos públicos, foram dispensados pelo legislador de 1993. Cada Administração Portuária poderia agora adotar "tarifas adequadas" a sua operação, desde que informada previamente ao ministério supervisor e homologada pelos respectivos Conselhos da Autoridade Portuária (CAP).

Durante muitos anos, na ausência de uma robusta política tarifária positivada de longo prazo, as administrações portuárias desfrutaram de boa dose de liberdade para estruturarem suas tarifas, atendendo totalmente às particularidades do seu próprio mercado. Como resultado, ao longo do tempo, cresceu a dificuldade de comparar as cobranças tarifárias entre os portos organizados, pois restaram dezenas de redações para a mesma cobrança, além de inúmeras formas de incidência, descrições, métricas, isenções, franquias etc.

Nessa toada, em 2002, surgiu a Agência Nacional de Transportes Aquaviários – ANTAQ, a quem coube, a partir de então, criar os modelos de revisão e reajuste tarifário bem como elementos analíticos de equilíbrio econômico-financeiro, aprovando os novos valores tarifários. Contudo, somente em 2019, após quase uma década de estudos, a Agência aprovou uma modelagem tarifária padronizada e uniforme, incentivadora da eficiência.

Até aquele ano, as tarifas portuárias eram revisadas por meio do método do custo total, sem grande preocupação com os valores de cada preço individualmente, o qual ficava a cargo da própria autoridade portuária. Nem sempre o equilíbrio econômico financeiro era garantido. A agência reguladora utiliza-se de um modelo tarifário no qual cada reajuste (ou revisão, pois até mesmo a denominação também carecia de consenso normativo dentro da regulação) era autorizado com base na demonstração da variação positiva de custos totais no tempo t_1 (ΔCTt_1) frente às receitas correntes e frente aos custos totais no período t_0 (CTt_0), ou seja, $CTt_1 = CTt_0 + \Delta CTt_1$.

Na falta de instrumentos regulatórios mais sofisticados, não se avaliava a fundo, durante o processo de aprovação de novo patamar tarifário, o custo passado (o CTt_0), somente o custo incremental a ser autorizado, o ΔCTt_1. O ponto de equilíbrio a ser alcançado era a Receita Total Média (RT_{med}) igual ao Custo Total Médio (CT_{med}).

Porém, percebe-se que tal equação, $RT_{med} = CT_{med}$, não estimulava a expansão da oferta ou de investimentos, fato que certamente, durante esse período, aumentou a dependência da autoridade portuária em relação às subvenções governamentais. Tampouco havia garantias na obtenção de capital próprio voltado à expansão em capacidade. Ademais, devido à falta de unificação da cobrança de tarifas e do seu método de custeio, cada análise tarifária era única, peculiar e trabalhosa para a Agência.

Nesta primeira edição, este trabalho busca elucidar didaticamente esses conceitos, a evolução dos modelos e os princípios relacionados à matéria tarifária dos portos, já sob os contornos do novo método aprovado pelo órgão regulador, tratando de aspectos relevantes à proposição e aprovação de novos patamares tarifários que, por sua vez, encoraje a produtividade e a eficiência dos portos no médio e curto prazo – um processo, cujo insumo básico é a informação padronizada e comparável.

A obra destina-se essencialmente aos docentes, estudantes, consultores e profissionais da regulação portuária, servindo de guia referencial dos fundamentos das metodologias tarifárias utilizadas no setor. Pretende também promover o conhecimento da matéria, com o objetivo de expandir os debates e manter acesa a chama do aprimoramento contínuo. É um norte também para as modelagens de concessões portuárias.

O autor.

Novembro de 2021

PARTE I

CONCEITOS BÁSICOS

CAPÍTULO 1

O QUE É TARIFA PORTUÁRIA

Definição geral

Define-se "Tarifa Portuária" como o preço[1] público ofertado pelas administrações portuárias brasileiras pelos fornecimentos dentro do respectivo porto organizado sob sua gestão comercial.

Para tanto, precisa constar necessariamente de uma tabela de preços, chamada, dentro do jargão setorial, de "tabela tarifária". É concretizada mediante requisição, usualmente verbal, ou seja, sob demanda, dispensando, geralmente, qualquer espécie de contrato individual entre as partes. A requisição verbal é viabilizada pela existência do *Regulamento do Porto*, que é uma espécie de contrato de adesão, disciplinando o funcionamento normal das operações. Todas essas regras reduzem a margem de liberdade negocial entre as partes envolvidas na operação, fazendo com que a administradora do porto imponha a tarifa, visto não existir acordo bilateral que garanta a estabilidade de patamar de preços, esse não se incorporando ao patrimônio de direitos materiais do usuário.

---

[1] É interessante começarmos tratando a tarifa portuária como preço. Vige no setor portuário grande generalização indevida, conceituando tarifa como a própria métrica e a forma de incidência, elementos que têm suas próprias características e definições.

O PREÇO PÚBLICO EM SENTIDO AMPLO

Entende-se por preço público, em sentido amplo, o valor cobrado pela prestação de uma atividade de interesse público qualquer, privativa ou não do Estado, desde que prestada diretamente por uma pessoa jurídica de direito privado, estando sujeita a restrições na livre fixação do seu valor.

É o que ocorre quando o Estado transfere a prestação de serviços (ou obras) para terceiros, por meio de concessão, permissão ou autorização,[2] ou quando o Estado cria uma pessoa jurídica de direito privado para prestar o serviço público ou explorar a atividade econômica de seu interesse.

Não caberia cogitar, portanto, tarifa, quando terceiro presta serviços de saúde ou de educação, já que nem uma nem outra dessas atividades se constituem em serviços privativos do Estado. Há, nesse caso, autorização, sendo o valor cobrado preço público em sentido estrito (segundo BANDEIRA DE MELLO,[3] essa atividade é "livre" para os particulares, desde que preenchidas as condições previstas na Constituição Federal e em leis e/ou normas específicas).

Outra, e mais importante, diferença entre as tarifas e preços públicos em sentido estrito, é que a restrição imposta àquela primeira modalidade de preço público será maior do que nessa última. Deveras, pelo fato de que, nas tarifas, tem-se a prática de um serviço privativo do Estado por particulares, o controle estatal do valor dos preços cobrados poderá ser muito mais rígido, já que, em sendo o serviço privativo do Poder Público, ele, necessariamente, deverá ser acessível a todos.

Daí decorre, inclusive, o princípio da modicidade das tarifas. Disso resulta que, para aumentar o valor das tarifas, o concessionário ou permissionário terá que obter, antes, a necessária aquiescência do Poder que delegou a atividade, enquanto que, no preço público em sentido estrito, por não se tratar a atividade de privativa do estado, o princípio da modicidade do valor é mitigado, já que a atividade exercida não precisa ser accessível a todos, o que resulta em um controle mais flexível pela Administração, que se limitará, quando tanto, a fixar tetos máximos de aumento de preços ou a invalidar aumentos abusivos – não sendo necessário ao autorizado, igualmente, a requisitar qualquer permissão para promover o aumento do serviço prestado.

---

[2] A Constituição de 1988 só emprega o termo tarifa nos casos de concessão e permissão (art. 175, parágrafo único, III: "incumbe ao poder público, na forma da lei, diretamente ou sob o regime de concessão e permissão, sempre através de licitação, a prestação de serviços públicos. §único. A lei disporá sobre: (...) III – política tarifária").

[3] BANDEIRA DE MELLO, Celso Antônio. *Curso de direito administrativo*. 32. ed. São Paulo: Saraiva, 2015. p. 640.

Por isso, afirma-se ser o preço público o gênero do qual a tarifa é uma das espécies. Aos valores cobrados das atividades autorizadas, cuja prestação pela iniciativa privada é assegurada livremente, desde que satisfeitas certas condições.

No setor portuário, o preço público tem origem em uma delegação celebrada entre uma pessoa jurídica e a União, para que esse obtenha o direito (e o dever) de explorar economicamente uma área e prestar o serviço portuário, de interesse público, contemplando parte significativa de uma infraestrutura essencial a outras atividades econômicas, essas com potencial de afetar a qualidade de vida em sociedade. A delegação pode ser pela *via legal* (criando estatais dedicadas), por *convênios* (com outros entes federativos) ou por *contratos* (com o setor privado).

É importante ressaltar ainda: a tarifa portuária, como preço público, não é uma taxa.[4]

Em nosso caso, o valor da transação é assumido voluntariamente ou facultado por quem tem a intenção de usar um serviço disponibilizado, não se tratando, portanto, de obrigação compulsória proveniente da legislação. Logo, afastada a natureza de tributo ou de taxa (taxa no sentido estrito, pois é permitido utilizar o vocábulo "taxa portuária" no sentido usual do jargão setorial, que é oposto à definição doutrinária) das cobranças portuárias. As taxas sujeitam-se totalmente aos princípios tributários, não ocorrendo o mesmo com preços públicos, que apenas se aproveitam desses princípios, relativizando-os.

Em outros termos, a tarifa portuária é devida somente por aquele que se aproveita economicamente do serviço prestado, exatamente por não ser compulsória. Como tal, *a tarifa não está sujeita ao contexto tributário*, portanto, não há que se falar em lei prévia para sua instituição, nem imunidade recíproca entre os entes federados e tão pouco nas vedações previstas no arts. 150 a 156 da Constituição de 1988, embora muitos dos princípios tributários gerais (generalidade, cumulatividade, universalidade e progressividade, por exemplo) e outros conceitos (como o do sujeito passivo e ativo, além da substituição) que ali constam sejam aplicados (e aplicáveis) à prática portuária, em virtude,

---

4 Súmula nº 545 do STF: "Preços de serviços públicos e taxas não se confundem, porque estas, diferentemente daqueles, são compulsórias e têm a sua cobrança condicionada a prévia autorização orçamentária, em relação à lei que as instituiu".

principalmente, do contexto histórico dos portos e a sua ligação intrínseca com a aduana e a arrecadação de impostos de importação ou exportação.

Mormente, as *tarifas portuárias não se submetem também ao princípio da anterioridade*, pois estão estreitamente vinculadas à manutenção do equilíbrio econômico-financeiro da operação, requerendo uma maior flexibilidade quanto a sua alteração para atender à dinâmica e constante alteração dos fatos na evolução contratual.

Veja ainda que as tarifas portuárias poderão apresentar, em sede do primeiro momento de análise, uma aparente natureza contratual, em razão dessa sua ligação com a manutenção do equilíbrio econômico-financeiro do contrato. Porém, também sofre forte regulação do poder público. Tudo isso reduz a margem de liberdade negocial entre as partes envolvidas. Por essa razão, muito embora as cobranças "façam parte da equação econômico-financeira das concessões, elas podem vir a ser alteradas unilateralmente pelo poder concedente, assumindo, por este prisma, caráter regulamentar, e não contratual" (CÂMARA, 2009).[5]

Diante dessa natureza, os órgãos fiscalizadores da atividade portuária consideram, entre outros princípios regulatórios, não toleráveis diversas práticas relacionadas à cobrança portuária, conforme a figura seguinte:

[5] CÂMARA, Jacintho Arruda. *Tarifa nas Concessões*. São Paulo: Malheiros, 2009. p. 48.

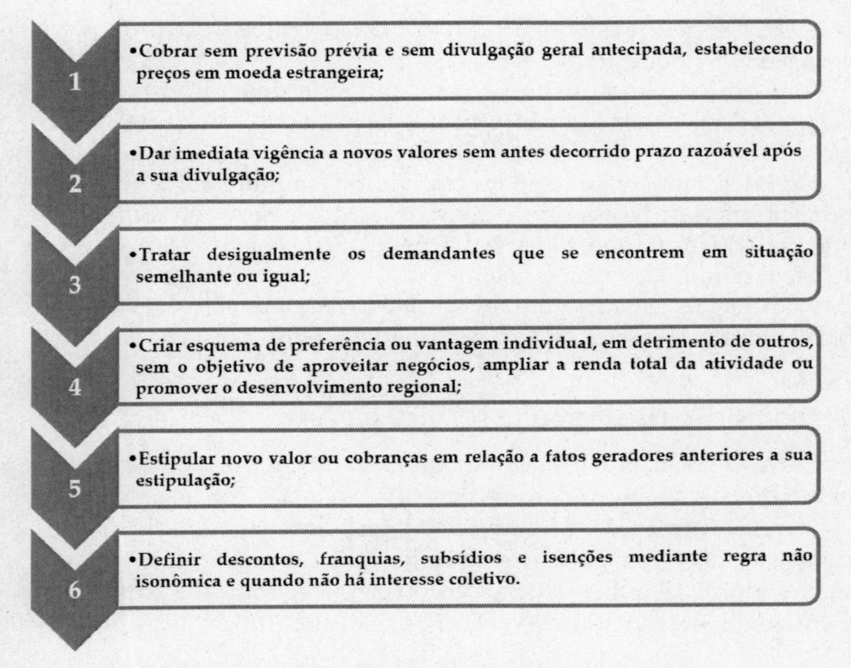

FIGURA 1 – Seis vedações elementares das tarifas portuárias

Tarifa como serviço específico e divisível

No contexto portuário, tarifa, ou preço, ao contrário da taxa, sempre se refere a um serviço efetivamente prestado e usufruído a qualquer título, isto é, depende de uma contraprestação efetiva. É serviço específico e divisível, prestado ao usuário mediante remuneração justa e razoável.

Simplificadamente, no direito comparado e nos termos dos arts. 77 e 79 da Lei nº 5.172, de 25 de outubro de 1966 (Código Tributário Nacional), a tarifa ou preço pode existir quando:

- é possível identificar o usuário (ou grupo) e demanda do serviço, de forma quantificável;
- o serviço pode ser individualizado, ou seja, quando um cidadão utiliza de forma separada dos outros.

Não pode ser cobrado, via tarifa portuária, por exemplo, o fornecimento de guarda portuária, porque não seria específico ou divisível. Todos se beneficiam de forma não quantificável ou individualizada.

Nesse caso, o serviço deve ser financiado por todos, proporcionalmente,[6] pois está associado a um custo indireto. É o caso também dos programas de sustentabilidade ambiental.

Aplica-se o requisito da divisibilidade defendido por Hely Lopes Meirelles (2002)[7] endossando a visão clássica que existem serviços *ut singuli* e os *ut universi*. Divisível (*ut singuli*) é o serviço com usuário determinado, que pode ser dividido em unidades autônomas de beneficiários. Nessa linha, divisível é aquele serviço de interesse imediato do indivíduo, pois, se o benefício é da coletividade, deveria ser remunerado de outra maneira.

Ademais, as tarifas portuárias, como os preços públicos, em tese, são facultativas,[8] isto é, em relação a eles, prevalece a autonomia da vontade.[9]

Tarifa portuária, tarifa de serviço e preço

Anteriormente, o setor portuário muito se preocupava com o nome da coisa, sem de fato se deter na essência. Por essa razão, as constantes incorreções técnicas dos legisladores e administradores públicos não determinam o regime a ser aplicado: o nome não define o regime jurídico regulador da exação, ou melhor, o rótulo não determina o conteúdo; é o conteúdo que vale (BALEEIRO, 2015).[10]

---

6 Veremos o conceito de "proporcionalidade tarifária" em capítulo apartado.

7 MEIRELLES, Hely Lopes. *Direito Administrativo Brasileiro*. 27. ed. Atualizada por Eurico de Andrade Azevedo. São Paulo: Editora Malheiros, 2002.

8 [STA nº 710 MC, rel. min. presidente Joaquim Barbosa, dec. monocrática, j. 31.5.2013, DJE 106 de 6-6-2013.] A Súmula nº 545 está atrelada às constituições precedentes que previam o princípio da anualidade, não repetido na Constituição de 1988. A facultatividade caracterizadora de tarifas ou de preços públicos é o regime jurídico à qual a exação está sujeita, isto é, se trata-se de serviço público primário e de prestação obrigatória pelo Estado (ou exercício de poder de polícia, e.g., na forma de fiscalização), trata-se de tributo (cf., e.g., o AI nº 531.529 AgR, rel. min. Joaquim Barbosa, Segunda Turma, DJe de 07.10.2010 e o RE nº 181.475, rel. min. Carlos Velloso, Segunda Turma, DJ de 25.06.1999). Os próprios precedentes citados na inicial, sobre o Adicional de Tarifa Portuária – ATP, confirmam essa assertiva (a ATP foi caracterizada invariavelmente como tributo, ora da espécie contribuição de domínio econômico, ora como taxa).

9 [ADI nº 800, rel. min. Teori Zavascki, P, j. 11.6.2014, DJE 125 de 1-7-2014.] 6. Segundo a jurisprudência firmada nessa Corte, o elemento nuclear para identificar e distinguir taxa e preço público é o da compulsoriedade, presente na primeira e ausente na segunda espécie, como faz certo, aliás, a Súmula n 545: "Preços de serviços públicos e taxas não se confundem, porque estas, diferentemente daqueles, são compulsórias e têm sua cobrança condicionada à prévia autorização orçamentária, em relação à lei que as instituiu". Esse foi o critério para determinar, por exemplo, que o fornecimento de água é serviço remunerado por preço público (...). Em suma, no atual estágio normativo constitucional, o pedágio cobrado pela efetiva utilização de rodovias não tem natureza tributária, mas sim de preço público, não estando, consequentemente, sujeita ao princípio da legalidade estrita. Ante o exposto, julgo improcedente o pedido formulado nesta ação direta de inconstitucionalidade.

10 BALEEIRO, Aliomar. *Direito Tributário Brasileiro*. 13. ed. Atualizada por Misabel Abreu Machado Derzi. Rio de Janeiro: Editora Forense, 2015.

Mas existe uma diferença marcante entre tarifa portuária e *tarifa de serviço*. Na verdade, apenas a primeira é uma tarifa, no sentido estrito. A segunda é uma espécie de preço regulado por meio de regras que foram inseridas nos contratos de exploração de áreas operacionais nos portos organizados (arrendamentos e outros).

A tarifa de serviço é um preço fixado em alguns contratos de exploração de áreas relacionadas a serviços de movimentação dos arrendatários portuários (durante a fase de operação portuária), especialmente quando o modelador do contrato entendeu que o agente econômico seria empoderado fortemente, um poder de mercado não contestável no curto prazo. Assim, em conjunto com os órgãos de controle, decidiu limitar os preços a um valor máximo, já conhecido quando o futuro arrendatário fez sua oferta no respectivo leilão.

O valor dessa tarifa de serviço pode ser obtido por meio de pesquisas de mercado ou por meio de elaboradas técnicas financeiras de fluxo de caixa, nas quais as receitas e custos entram como *input* da equação de equilíbrio econômico-financeiro. Via de regra, referem-se a uma cobrança por determinada cesta específica de atividades do arrendatário-operador, um preço agregado, sendo reajustados anualmente, conforme regras contidas nos próprios contratos (geralmente, pela aplicação simples de índices inflacionários).

A sua existência, como peculiaridade do setor portuário pós-reforma da Lei dos Portos de 1993, tende a se extinguir no médio prazo, já que o setor vem rapidamente ampliando sua competitividade interna, reduzindo as barreiras à entrada. Os mercados estão se tornando cada vez mais contestáveis, dispensando tal intervenção protetiva ao usuário. Ademais, limitar assim a renda do arrendatário nem sempre tem efeitos positivos líquidos ao mercado.

Por outro lado, não há de confundirmos "tarifa de serviço" com *preço* (privado). O preço (privado) se contrapõe ao "preço público" (tarifa portuária) e à "tarifa de serviço" (preço regulado), pois o preço (privado) é estabelecido livremente entre as partes, embora, potencialmente, possa ser objeto de controle dos órgãos reguladores.

Diferenciam-se também pelo fornecedor, conforme a figura seguinte.

O arrendatário poderá adotar preços, ou um mix de preços, com tarifas de serviço. Por sua vez, os autorizatários (terminais de uso privado) só adotam preços, e a Administração Portuária possui tarifas portuárias, embora possa adotar alguns preços para serviços complementares e acessórios.

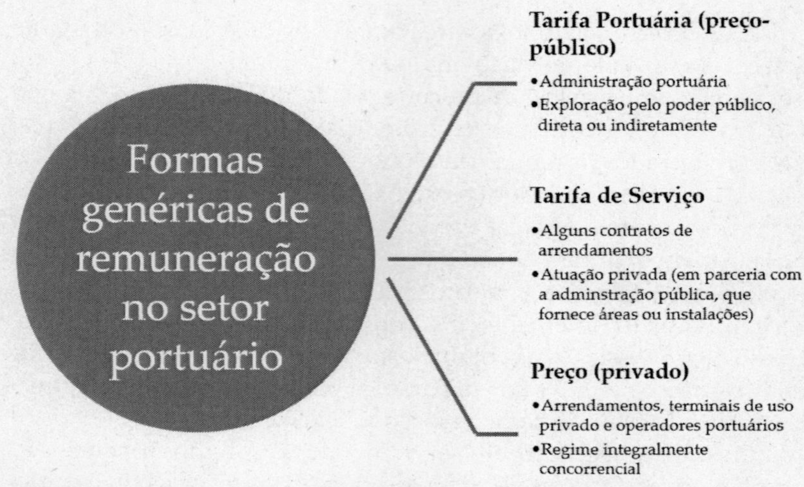

FIGURA 2 – Formas genéricas de remuneração no setor portuário

Daí, passamos pelo fato de que, fora as tarifas portuárias em sentido estrito (aquelas das administrações portuárias), nas demais modalidades de exploração portuária o princípio da modicidade do valor é mitigado, já que a atividade exercida não precisa ser acessível a todos, o que resulta em um controle mais flexível pelas Agências, que se limitarão, quando tanto, a fixar tetos máximos para o reajuste de preços ou a impedir (ou até mesmo invalidar) aumentos abusivos – não sendo necessário ao autorizado ou arrendatário, igualmente, requisitar qualquer permissão prévia para promover o aumento do valor do serviço prestado, ainda que o Regulador, na sua função de monitorar e acompanhar o mercado, possa determinar que seja comunicado previamente acerca das alterações de preço, conferindo também previsibilidade aos usuários.

Caso curioso é das *Instalações Portuárias Públicas de Pequeno Porte* (IP4), localizadas, em sua maioria, nas barrancas dos rios navegáveis e utilizadas na movimentação de passageiros e (ou) mercadorias de embarcações de navegação interior.

Elas são administradas pelo poder público, direta ou indiretamente, e sua natureza e finalidade são de infraestrutura de uso coletivo. A cobrança da IP4 também poderia ser chamada de tarifa portuária, embora seja discutível a exigência ou não de aprovação prévia do órgão regulador. Enquanto não existir regramento a respeito, entende-se não existir essa dependência ou controle prévio.

LICITAÇÃO PELA MENOR TARIFA NOS ARRENDAMENTOS

O art. 6º[11] da Lei nº 12.815, de 2013, previu a licitação de arrendamento ser vencida por aquele que oferecer a "menor tarifa". Trata-se, ali, da tarifa em sentido amplo, não da tarifa portuária aplicável pela Administração Portuária. Equivale ao preço ou à tarifa de serviço, conforme o caso.

[11] Art. 6 Nas licitações dos contratos de concessão e arrendamento, serão considerados como critérios para julgamento, de forma isolada ou combinada, a maior capacidade de movimentação, a menor tarifa ou o menor tempo de movimentação de carga, e outros estabelecidos no edital, na forma do regulamento.

CAPÍTULO 2

A RAZÃO DA EXISTÊNCIA DE TARIFAS

Intervenção estatal na ordem econômica

A existência de tarifas reguladas no setor portuário decorre da intervenção indireta na economia pelo Estado, bem como da delegação de atividades próprias dos governos para particulares. Temos aqui a chamada "atividade econômica de interesse público",[12] de competência e titularidade estatal.[13] Daí os preços dessa atividade estarem *sempre* sujeitos, potencialmente, à tutela das agências governamentais, dada a relevância para o coletivo e para o cumprimento de previsões constitucionais.

Além disso, a estrutura tarifária dos portos influi diretamente sobre as navegações brasileiras, impactando no preço final dos produtos para os consumidores finais. Os portos promovem *externalidades positivas*.[14] Não só no Brasil, como destaca CHEN e YANG (2016).[15] Portanto,

---

12 Art. 173. Ressalvados os casos previstos nesta Constituição, a exploração direta de atividade econômica pelo Estado só será permitida quando necessária aos imperativos da segurança nacional ou a relevante interesse coletivo, conforme definidos em lei.

13 E será por isso que a Lei n 8.897, de 1995, é uma referência para nós, se não bastasse o art. 66 da Lei n 12.815, de 2013: "*Art. 66. Aplica-se subsidiariamente às licitações de concessão de porto organizado e de arrendamento de instalação portuária o disposto nas Leis ns 12.462, de 4 de agosto de 2011, n 8.987, de 13 de fevereiro de 1995, e nº 8.666, de 21 de junho de 1993.*"

14 Os benefícios sociais (chamados de externos) excedem os custos de produção (chamados de internos). A produção portuária provoca benefícios para além desse meio, como, por exemplo, ao comércio exterior e à balança de pagamentos.

15 CHENG, Jiannan; YANG, Zhongzhen. The equilibriaum of Port Investment in a Multi-Port Region in China. *Transportation Research Part E: Logistics and Transportation Review*, v. 108, p. 36-51, dez. 2017.

quando falamos de modernização e competição à luz dos avanços da Lei nº 10.233, de 2001 (diploma legal versando sobre a reestruturação dos transportes aquaviário e terrestre, cujo maior feito foi ter criado duas agências reguladoras nacionais), falamos também de tarifas adequadas e coerentes, que incentivem a maior movimentação possível dentro dos portos públicos, sustentando uma infraestrutura de qualidade, pois a ordem do dia é a redução do "Custo Brasil".

Evidentemente, da mesma Lei nº 10.233, de 2001, existem múltiplos níveis de intervenção nos preços públicos de transporte aquaviário. Podem ser controlados com *força mínima* (por meio de um simples "acompanhamento da evolução dos preços"), ou com *força máxima* (pela própria fixação prévia de valores). Há ainda *soluções intermediárias*, dosando os impactos frente aos benefícios. Tudo isso passando por diferentes mecanismos de verificação da legitimidade dos reajustes de preços ou de repressão dos abusos.

É o que explica Leila CUÉLLAR (2004),[16] ao lembrar que o modelo econômico brasileiro é do tipo capitalista, fundado na livre iniciativa, mas com previsão da possibilidade de intervenção do Estado na economia. Essa liberdade de iniciativa – que, evidentemente, não é irrestrita – pressupõe liberdade de acesso ao mercado, o exercício da generalidade das atividades econômicas sem prévia autorização, bem como a subsidiariedade da exploração das atividades econômicas pelo Estado. Nesse modelo, continua a autora, o que se protege é a *livre concorrência*, que pressupõe a autorização para os agentes econômicos ingressarem no mercado e agirem livremente na conquista da clientela, assim como a liberdade dos consumidores escolherem os produtos e serviços que são ofertados, mas sempre com a possibilidade de o Estado intervir para impor limites à atuação individual e reprimir condutas tendentes a dificultar ou eliminar a concorrência. É o Estado Regulador, diferente do Estado Liberal ou do Estado Desenvolvimentista (ou Provedor).

Nesse contexto, o poder público vale-se de mecanismos de regulação, tais como regulação de *preços* (tanto o preço final ao consumidor como o preço de interligação das cadeias de transporte), da *quantidade produzida*, do *número de empresas* atuantes, de *padrões mínimos de qualidade* e da imposição de *limites mínimos de investimento*, dentre outros. Em um segundo momento, quando a competição estiver até certo grau estabelecida, cessa a regulação intensa, que dá lugar à regulação do

---

[16] CUÉLLAR, Leila. Abuso de Posição Dominante no Direito de Concorrência Brasileiro. In: CUÉLLAR Leila; MOREIRA, Egon Bockmann *Estudos de Direito Econômico*. Belo Horizonte: Fórum, 2004. p. 35-41.

mercado através de outros meios de intervenção, tais como a utilização de instrumentos de transparência e a utilização dos mecanismos de defesa da concorrência (com atuação não só das agências setoriais, mas especialmente através dos demais órgãos específicos de defesa da concorrência).

Nesse âmbito, veremos nesta obra que "Regulação de Preços", no setor portuário, é o conjunto de metodologias que irá salvaguardar os interesses daqueles que atuam no setor, determinando, quando necessário, qual será o preço máximo ou mínimo que o provedor de infraestrutura irá praticar com seus usuários para cada produto ou serviço comercializado. Sendo as empresas reguladas, em algumas vezes, detentoras de *monopólio natural* ou estrutural, em que o preço não pode surgir da interação normal entre a demanda e a oferta, a agência, pode arbitrar um preço. Esse preço deve ser adequado, justo e razoável, equilibrando as necessidades da empresa e dos consumidores.

A regulação de preços objetiva ainda a adequada aplicação das regras remuneratórias e a política tarifária positivada, buscando o equilíbrio entre duas forças que precisam ser conciliadas: os interesses dos empresários em obterem o maior lucro possível ao desempenharem a atividade no lugar do Estado e os interesses dos usuários que requerem o maior acesso possível a serviços de qualidade, com o pagamento de tarifas que não os onerem demasiadamente.

Além dessa difícil tarefa de harmonização de interesses, há um propósito tão importante quanto: garantir a subsistência da prestação do serviço, do sucesso do projeto exploratório através da instituição e manutenção do equilíbrio financeiro do contrato (que por sua vez, garante também a possibilidade de se manter a adequação na prestação do serviço).

O MONOPÓLIO PURO E O NATURAL

O **monopólio** (puro) é a situação em que há apenas um fornecedor de um determinado bem ou serviço dentro de um dado mercado (geograficamente falando). Nesses casos, o monopolista pode ser tentado a diminuir sua produção (reduzir a oferta) para aumentar a escassez e elevar os preços. É um tipo de situação geralmente combatida pelas agências reguladoras e pelas autoridades da defesa da concorrência. Porém, os portos não são esse tipo de monopólio.

Já o **monopólio natural** ocorre quando a tecnologia, equipamentos ou instalações necessárias para produzir um bem ou serviço tem custo tão elevado que somente se consiga obter um custo ótimo de produção quando o mercado é suprido por uma só firma. Os economistas chamam esse fato de "elevados custos afundados", ou "produção intensiva em capital". Na presença desses dois fatores, o monopólio pode ser a forma mais econômica de se produzir um bem ou serviço. Muitos portos organizados se enquadram nesse caso.

No monopólio natural, uma única firma pode explorar ao máximo sua escala e produzir ao menor custo possível (economias de escala e de escopo). Nesse cenário, restringir a quantidade de firmas, controlando a entrada de competidores, pode ser saudável para o mercado. É o caso das empresas de saneamento básico ou de distribuição de energia elétrica. É o caso também da infraestrutura portuária, especialmente onde hoje estão localizados os portos públicos, pois estão instalados nos melhores pontos da costa, em que existe toda uma cadeia logística construída para suporte, incluindo rodovias.

As **economias de escala** ocorrem quando o custo médio (por unidade produzida) da firma reduz-se quando a produção cresce. De forma análoga, ocorrem quando o custo total de uma firma para produzir um determinado produto/serviço é menor do que o somatório do custo total de duas ou mais firmas para produzirem este mesmo produto/serviço.

As **economias de escopo** ocorrem quando o custo total de uma firma para produzir conjuntamente, pelo menos dois produtos/serviços, é menor do que o custo de duas ou mais firmas produzirem separadamente esses mesmos produtos/serviços. De forma similar às economias de escala, as economias de escopo podem também ser entendidas como reduções nos custos médios derivadas da produção conjunta de bens distintos. As economias de escopo tornam incertos os custos de cada produto, dificultando a sua apuração exata, como veremos adiante.

E essa maior eficiência do monopólio natural é tida como uma "falha". A falha seria: o custo médio (por unidade produzida, ou consumidor atendido) do monopólio é menor que o custo médio do mercado altamente competitivo. Sendo mais eficiente, os governos devem aceitar que exista o monopólio, ou muitas vezes criá-los, em caso de **Mercados Incompletos**.[17] Temos aqui a aceitação que o monopólio natural apresenta maior eficiência produtiva (mas nem sempre alocativa e distributiva, daí o ensejo regulatório). Nesse contexto, a instituição de barreiras de entrada ao mercado por um determinado período pode ser considerada uma forma de se buscar a eficiência na produção em determinados setores, já que um sistema monopolista natural pode produzir com menor custo possível.

---

[17] Veremos adiante o conceito de mercado incompleto, e como ele justifica a existência de portos públicos.

Nada obstante, cuidado. Essas economias de escala e de escopo são marcadas pela irreversibilidade. Esse poder sobre o mercado tende a aumentar ou no máximo se estabilizar. Algumas empresas, já em outro estágio mercadológico, vão diversificando seus serviços ou adotando estratégias de integração vertical ou horizontal. Dificulta-se assim, ao regulador, distinguir possíveis elementos de ineficiências.

A regulação econômica do monopolista se faz necessária porque, segundo a doutrina, embora seja uma estrutura aceita pelas autoridades, o monopolista natural não tem tantos incentivos para buscar inovações tecnológicas e aprimorar a qualidade de seus serviços (incluindo formas mais eficientes de operar), uma vez que não existem outras empresas lutando pelo mercado.

Aqui, GIAMBIAGI (2008, p. 424) explica-nos:

> na verdade, as vantagens competitivas detidas pelos operadores tradicionais – públicos ou privados – acumuladas ao longo dos anos de monopólio protegido, tais como tamanho da rede, conhecimento dos usuários, porte financeiro etc., torna-os capazes de manter sua posição monopolística em segmentos que não inexistem o monopólio natural, pela prática de diversas formas de comportamentos estratégicos de natureza anticompetitiva.

Na ausência de possibilidade de escolhas pelo consumidor, o papel da regulação consiste em criar normas e incentivos que simulem os resultados de uma situação de competição entre firmas, regras, por exemplo, obrigando o atendimento pleno à demanda do consumidor com preços razoáveis e justos, sem perda da qualidade. A tarefa do Regulador será minimizar possibilidades de extração extraordinária de renda econômica, aumentando a renda agregada da macroeconomia local e o número de transações no setor ou território.

Aliás, quando tratamos de tarifas portuárias, estamos nos referindo a uma atividade econômica de relevância pública (não se confundindo com serviço público), porém, prestada não só pela Administração Pública, privativamente, mas também por particulares (concessionários), se houver. E justamente por se tratar de pública (ou de relevância pública) a atividade, há interferência estatal na determinação do valor do produto oferecido à coletividade – que, no caso, será de interesse de toda a coletividade, porque a lei a definiu como sendo de natureza pública.

Por outro lado, a Lei nº 10.233, de 2001, ao reestruturar o transporte aquaviário, no seu art. 13, deu sentido aos títulos de outorgas autorizativos, à exploração de infraestruturas de uso privativo (incluindo a construção e a exploração das instalações portuárias privadas) e à prestação de serviço de transporte aquaviário. Caberia às empresas brasileiras proverem tal infraestrutura, concorrendo com a infraestrutura pública, completando esse mercado.

Em outras palavras, diante da diversificação dos serviços derivados do processo constituinte iniciado em 1986, fruto de profundas alterações no processo econômico-social, houve uma extinção da uniformidade de regimes de preços e foram sendo editados diplomas legislativos disciplinando setores específicos e determinados. Isso possibilitou a distinção entre os modelos tarifários, refletindo a concepção de que as concessões não podiam sujeitar-se a normas idênticas àquelas previstas para as contratações administrativas genéricas ou distintas, tendo em conta as regras adequadas às circunstâncias e natureza correspondentes.

É o que ocorreu com o setor portuário, quando, em 1993, foi promulgada a Lei nº 8.630, a Lei de Modernização dos Portos. Tal marco revogou o Decreto nº 24.508, de 1934, cuja preocupação era definir os serviços prestados pelas administrações dos portos organizados, uniformizando as taxas portuárias, quanto a sua espécie, incidência e denominação.

Singelamente, assim dizia o art. 51 da Lei nº 8.630, de 1993:

> Art. 51. As administrações dos portos organizados devem adotar *estruturas de tarifas adequadas* aos respectivos sistemas operacionais, em substituição ao modelo tarifário previsto no Decreto nº 24.508, de 29 de junho de 1934, e suas alterações. (grifo nosso)

Contudo, não houve regulamentação posterior sobre o que era uma "tarifa adequada". Na prática, havia uma certa "liberdade tarifária".[18]

O texto original da Lei nº 10.233, de 2001, trouxe avanço, assim afirmando:

> Art. 27. Cabe à ANTAQ, em sua esfera de atuação:
> (...) VII – *aprovar as propostas de revisão e de reajuste de tarifas* encaminhadas pelas Administrações Portuárias, após prévia comunicação ao Ministério da Fazenda; (grifo nosso)

---

[18] Temos um capítulo dedicado para liberdade tarifária *versus* liberdade de preços.

À Lei nº 10.233, de 2001, coube ainda um contraponto marcante em relação às administrações portuárias:

> Art. 43. A autorização, ressalvado o disposto em legislação específica, será outorgada segundo as diretrizes estabelecidas nos arts. 13 e 14 e apresenta as seguintes características: (...)II – é *exercida em liberdade de preços* dos serviços, tarifas e fretes, e em ambiente de livre e aberta competição; (grifo nosso)

Ao publicarem análise dos gargalos no setor portuário após a Lei nº 8.630, de 1993, Padua e Souza (2006)[19] ressaltaram que, antes da reforma do setor de transporte aquaviário, "a situação geral portuária brasileira era precária e ultrapassada", mas é duvidoso, se até antes da edição da Lei nº 10.233, de 2001, houve algum repasse dos ganhos de produtividade aos usuários (considerando o custo logístico total), que, em alguns casos, provavelmente não se beneficiaram da redução de custos. Na verdade, a situação do subfinanciamento da infraestrutura de área comum (sob gestão da administração portuária) dos portos públicos restou como questão ainda pendente de soluções no setor até 2013.

Dos trinta e seis portos públicos em atividade, poucos foram aqueles que, ao longo dos últimos vinte e oito anos – desde a Lei de 1993 – apresentaram lucro positivo em alguns desses anos. A maioria deles sempre passou por dificuldade financeira, dependente de subvenções da União, seja para custeio de pessoal seja para investimentos. Segundo o Tribunal de Contas da União (TCU), após auditoria operacional em 2008, o órgão constatou que sete dos oitos portos estudados tinham passivos de grande monta, inclusive com bloqueios judiciais da receita.

Objetivos e princípios da regulação tarifária nos portos

A formação de preços é central para a tarefa da regulação, pois concentra as questões sobre a distribuição de custos para os consumidores, incluindo subsídios. Dentre as atribuições do regulador, destaca-se a fixação de regras tarifárias que conciliem o interesse dos consumidores e da firma regulada.

A linha majoritária da teoria da regulação indica que a regulação tarifária tem como objetivo o aumento da eficiência global, ou seja, não

[19] PADUA, Claudio de Alencar. SOUZA, Eduardo Gonçalves. Superação dos Gargalos Logísticos do Setor Portuário. *Revista do BNDES*, Rio De Janeiro, v. 13, n. 26, p. 83, dez. 2006.

necessariamente um preço mais baixo. Guarda semelhança com as teorias de tributação ótima, daí utilizarmos objetivos análogos para a tarifa:

I. *Deve ser justa*: a capacidade de pagamento e a progressividade são itens relevantes, isto é, o impacto das tarifas sobre a equidade e justiça social deve ser considerada na avaliação do Regulador;
II. *Não deve ser muito dispendiosa*: a maior parte dos lucros dos usuários não pode ser retida na forma de tarifas pela Administração Portuária;
III. *Deve ser adaptada ao usuário*: a sua métrica deve ser conveniente ao usuário, para que ele possa se conjugar com ela;
IV. *Deve ser transparente*: deve ser formulada de forma que os usuários estejam certos sobre quanto e quando eles devem pagar.

Aplica-se também, da tributação ótima, o "princípio do benefício", isto é, o pagamento da tarifa deve corresponder ao benefício recebido. Há necessidade de certa flexibilidade no preço para situações específicas. A receita tarifária nos portos deve elevar-se em linha com os preços e ajustar-se com a dinâmica existente nos diferentes setores produtivos da economia, ainda que seja indispensável certo grau de padronização, facilitando a comparabilidade.

Parte dos doutrinadores, aliás, entende que a definição dos preços tarifados em geral deve procurar observar certos princípios: (a) Objetividade, em relação à metodologia do cálculo do serviço ofertado; (b) Transparência, livre acesso à metodologia; (c) Simplicidade, informações ao alcance de todos; (d) Previsibilidade, mínimo grau de incerteza na metodologia empregada; (e) Eficiência e suficiência econômica, contemplar a viabilidade do projeto e acesso com qualidade e preços módicos; (f) Eficiência Alocativa, o usuário deve arcar com os custos do serviço prestado (ROMERO, 2001 *apud* MOREIRA, 2010).[20]

Tais elementos são sempre debatidos no ambiente regulatório portuário. Dos diversos precedentes deliberados pelas autoridades públicas desde 2013, extrai-se a tabela a seguir, listando *onze princípios básicos da tarifa portuária*, um norte para as análises e decisões do regulador portuário.

---

[20] MOREIRA, Egon Bockmann. *Direito das Concessões de Serviço Público*: Inteligência da Lei 8.987/95 (Parte Geral). São Paulo: Malheiros, 2010. p. 330.

TABELA 1

Os onze princípios básicos da regulação tarifária dos portos

Princípio	Atributo
1. Proporcional	Ao usufruto do usuário.
2. Específica e divisível	Há imputabilidade certa a um determinado usuário, identificável, apartadamente, conforme medição.
3. Real	Há correspondência entre o cobrado e o consumido (fato gerador), efetivamente posto à disposição.
4. Certa	É conhecida previamente pelo usuário, antes do fornecimento iniciar.
5. Módica	Reflete o menor custo possível.
6. Irretroativa	Possui apenas efeitos prospectivos.
7. Suficiente	Para satisfazer as necessidades dos agentes envolvidos.
8. Geral	Ampla universalidade, garantindo o maior número de usuários (amplitude).
9. Neutralidade	Não distorce as relações de mercado.
10. Razoável	Remunera adequadamente o fornecedor, promovendo a expansão do serviço.
11. Justa	A cada tipo de usuário.

Apesar de aparentemente simples, a aplicação dos onze princípios supracitados é atividade laboriosa, muitas vezes um fardo para quem trabalha com eles. De qualquer forma, a atividade portuária é muito abrangente, a regulação sempre exige ajustes ao caso concreto. O desafio é definir a tarifa específica para cada forma de incidência, em razão do fato gerador, demanda dos usuários, investimentos necessários, lucros, riscos etc., em consonância com a política pública a ser desenvolvida.

Até porque os portos organizados devem estar pautados por razões de políticas públicas e não somente pelos benefícios econômicos aos particulares. Um serviço concedido que apresente tarifas desproporcionalmente elevadas não será socialmente eficaz e, assim, não atenderá à finalidade constitucional, social ou legal para a qual está previsto.

Papel da agência reguladora

As *agências reguladoras nacionais* de infraestrutura são órgãos públicos complexos, de natureza especial, *sui generis*. São consideradas ilhas de excelência técnica em que servidores públicos altamente especializados, de carreira, buscam uma neutralidade e uma maior independência do contexto político de curto prazo.

As agências reguladoras recorrem frequentemente aos instrumentos da lógica democrática, tais como as audiências públicas aos diretamente afetados pela regulação antes das decisões de maior impacto (como as regras tarifárias), ou até mesmo a consulta (ou comunicação) prévia e legítima aos órgãos ministeriais.

As funções regulatórias são abrangentes, como podemos verificar no quadro a seguir.

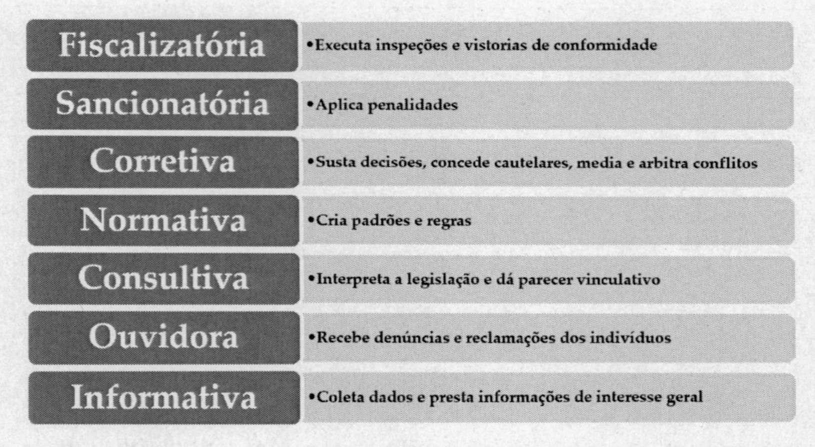

FIGURA 3 – Funções das agências reguladoras nacionais como órgão de fiscalização e controle setorial

Em síntese, as agências nacionais de regulação são órgãos federais de fiscalização e controle, com apoio no art. 174 da Constituição Federal:

> Art. 174. Como agente normativo e regulador da atividade econômica, o Estado exercerá, na forma da lei, as funções de fiscalização, incentivo e planejamento, sendo este determinante para o setor público e indicativo para o setor privado.

A existência da Agência Nacional do Petróleo (ANP), inclusive, tem previsão constitucional direta (vide art. 177, §2º, III) como regulador de monopólio.

Nesse contexto, as agências nacionais possuem competências exclusivas e prerrogativas sobre os setores regulados. São autarquias e, dentro do nosso regime jurídico-administrativo, decidem em última instância administrativa, não sendo subordinadas, funcionalmente, ao Presidente da República ou aos ministérios. Somente o poder judiciário poderá rever (anular ou suspender) as decisões das entidades reguladoras, ou ela própria, em sede recursal.

Elas funcionam em regime de colegiado, isto é, as decisões de maior impacto aos grupos ou aos indivíduos não são tomadas monocraticamente e não são delegadas aos níveis mais baixos da hierarquia – existe, de fato, uma concentração do poder decisório, particularmente acerca dos temas realmente relevantes aos agentes econômicos. Existe a figura do diretor-relator, escolhido por sorteio (dado o princípio do juiz natural), contemplado também o princípio da ampla defesa e do contraditório. As decisões são transparentes, deliberadas em reuniões públicas, formalizadas por meio de votos escritos, vencendo a maioria dos votantes.

Entre as ferramentas regulatórias mais conhecidas (além das autorizações de funcionamento e outorgas), temos a *Agenda Regulatória* periódica (planejamento das ações normativas, dando conhecimento ao mercado sobre quais temas o Regulador vai priorizar); *Análise de Impacto Regulatório* (ferramental de subsídio e apoio à decisão, avaliando o custo-benefício, riscos e efetividades das diferentes alternativas disponíveis para solucionar um problema); *Resoluções* (normas gerais, de efeito externo e amplo a todos os regulados, considerando ainda o poder de interpretação vinculante do marco regulatório); *Medidas Cautelares* (tutela de urgência concedida aos reclamantes, em desfavor de alguma ação de determinado agente, quando há perigo da demora e fumaça do bom direito); *Planos de Fiscalização* (vistorias e exames da documentação e outros dados dos agentes, de forma recorrente e organizada, quando então são aplicadas penalidades e sanções); e *Arbitragem e Mediação* (harmonização de conflitos entre agentes, nos quais a Agência, a pedido, media o fim consensual da lide ou encontra a solução mais justa ao caso concreto).

No setor portuário, os *instrumentos de controle e articulação* da respectiva agência compreendem também os Contratos de Arrendamento, os Contratos de Adesão, os Convênios de Delegação, os Contratos de Concessão, além do Planejamento Setorial (plano de outorgas, planos mestres e planos de zoneamento e desenvolvimento).

No setor portuário, há muitos espaços de interação Agência-Sociedade. Os mais tradicionais são:

- *CONPORTOS* – Comissão Nacional de Segurança Pública nos Portos, Terminais e Vias Navegáveis: elabora e implementa o sistema de prevenção e repressão a atos ilícitos. Responsável maior pelo ISP-Code. Aprova os Planos de Segurança Portuária elaborados pelas comissões estaduais;
- *CONAPORTOS* – Comissão Nacional das Autoridades nos Portos: articulação entre os intervenientes nos Portos. Objetiva a troca de informações e a desburocratização; e
- *CAPs* – Conselhos de Autoridade Portuária: órgão consultivo de cada Administração Portuária. Composição pariária de governo e sociedade.

Existem ainda os organismos internacionais, como a *Organização para a Cooperação e Desenvolvimento Econômico* (OCDE), com sede em Paris, bem como a *Organização Marítima Internacional* (conhecida como IMO), com sede em Londres.

A articulação ocorre igualmente com associações representativas de instalação portuárias e de usuários, a *Ordem dos Advogados do Brasil* (OAB), acadêmicos, consultores e escritórios de advocacia, bem como os armadores nacionais e estrangeiros, além dos Órgãos *Gestores de Mão de Obra* (OGMOs), respectivos trabalhadores portuários e lideranças locais (deputados, senadores, governadores e prefeitos).

Em um ambiente de boa governança, órgão regulador do transporte aquaviário coordena suas ações com os demais atores governamentais. Na figura seguinte, o quadrante em que a Agência está inserida e com quem deve se coordenar.

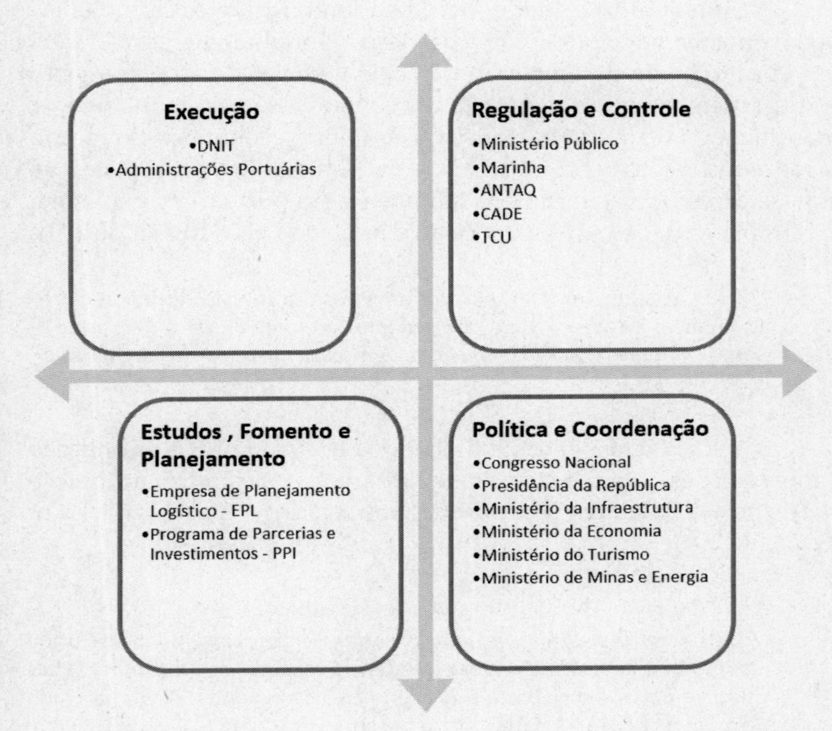

FIGURA 4 – Atores governamentais e o papel da Agência na governança setorial

Até 2013, a agência reguladora do setor portuário tinha um papel relativamente passivo na questão tarifária. A autarquia aprovava tarifas, porém, cabendo à Administração Portuária decidir quando alterar os valores. Não foi sem motivo que o Tribunal de Contas da União (TCU) emitiu o seu Acórdão Plenário nº 1.904/2009, determinando o seguinte:

> 9.1.2. à Agência Nacional de Transportes Aquaviários, com fulcro no art. 27, II, VII e XIV, da Lei nº 10.233/2001, que estabeleça regras claras para a revisão e o reajuste das tarifas portuárias com base em estudos *fundamentados sobre os custos das administrações portuárias,* prevendo mecanismos para compartilhar com os usuários os benefícios gerados com possíveis aumentos de eficiência, prezando pela modicidade tarifária e pelo equilíbrio econômico-financeiro das administrações portuárias; (grifo nosso)

Naquela oportunidade, o TCU apontou diversos problemas de governança nos portos públicos, descontinuidade de gestão, falta de indicadores de desempenho de custo e eficiência, descasamento estrutural entre receitas e gastos, bem como ausência de modelo de financiamento de investimentos e do equilíbrio econômico-financeiro das administrações portuárias. O TCU foi claro ao afirmar, à época, que "não se conhecem os custos da administração portuária", e foi além ao retratar verdade forte na época da criação da Lei nº 10.233, de 2001:

> 333. (...) Adicionalmente, as tarifas devem possuir procedimentos claros de reajuste e revisão, bem como contar com *mecanismos de repasse de ganhos de produtividade aos usuários, incentivando a eficiência do setor*. (grifo nosso)

A redação mais recente da Lei dos Portos de 2013 reconheceu o equívoco dessa ampla "liberdade tarifária", reforçando a atribuição da Agência Nacional de Transportes Aquaviários – ANTAQ na Lei nº 10.233, de 2001:

> Art. 27. Cabe à ANTAQ, em sua esfera de atuação:
> (...) VII – *promover as revisões e os reajustes das tarifas portuárias*, assegurada a comunicação prévia, com antecedência mínima de 15 (quinze) dias úteis, ao poder concedente e ao Ministério da Fazenda; (Redação dada pela Lei nº 12.815, de 2013) (grifo nosso)

As ações a partir de então culminaram, em 2019, com a edição da Resolução Normativa ANTAQ nº 32 (RN nº 32/2019), dispondo sobre a estrutura tarifária padronizada das administrações portuárias e requisitos informacionais para reajuste e revisão das tarifas dos portos organizados. O esforço dos especialistas da agência, com pouco ou nenhum apoio acadêmico, resultou na criação de novos conceitos, entre eles: Modalidade Tarifária, Receita Requerida, Segmentação de Mercado, Período de Referência (antecedente e subsequente) e Grupo Tarifário. Um grande avanço foi conquistado quando o órgão regulador normatizou que cabia à Administração Portuária o "equilíbrio de suas contas". Esses conceitos serão abordados em capítulos apartados.

O novo normativo consagrou duas tipologias processuais: a "revisão tarifária", que poderá ser extraordinária ou ordinária, e o "reajuste tarifário". Informou elementos de análise, inaugurando um modelo de revisão tarifária baseada no equilíbrio de receitas futuras com os custos médios projetados de cada serviço para o período subsequente de 36 meses. É o que explicaremos ao longo do livro.

CAPÍTULO 3

EVOLUÇÃO HISTÓRICA

Tarifa e os diferentes marcos regulatórios

A configuração do modelo de exploração do ambiente portuário brasileiro tem evoluído ao longo do tempo em razão do grau de intervenção estatal adotado. Com a abertura dos portos pelo rei D. João VI, em 1808, o Brasil foi inserido no cenário do comércio internacional. A partir desse acontecimento e, principalmente, após a promulgação da Lei das Concessões, em 1869, a iniciativa privada passou a financiar as obras de expansão nos portos nacionais (CURCINO, 2007).[21]

Para Schirato (2008),[22] "durante todo o período imperial e a primeira fase da República brasileira, a legislação regente das atividades portuárias apresentava-se bastante vaga e imprecisa no que concerne ao regime aplicável à atividade".

A primeira sistematização da legislação portuária nacional ocorreu em 1934, com a edição do Decreto nº 24.447, de 1934, que definiu as atribuições dos ministérios federais com relação às atividades de construção e operação de portos. Em seguida, foram editados outros dois decretos sobre a matéria: o Decreto nº 24.511, de 1934, que dispunha sobre a utilização de instalações portuárias (em que se viu pela primeira vez o instituto de arrendamento); e o Decreto nº 24.599, de 1934, que tratava do regime de concessão e da operação e manutenção de portos

[21] CURCINO, Gabrielle dos Anjos. *Análise de adequabilidade de portos às novas teorias e práticas portuárias*: um estudo de caso no porto de Belém. 2007. Dissertação (Mestrado) – Universidade de Brasília, Departamento de Engenharia Civil e Ambiental, Brasília, 2007.

[22] SCHIRATO, Vitor Rhein A experiência e as perspectivas da regulação do setor portuário no Brasil. *Revista de Direito Público da Economia – RDPE*, Belo Horizonte, ano 6, n. 23, p. 172, jul/set 2008.

organizados. Ressalta-se que esse período também foi marcado pela estatização dos portos. Nasceu, nele, o conceito de porto organizado.

O modelo de investimento privado durou até a década de 1930, quando o Estado criou o Departamento Nacional de Portos e Vias Navegáveis (DNPVN) e assumiu o papel de financiador e operador dos portos. Esse processo de estatização do setor foi impulsionado com a edição da Lei nº 6.222, de 1975, extinguindo o DNPVN e criando a Empresa de Portos do Brasil S. A. (Portobrás). Os portos passaram, então, a ser administrados de forma centralizada pela Portobrás por meio de subsidiárias, as companhias docas, e também por concessionários privados e estaduais (TOVAR e FERREIRA, 2006).[23]

O sistema legal de 1934, conforme apresentado por Lobo (2000),[24] baseava-se no conceito jurídico que cada porto organizado corresponderia a um monopólio da exploração de uma hinterlândia. Por essa estrutura de organização geográfica, o território nacional foi dividido, consistindo em cada hinterlândia uma parte do litoral e a respectiva projeção para o interior do país. Nesse sentido, com fundamento no marco regulatório de 1934, criaram-se as Companhias Docas, que eram (e ainda são) empresas estatais controladas pela União (nível federal), com o papel de prestar serviços portuários e administrar portos organizados. Os portos organizados que não eram controlados e operados por essas companhias docas eram operados por empresas estatais (ou autarquias) controladas pelos estados, municípios ou por empresas particulares, que prestavam serviços por meio de concessão outorgada por decreto federal (SCHIRATO, 2008).[25]

Em 1964, os portos foram considerados agentes de segurança nacional e o controle estatal sobre a atividade portuária foi intensificado com a criação da Empresa de Portos do Brasil (Portobrás). De uma forma geral, a Portobrás foi constituída para desempenhar as funções de gestão e exploração portuária, permitindo que o Departamento Nacional de Portos e Vias Navegantes (DNPV) se concentrasse nas atividades de supervisão, orientação, fiscalização da política dos portos e vias navegáveis da União.

---

[23] TOVAR, Antonio Carlos de Andrade; Ferreira, Gian Carlos Moreira. A Infra-Estrutura Portuária Brasileira: O Modelo Atual e Perspectivas para seu Desenvolvimento Sustentado. *Revista do BNDES*, Rio de Janeiro, v. 13, n. 25, p. 209-230, jun 2006.

[24] LOBO, Carlos Augusto da Silveira. Os terminais portuários privativos na Lei nn 8.630/93. *Revista do Direito Administrativo*, Rio de Janeiro, n. 220, p. 19-34, abr./jun. 2000.

[25] SCHIRATO, V.R. A experiência e as perspectivas da regulação do setor portuário no Brasil. *Revista de Direito Público da Economia – RDPE*, Belo Horizonte, ano 6, n. 23, p-171-190, jul/set 2008. pg. 172.

A partir da década de 1990, começou a implementação do Programa Nacional de Desestatização (PND), instituído pela Lei nº 8.031, de 1990, e o setor portuário foi submetido a mais uma reformulação que teve como pontos de partida i) a dissolução da Portobrás mediante a Lei nº 8.029, de 1990 e ii) a descentralização da administração de determinados portos, hidrovias e eclusas às subsidiárias da Portobrás (em liquidação), ou às unidades federadas, mediante convênio, nos termos do Decreto nº 99.475, de 1990. Da administração sistêmica do subsetor portuário, permaneceram as companhias docas em operação nos portos: uma nos estados da região Norte, quatro nos estados da região Nordeste e três na região Sudeste. Findava a primeira concessão do Porto de Santos (1890-1980) e, com isso, os grandes portos organizados passaram a ser integralmente administrados por companhias ou autarquias controladas pela União, por estados e municípios.

Em termos constitucionais, vejamos a tabela comparativa da próxima página:

TABELA 2

Evolução constitucional da atividade portuária

(continua)

Constituição Federal	Competência Administrativa	Competência Legislativa	Ordem Econômica
1937	Art. 15 – Compete privativamente à União: VII – explorar ou dar em concessão os serviços de telégrafos, radiocomunicação e navegação aérea, inclusive as instalações de pouso, bem como as vias férreas que liguem diretamente portos marítimos a fronteiras nacionais ou transponham os limites de um Estado;	Art. 54 – Terá início no Conselho Federal a discussão e votação dos projetos de lei sobre: c) regime de portos e navegação de cabotagem.	Art. 146 – As empresas concessionárias de serviços públicos federais, estaduais ou municipais deverão constituir com maioria de brasileiros a sua administração, ou delegar a brasileiros todos os poderes de gerência. Art. 147 – A lei federal regulará a fiscalização e revisão das tarifas dos serviços públicos explorados por concessão para que, no interesse coletivo, delas retire o capital uma retribuição justa ou adequada e sejam atendidas convenientemente as exigências de expansão e melhoramento dos serviços.

(continua)

Constituição Federal	Competência Administrativa	Competência Legislativa	Ordem Econômica
1946		Art. 5º – Compete à União: XV - legislar sobre: i) regime dos portos e da navegação de cabotagem;	Art. 151 – A lei disporá sobre o regime das empresas concessionárias de serviços públicos federais, estaduais e municipais.
1969	Art. 8º – Compete à União: XV – explorar, diretamente ou mediante autorização ou concessão: d) as vias de transporte entre portos marítimos e fronteiras nacionais ou que transponham os limites de um Estado, ou Território;	Art. 8º – Compete à União: XVII – legislar sobre: m) regime dos portos e da navegação de cabotagem, fluvial e lacustre;	Art. 160 – A lei disporá sobre o regime das empresas concessionárias de serviços públicos federais, estaduais e municipais, estabelecendo: I – obrigação de manter serviço adequado; II – tarifas que permitam a justa remuneração do capital, o melhoramento e a expansão dos serviços e assegurem o equilíbrio econômico e financeiro do contrato; III – fiscalização permanente e revisão periódica das tarifas, ainda que estipuladas em contrato anterior. Art. 163 – Às empresas privadas compete preferencialmente, com o estímulo e apoio do Estado, organizar e explorar as atividades econômicas. §1º – Somente para suplementar a iniciativa privada, o Estado organizará e explorará diretamente atividade econômica. §2º – Na exploração, pelo Estado, da atividade econômica, as empresas públicas, as autarquias e sociedades de economia mista reger-se-ão pelas normas aplicáveis às empresas privadas, inclusive quanto ao direito do trabalho e das obrigações.

(conclusão)

Constituição Federal	Competência Administrativa	Competência Legislativa	Ordem Econômica
1988	Art. 21 – Compete à União: XII – explorar, diretamente ou mediante autorização, concessão ou permissão: f) os portos marítimos, fluviais e lacustres;	Art. 22 – Compete privativamente à União legislar sobre: X – regime dos portos, navegação lacustre, fluvial, marítima, aérea e aeroespacial;	Art. 173 – Ressalvados os casos previstos nesta Constituição, a exploração direta de atividade econômica pelo Estado só será permitida quando necessária aos imperativos da segurança nacional ou a relevante interesse coletivo, conforme definidos em lei. §1º – A lei estabelecerá o estatuto jurídico da empresa pública, da sociedade de economia mista e de suas subsidiárias que explorem atividade econômica de produção ou comercialização de bens ou de prestação de serviços, dispondo sobre: (...) III – licitação e contratação de obras, serviços, compras e alienações, observados os princípios da administração pública; §3º – A lei regulamentará as relações da empresa pública com o Estado e a sociedade. Art. 175 – Incumbe ao Poder Público, na forma da lei, diretamente ou sob regime de concessão ou permissão, sempre através de licitação, a prestação de serviços públicos.

A partir da promulgação da Constituição Federal de 1988, não restaram mais dúvidas quanto à exploração da atividade portuária pelo Estado. Diversamente dos diplomas constitucionais de 1946 e de 1967, que tratavam apenas da competência da União de legislar sobre o regime dos portos e da navegação de cabotagem, a Carta Magna de 1988 atribuiu a competência à União para legislar sobre a matéria (art. 22, X), bem como para explorar os portos marítimos, fluviais e lacustres. Conforme apresentado por Schirato (2008), apesar de o novo tratamento constitucional dos serviços portuários, o arcabouço legal de

1934 permaneceu vigente, ainda que com algumas alterações, até 1993, quando se iniciou um processo de modernização institucional do setor.

Vemos que a Carta Magna de 1988, diferente das anteriores, vigente incluiu expressamente a exploração dos portos como atividades de competência da União e passível de delegação por meio de concessão, permissão ou autorização, consoante disposto em seu art. 21, inciso XII, alínea "f".

A reforma do setor portuário, pós-CF88, teve o seu ápice com a edição da Lei nº 8.630, de 1993, denominada de Lei de Modernização dos Portos, que construiu um novo arcabouço jurídico e institucional, rompeu com o monopólio estatal e consolidou a passagem, para o setor privado, das atividades de operação portuária, permanecendo o Estado, no entanto, como detentor da infraestrutura dos portos, fomentador de investimentos e regulador.

Com a promulgação da Lei nº 9.277, de 1996, a União também passou a delegar ainda mais, por meio de convênios, a administração e exploração dos portos para estados e municípios, podendo aqueles entes federativos outorgar a exploração à iniciativa privada. A regra seria a exploração indireta do porto organizado pelo aparelho estatal. Atualmente, metade dos portos organizados são administrados por estatais federais (a exemplo do Porto de Santos/SP e Porto de Salvador/BA), e a outra metade pelos estados e munícipios conveniados, a exemplo do Porto de Itaqui/MA e do Porto de Paranaguá/PR.

A figura seguinte sintetiza o histórico das instituições reguladoras do setor portuário nacional.

Decreto nº 9.078, de 3 de novembro de 1911

- Criação da Inspetoria Federal de Portos, Rios e Canais e a Inspetoria Federal de Navegação, para regular os setores portuários e de navegação.

Decreto nº 23.607, de agosto de 1932

- Uniu atividades sob uma única administração com a criação do Departamento Nacional de Portos e Navegação (DNPN).

Decreto-Lei nº 6.166, de 31 de dezembro de 1943

- Transformação do DNPN em Departamento Nacional de Portos, Rios e Canais (DNPRC) para promover, orientar e instruir todas as questões relativas à construção, melhoramento, manutenção e exploração dos portos e vias navegáveis do país.

Lei nº 4.213, de 14 de fevereiro de 1963

- O DPNRC passa a denominar-se Departamento Nacional de Portos e Vias Navegáveis (DNPVN), constituindo-se em uma autarquia com personalidade jurídica de direito público.

Em 1967

- O DPPVN começa a administrar diretamente alguns portos e a incentivar a constituição de empresas para administrar as atividades portuárias, originando as atuais Companhias Docas Federais

Lei nº 6.222, de 10 de julho de 1975

- Extingue o DNPVN e autoriza a constituição da Empresa de Portos do Brasil S. A. PORTOBRÁS, *holding* vinculada ao Ministério dos Transportes.

Lei nº 8.029, de 12 de abril de 1990

- A PORTOBRÁS foi extinta, entrando em liquidação.

Decreto nº 99.244, de 10 de maio de 1990

- O setor de transporte, no âmbito federal, ficou subordinado ao Ministério da Infraestrutura. Foram criados a Secretaria Nacional de Transportes e o Departamento Nacional de Transportes Aquaviários, que passaram a administrar os portos, as hidrovias e a navegação, reunificando essas atividades, na administração direta federal.

Lei nº 10.233, de 5 de junho de 2001

- Criação da ANTAQ, separando a função de planejamento, execução e fiscalização da exploração portuária. Dissolve a Empresa Brasileira de Planejamento de Transportes – GEIPOT e transfere para o DNIT as funções das administrações hidroviárias vinculadas às Companhias Docas.

Lei nº 11.518, de 5 de setembro de 2007

- Criação da Secretaria Especial de Portos (SEP), ligada diretamente à Presidência da República, com status ministerial. Em 2016, a Lei nº 13.341 extingue a SEP, repassando suas atribuições para o Ministério dos Transportes, que passa a se chamar Ministério dos Transportes, Portos e Aviação Civil, atualmente denominado MInistério da Infraestrutura.

FIGURA 5 – Histórico rápido da regulação portuária nos últimos cem anos

Retrospecto legislativo

Em um pano rápido pelo retrospecto legislativo, comecemos pelo Decreto nº 24.508, de 29 de junho de 1934,[26] cuja ementa era:

> Define os serviços prestados pelas administrações dos portos organizados, uniformiza as taxas portuárias, quanto à sua espécie, incidência e denominação, e dá outras providencias.

O Decreto de 1934 é considerado a verdadeira reforma portuária do século XX (a Lei dos Portos de 1993 é compreendida já no âmbito do século XXI, pois mesmo a sua reforma em 2013 não radicalizou o modelo de 1993, tendo trazido apenas aprimoramentos pontuais). Prescreveu que a "entidade que, em cada porto organizado, tem a seu cargo a exploração do respectivo trafego, é denominada 'administração do porto', quer seja dependência do departamento, acima referido, quer dos concessionários ou arrendatários." Ademais, informou que "são portos organizados os portos nacionais aparelhados, cujo trafego se realize sujeito às disposições do decreto nº 24.511, desta data."

A tarifa era denominada taxa, paga em retribuição a vantagens à navegação, "cobradas pelas administrações desses portos e calculadas pela aplicação de taxas estabelecidas para cada porto em uma tarifa aprovada por portaria do ministro da Viação e Obras Publicas."

O art. 5º do Decreto de 1934 definiu o que mais tarde foi chamado de grupos tarifários pela norma de 2019:

> Art. 5º São os seguintes, as vantagens e serviços de que o commercio e a navegação podem usufruir, nos portos organizados, prestados pelas administrações desses portos:
> A – Utilização do porto;
> B – Atracação;
> C – Capatazias;
> D – Armazenagem interna;
> F – Armazenagem em *armazens geraes;*
> G – Armazonagens especiaes;
> H – Transportes;
> I – Estiva das embarcações;

[26] BRASIL. *Decreto nº 24.508, de 29 de junho de 1934.* Define os serviços prestados pelas administrações dos ports organizados, uniformiza as taxas portuárias, quanto à sua espécie, incidência e denominação, e dá outras prvidências. Diário oficial da União. Seção 1, Brasília, DF, 10 jul. 1934. Disponível em: https://www2.camara.leg.br/legin/fed/decret/1930-1939/decret-24508-29-junh-1934-499830-publicacariginal-1-pe.html. Acesso em: 15 mai 2022.

J – Supprimento do apparelhamento portuario;
K – Reboques;
L – Supprimento d'agua as embarcações;
M – Servirços accessorios.

O art. 22 do Decreto de 1934 criou também um sistema de tabelas tarifárias com formato padronizado, até hoje utilizado e referência para os novos reguladores:

> Art. 22. A tarifa portuaria a que se refere o art. 3º, deste decreto, será constituida, para cada porto, por tantas tabellas de taxas quantas forem as vantagens e serviços definidos neste decreto e que sejam, ou possam ser assegurados ou realizados pela administração desse porto. Cada tabella será, designada por uma letra e pela denominação da vantagem ou serviço a que corresponder; indicará o responsavel pelo pagamento das importancias decorrentes da applicação das taxas que especificar; especificará essas taxas, discriminando as geraes e as especiaes, assignalando-as por numeração seguida em cada tabella, e indicando sua incidencia e valor; indicará as isenções admittidas e, finalmente, fornecerá todos os esclarecimentos necessarios, para facilitar o uso dessas tabellas pelos que tiverem de se utilizar das installações portuarias.
> (...)
> §2º As administrações dos portos organizados mandarão reproduzir em folhetos, o presente decreto e os de ns. 24.324, de 1 de Junho; 24.447, de 22 de Junho e 24.511 (x), desta data, bem como, as tarifas dos respectivos portos. Esses folhetos devem ficar expostos a facil consulta, pelos interessados, em todos os armazens e nos escriptorios das referidas administrações, e serão vendidos, pelo custo, a quem os solicite.
> Art. 23. As tarifas portuarias serão organizadas de accôrdo com o modelo, que com este baixa, rubricada pelo director geral da Contabilidade do Ministerio da Viação e Obras Publicas, em cujas tabellas estão especificadas as taxas geraes, com a respectiva incidencia, as isenções e as observações, communs a todos os portos. Para cada porto, as tabellas deverão ser completadas com as taxas especiaes necessarias, com quaesquer outras isenções, ou observações peculiares ao porto e com os valores de todas as taxas.

O Decreto de 1934 foi revogado pela Lei nº 8.630, de 1993, superado que era, principalmente diante da desestatização dos portos necessária ao mundo globalizado que se vislumbrava para o século XXI, sendo indispensável transferir, pelo menos, a operação portuária[27] para o setor privado. Ademais, o Decreto nada falava sobre o nível de

[27] Atividades de capatazia, estiva, conferência de carga, depósito e armazenagem.

preços – aparentemente, um sinal que parte da operação poderia ser fortemente financiada por subvenções governamentais.

Avançando, encontramos a Lei nº 3.421, de 1958, criando o Fundo Portuário Nacional, hoje em desuso. O art. 17 informa que as tarifas dos portos seriam estabelecidas com base no custo dos serviços:

> Art. 17. As tarifas dos serviços portuários serão estabelecidas com base no custo do serviço, que compreende:
> a) as despesas de exploração;
> b) as diferenças a que se refere o §7º;
> c) os encargos financeiros do investimento assim considerados:
> I – as quotas de depreciação do investimento e de amortização do capital da concessão;
> II – a remuneração de investimentos.
> §1º São despesas de exploração as realizadas com o material, serviços ou pessoal empregados na operação ou administração dos serviços portuários e na conservação do patrimônio do porto. As despesas com pessoal, computadas no custo do serviço, não poderão exceder os limites aprovados pelo Departamento Nacional de Portos, Rios e Canais, tendo em vista as necessidades efetivas dos serviços.
> §2º No custo do serviço será computada uma importância anual, correspondente a uma percentagem de custo de reposição dos bens e instalações depreciáveis que compõem o patrimônio do porto e que constituirá a Reserva para Depreciação, destinada a manter a integridade dos bens e instalações ou a restaurá-los nos casos de desgastes, destruições, insuficiências ou obsoletismo.

A Lei nº 3.421, de 1958, não foi revogada expressamente. Boa parte dos reguladores tem dúvidas sobre a sua vigência contemporânea e mesmo sobre a possibilidade de ter ocorrido uma revogação tácita. Mas, veja que ela até elencou as despesas, os encargos, investimentos e contas de depreciação, muito semelhante à regulação ora presente.

O art. 18 da mesma Lei também informa aspectos da regulação de preços: cotas anuais e amortização de capital, ou seja, investimentos, um claro avanço na tentativa de aumentar a autossustentabilidade dos portos públicos, expandindo a infraestrutura por meio de recursos dos próprios usuários:

> Art. 18. No custo do serviço serão computadas as quotas anuais de amortização do capital inicial e dos capitais adicionais, destinadas à constituição das Reservas para Amortização de Capital Inicial e dos Capitais Adicionais, previstos no art. 11, do Decreto nº 24.599, de 6 de julho de 1934, e fixadas pelo Departamento Nacional de Portos, Rios e Canais.

O art. 20, por sua vez, determinou que a cada cinco anos as tarifas portuárias seriam revistas, inovando para a época. A ideia era não permitir a defasagem de preços, condição que, de fato, implica transferência de renda do setor público para o setor privado.

> Art. 20. As tarifas portuárias serão estabelecidas, segundo modelo padronizado, aprovado pelo Poder Executivo, e deverão ser obrigatoriamente revistas de 5 (cinco) em 5 (cinco) anos, seguindo-se a competente aprovação do Ministro da Viação e Obras Públicas, por portaria.
> Parágrafo único. Por iniciativa do Departamento Nacional de Portos, Rios e Canais ou do concessionário poderão, entretanto, ser revistas as tarifas antes dêste prazo, para que fique assegurada a manutenção da paridade entre a renda do porto e o custo do serviço.

A contabilidade regulatória, objeto de capítulo dedicado, estava presente no marco de 1958:

> Art. 22. Anualmente, será procedida uma tomada de contas da aplicação pelas administrações dos portos, das receitas a que se referem as alíneas a, b e c do §6º do art. 15, obedecida a regulamentação em vigor sôbre tomada de contas de concessionários de portos.
> (...)
> Art. 25. A contabilidade das administrações dos portos obedecerá a um plano de contas e normas estabelecidas pelo Ministro da Viação e Obras Públicas.

Saltando a Constituição Federal de 1988 e a Lei nº 8.630, de 1993, pois falaremos delas de forma apartada, temos a Lei do Plano Real, a Lei nº 9.069, de 1995, plenamente vigente e aplicável ao setor portuário. No contexto de combate à inércia inflacionária, determina que os reajustes dos preços públicos serão reajustados ou revisados anualmente, informando um ritmo à macroeconomia:

> Art. 70. A partir de 1º de julho de 1994, o reajuste e a revisão dos preços públicos e das tarifas de serviços públicos far-se-ão:
> I – conforme atos, normas e critérios a serem fixados pelo Ministro da Fazenda; e
> II – anualmente.

Lei adicional ao Plano Real, a Lei nº 10.192, de 2001, determina que os reajustes inferiores a um ano sejam nulos. Segundo ela, os contratos com o poder público teriam regras para manter o equilíbrio econômico-financeiro e outras regras para essas revisões, principalmente em casos fortuitos ou força maior:

> Art. 65. Os contratos regidos por esta Lei poderão ser alterados, com as devidas justificativas, nos seguintes casos: (...)
> II – por acordo das partes: (...)
> d) para restabelecer a relação que as partes pactuaram inicialmente entre os encargos do contratado e a retribuição da administração para a justa remuneração da obra, serviço ou fornecimento, objetivando a manutenção do equilíbrio econômico-financeiro inicial do contrato, na hipótese de sobrevirem fatos imprevisíveis, ou previsíveis porém de consequências incalculáveis, retardadores ou impeditivos da execução do ajustado, ou, ainda, em caso de força maior, caso fortuito ou fato do príncipe, configurando álea econômica extraordinária e extracontratual.

A situação relatada relaciona-se principalmente com situações extraordinárias imprevisíveis.[28]

A Lei nº 9.277, de 10 de maio de 1996, tratou especificamente da situação dos convênios de delegação de portos organizados com estados e municípios. Os arts. 2º e 3º previram a arrecadação de tarifas e sua destinação:

> Art. 2º Fica a União igualmente autorizada, nos termos desta Lei, a delegar a exploração de portos sob sua responsabilidade ou sob a responsabilidade das empresas por ela direta ou indiretamente controladas.
> Art. 3º A delegação será formalizada mediante convênio.
> §1º No instrumento de convênio constará cláusula prevendo a possibilidade de aplicação da legislação do Município, do Estado ou do Distrito Federal na cobrança de pedágio ou de tarifa portuária, ou de outra forma de cobrança cabível, no que não contrarie a legislação federal.
> §2º A receita auferida na forma do parágrafo anterior será aplicada em obras complementares, no melhoramento, na ampliação de capacidade, na conservação e na sinalização da rodovia em que for cobrada e nos trechos rodoviários que lhe dão acesso ou nos portos que lhe derem origem.

A Lei nº 12.815, de 2013, prescreveu que a Lei nº 8.987, 1995, a chamada Lei Geral das Concessões, é aplicada subsidiariamente aos contratos do setor portuário. O art. 9º se detém ao aspecto tarifário.

---

[28] Há muitas obras na Editora sobre essas situações, sobre as quais não prefiro não me deter.

> Art. 9º (...)
> §2º Os contratos poderão prever mecanismos de revisão das tarifas, a fim de manter-se o equilíbrio econômico-financeiro.
> §3º Ressalvados os impostos sobre a renda, a criação, alteração ou extinção de quaisquer tributos ou encargos legais, após a apresentação da proposta, quando comprovado seu impacto, implicará a revisão da tarifa, para mais ou para menos, conforme o caso.
> §4º Em havendo alteração unilateral do contrato que afete o seu inicial equilíbrio econômico-financeiro, o poder concedente deverá restabelecê-lo, concomitantemente à alteração.

Logo, a tarifa adequada à situação presente integrou o patrimônio de direitos das administrações portuárias, estatais ou não.

O art. 11 trata da possibilidade de uso de outras fontes, provenientes de receitas alternativas, para fins de modicidade:[29]

> Art. 11. No atendimento às peculiaridades de cada serviço público, poderá o poder concedente prever, em favor da concessionária, no edital de licitação, a possibilidade de outras fontes provenientes de receitas alternativas, complementares, acessórias ou de projetos associados, com ou sem exclusividade, com vistas a favorecer a modicidade das tarifas, observado o disposto no art. 17 desta Lei.
> Parágrafo único. As fontes de receita previstas neste artigo serão obrigatoriamente consideradas para a aferição do inicial equilíbrio econômico-financeiro do contrato.

As receitas não tarifárias seriam previstas para abater o custo, para "favorecer a modicidade".

O art. 13, por sua vez, autoriza que as tarifas sejam diferenciadas, em função das características técnicas e dos custos específicos.

> Art. 13. As tarifas poderão ser diferenciadas em função das características técnicas e dos custos específicos provenientes do atendimento aos distintos segmentos de usuários.

Por essa razão, as tarifas não precisam ser idênticas para todos os usuários: tudo depende dos custos específicos. Havendo segmentos distintos de usuários, bem como características técnicas peculiares, é possível que tenhamos tarifas distintas. A Lei torna lícito não só portos

[29] Contemplamos um capítulo sobre modicidade.

distintos com tarifas distintas, mas também dentro do mesmo porto existir valores distintos para segmentos de usuários distintos, a depender de custos específicos e características técnicas.

A Lei nº 12.815, de 2013, compreendeu que as administrações portuárias são monopólios naturais, de modo que o preço público eficiente não surge da interação normal entre a demanda e a oferta, cabendo assim que uma agência reguladora atue preventivamente, arbitre a tarifa e aprove previamente a respectiva tabela tarifária.

O I seu art. 3º garante a modicidade e publicidade das tarifas, e também reforça, no art. 5º, que os procedimentos de reajuste e revisão tarifária devem estar nos contratos, inclusive as tarifas iniciais (de partida, no início do contrato):

> Art. 3º A exploração dos portos organizados e instalações portuárias, com o objetivo de aumentar a competitividade e o desenvolvimento do País, deve seguir as seguintes diretrizes:
>
> I – expansão, modernização e otimização da infraestrutura e da superestrutura que integram os portos organizados e instalações portuárias;
>
> II - garantia da modicidade e da publicidade das tarifas e preços praticados no setor, da qualidade da atividade prestada e da efetividade dos direitos dos usuários;
>
> (...)
>
> Art. 5º São essenciais aos contratos de concessão as cláusulas relativas:
>
> (...)
>
> IV – ao valor do contrato, às tarifas praticadas e aos critérios e procedimentos de revisão e reajuste;

O inciso IV do art. 17 da Lei dos Portos de 2013 previu também a obrigação de todo porto organizado arrecadar as tarifas; por consequência, a obrigação de todos a pagar – quem estiver inadimplente, fica impedido de celebrar contratos com a União:

> Art. 17. A administração do porto é exercida diretamente pela União, pela delegatária ou pela entidade concessionária do porto organizado.
>
> §1º Compete à administração do porto organizado, denominada autoridade portuária:
>
> (...)
>
> IV – arrecadar os valores das tarifas relativas às suas atividades;
>
> (...)
>
> Art. 62. O inadimplemento, pelas concessionárias, arrendatárias, autorizatárias e operadoras portuárias no recolhimento de tarifas portuárias e outras obrigações financeiras perante a administração

do porto e a Antaq, assim declarado em decisão final, impossibilita a inadimplente de celebrar ou prorrogar contratos de concessão e arrendamento, bem como obter novas autorizações.

A partir de 2014, ou seja, a partir da Lei dos Portos de 2013, quando coube ao órgão regulador "promover as revisões tarifárias", a Agência editou diversos normativos específicos no tocante à matéria da regulação tarifária, seja padronizando procedimentos ou relacionando princípios e deveres das pessoas jurídicas gestoras dos portos.

A transcrição dessas normas foge do nosso escopo, até porque, diferente das leis e decretos, os normativos do órgão regulador são menos rígidos, podendo ser alterados com maior dinamismo. Todavia, importa dizer que, ao longo do livro, traremos a essência desses normativos, auxiliando na interpretação deles, inclusive se forem alterados. A tabela a seguir lista os regulamentos pertinentes pela sua temática ligada à regulação tarifária:

TABELA 3

Síntese da regulação vigente relacionada à questão tarifária nos portos (até nov/2021)

	Regulamento	Temática
Legislação Geral	Lei nº 9.069/1995	Lei do Plano de Real
	Lei nº 10.192/1995	Medidas complementares ao Plano Real
	Lei nº 8.987/1995	Lei Geral das Concessões
Legislação Setorial	Lei nº 3.421/1958	Cria o Fundo Portuário Nacional
	Lei nº 10.233/2011	Reestrutura o transporte aquaviário
	Decreto nº 4.122/2002	Regulamenta a criação da ANTAQ
	Lei nº 12.815/2013	Lei dos Portos de 2013
	Decreto nº 8.033/2013	Decreto dos Portos
	Lei nº 9.277/1996	Autoriza os convênios de delegação
	Lei nº 9.432/1997	Regimes de navegação
Normas da ANTAQ	Resolução nº 3274/2014	Modicidade, isonomia, generalidade, dever de pagar e transparência
	Resolução Normativa nº 07/2016	Tarifa de serviço x tarifa portuária
	Resolução nº 49/2020	Instituiu a Contabilidade Regulatória
	Resolução Normativa nº 32/2019	Estrutura tarifária padronizada
	Resolução nº 48/2021	Antecipação de receitas tarifárias
	Manual de Contas da Administração Portuária	Custeio e demonstrações contábeis padronizadas

Sinteticamente, conforme a figura seguinte, são nove os marcos temporais associados à questão tarifária nos portos organizados.

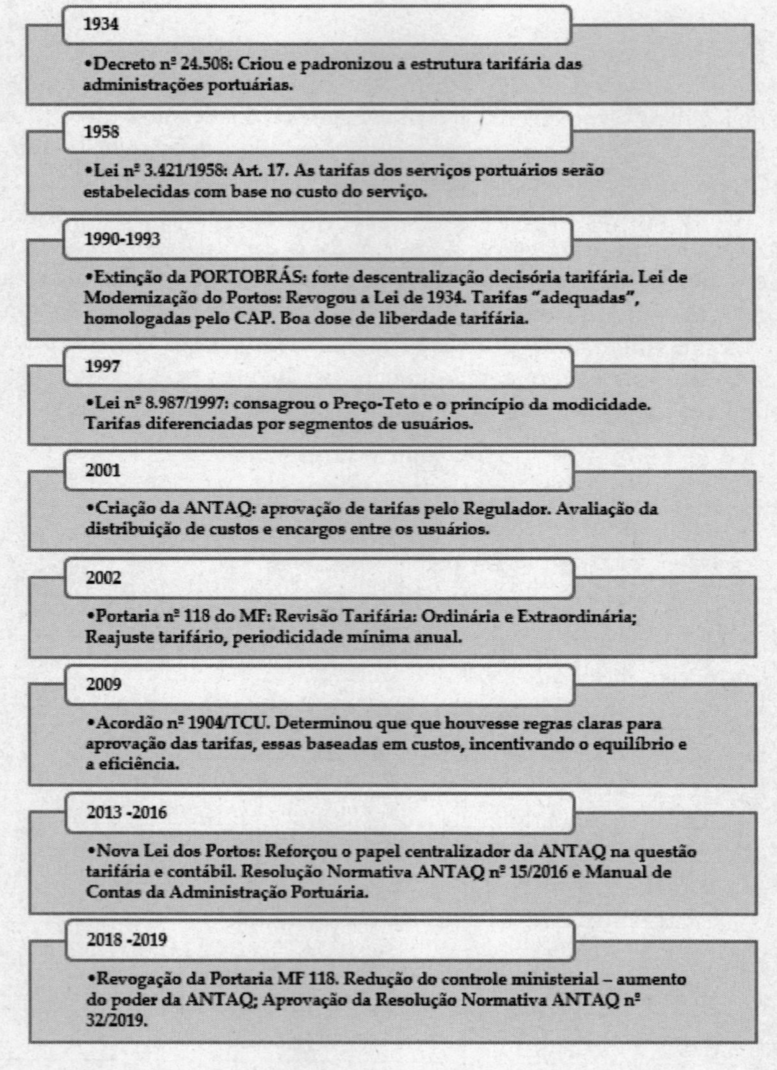

FIGURA 6 – Momentos notáveis da regulação tarifária dos portos

Nesse cenário, observamos o crescimento, desde 1993, de comandos legais impelindo uma maior regulação econômica dos portos, como o art. 9º, §3º e §4º, o art. 11, *caput* e o art. 13 da Lei nº 8.987, de

1995; o art. 27, II e VII, e o art. 28, I e II, "b", ambos da Lei nº 10.233, de 2011; o art. 4º, IV e VIII do Decreto nº 4.122, de 2002; e, sobretudo a Portaria nº 118, de 2002, do Ministério da Fazenda, revogada em 2018 pelo Ministério da Economia.

A PORTARIA Nº 118/2002 DO MINISTÉRIO DA FAZENDA

Logo após a edição da Lei nº 10.233, em 2001, restou um comando ao órgão regulador: comunicar previamente o Ministério da Fazenda antes de dar vigência às revisões tarifárias.[30] A ordem não fixou prazo para resposta, transpassando impressão de poder de veto ministerial, cabendo inclusive rever as decisões da autarquia ou mesmo fixar critérios discricionários ao regulador.

O sombreamento de competências foi favorecido pela inexistência de um normativo próprio da agência, situação que vigorou até 2018, quando revogada a Portaria, já em um contexto mais liberalizante e de fortalecimento da capacidade institucional da Agência. Até então, era uma das poucas políticas públicas de fato e de direito para as tarifas portuárias. Vejamos trechos dela:

> Art. 2º Os reajustes deverão:
> I – ser feitos com periodicidade mínima anual;
> II – basear-se nas alterações dos custos operacionais ou em índices de preços;
> III – estar discriminados nas cláusulas constantes dos contratos de concessão ou de permissão, nos atos de autorização previstos no art. 49 da Lei nº 10.233, de 2001, ou nos convênios de delegação, que deverão estabelecer os pesos dos itens que compõem os custos operacionais ou que estarão vinculados a índices de preços; e
> IV – incluir a transferência de parcela dos ganhos de eficiência das empresas aos usuários. (...)
> Art. 3º As revisões ordinárias deverão:
> I – estar previstas nos contratos de concessão ou de permissão, nos atos de autorização previstos no art. 49 da Lei nº 10.233, de 2001, ou nos convênios de delegação;
> II – estabelecer a receita necessária para cobrir os custos operacionais eficientes e remunerar o capital prudentemente investido; e

[30] O original da Lei n 10.233/2001 era a seguinte: "Art. 27. Cabe à ANTAQ, em sua esfera de atuação: (...) VII – aprovar as propostas de revisão e de reajuste de tarifas encaminhadas pelas Administrações Portuárias, após prévia comunicação ao Ministério da Fazenda".

> III – incorporar parcela das receitas oriundas de outras fontes para fins de modicidade da tarifa.
>
> Art. 4º As revisões extraordinárias deverão:
>
> I - identificar o nexo causal responsável pelo desequilíbrio econômico e financeiro nos contratos;
>
> II – estabelecer a receita necessária para cobrir os custos operacionais eficientes e remunerar o capital prudentemente investido; e
>
> III – incorporar parcela das receitas oriundas de outras fontes para fins de modicidade das tarifas.

Seu maior mérito foi definir três tipologias básicas, além de critérios fundamentais para a criação do normativo próprio da Agência Reguladora, em 2019.

CAPÍTULO 4

GOVERNANÇA E REGULAÇÃO TARIFÁRIA

Estrutura aquaviária brasileira

Porto é uma infraestrutura econômica, lugar estratégico para o fluxo do comércio exterior. Um *local de troca de modais* (geralmente do aquaviário para o terrestre), de transbordo ou baldeação de cargas e passageiros. Mais do que isso, é um ponto de ligação comercial e de passagem, um elo da cadeia logística, um centro integrado de negócios.

O art. 1º da Lei nº 12.815, de 2013, determinou a configuração do modelo de exploração portuária contemporâneo. Existem os portos organizados, explorados diretamente (pelas estatais) ou indiretamente pela União (por meio de concessões, arrendamentos e contratos de uso temporário),[31] e as instalações autorizadas, exploradas também indiretamente pela União, por meio de contratos de adesão.

A *exploração direta* pela União se dá pelas empresas públicas federais, denominadas de Companhias Docas, assim como mediante a descentralização federativa materializada nos convênios de delegação com estados e municípios. Esses, por sua vez, criam as empresas públicas locais, com o propósito específico de exercer a Administração Portuária.[32]

A *exploração indireta* é mais complexa. *Dentro do porto organizado*, a União firma contratos de exploração de áreas com o setor privado,

[31] Enxerto recente da Lei n 14.047, de 2020.

[32] Decreto n 2184, de 24 de março de 1997: Art. 4 O delegatário se obriga a desempenhar exclusivamente as atribuições de autoridade portuária, devendo constituir entidade de administração indireta, estadual ou municipal, específica para esta finalidade.

de longo ou médio prazo, constituindo o uso privativo de parcelas do porto, chamadas de *instalações portuárias*. O porto organizado como um todo também pode ser concedido. No porto organizado, temos a figura do *operador portuário*, pessoa jurídica de direito privado que, uma vez qualificada economicamente e tecnicamente, pode prestar serviços de movimentação e armazenagem de cargas e transporte de passageiros dentro do porto. Os próprios contratantes de áreas também podem ser operadores portuários, além de existirem operadores independentes.

Fora do porto organizado, as instalações portuárias são integralmente privadas. A operação é de responsabilidade exclusiva do autorizatário, havendo, porém, limitações dentro dos contratos de autorização quanto à completa terceirização da exploração.

As instalações portuárias privadas, antes do marco de 2013, estavam impedidas de movimentar cargas exclusivamente de terceiros. Desde então, operam cargas próprias, de terceiros ou mistas. Rapidamente, as instalações portuárias privadas assumiram a maior fatia do mercado, em termos de volume e toneladas de carga, sem que isso significasse prejuízos aos portos organizados, denotando um sucesso da política implementada na Lei nº 12.815, de 2013 – o aumento da competitividade entre portos, liberalizando a atividade. O interesse por contratos dentro do porto organizado é cada vez maior, os leilões de arrendamento batem recordes de arrecadação.

A figura seguinte sintetiza o modelo:

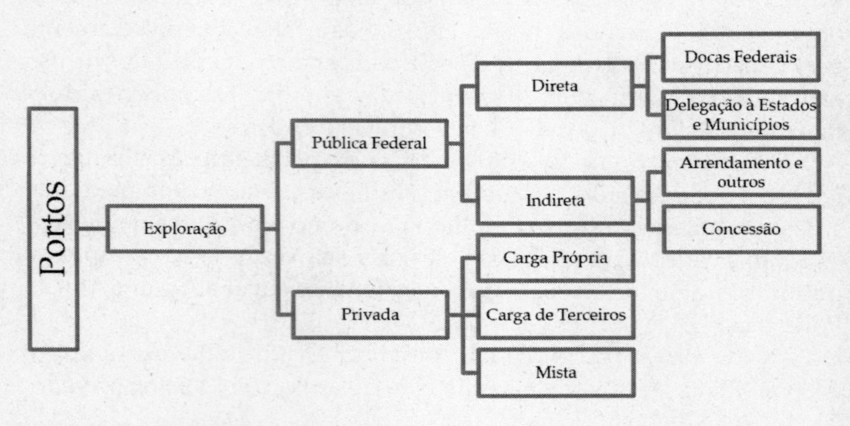

FIGURA 7 – Explorações Privadas e Públicas dos portos nacionais

Em termos da infraestrutura, os portos organizados, fora o conceito legal, são aqueles multifuncionais. Ao contrário das instalações privadas, os portos públicos são generalistas, multipropósitos, voltados para diversos perfis de carga – ainda que tenham, individualmente, uma vocação para certas cargas de exportação (soja ou trigo, por exemplo). Existem reais oportunidades no porto organizado para vários operadores portuários, um concorrendo com o outro, bastando se qualificarem tecnicamente e economicamente junto ao administrador do porto. Noutro sentido, a instalação privada tende a ser especializada em determinada demanda, tal como contêiner, minério de ferro, veículos – daí ser mais produtiva, especialmente quando dentro de uma cadeia integrada (a exemplo da exploração petrolífera ou mineral).

Ao final do dia, as diferentes naturezas portuárias se complementam com sucesso, implicando empecilhos para uma completa privatização do setor portuário. O porto público gera renda à comunidade local e regional, enquanto o porto privado gera renda a determinado grupo econômico ou nicho de mercado, ambas com amplos benefícios externos ao bem-estar social.

As instalações portuárias privadas estão encaixadas dentro do conceito de infraestrutura de uso comercial, assim como aquelas instalações menores, voltadas a passageiros. Dentro do uso privado, temos a figura do porto indústria (a exemplo do complexo portuário de Pecém/PE, onde há inclusive termoelétricas), de turismo e os estaleiros.

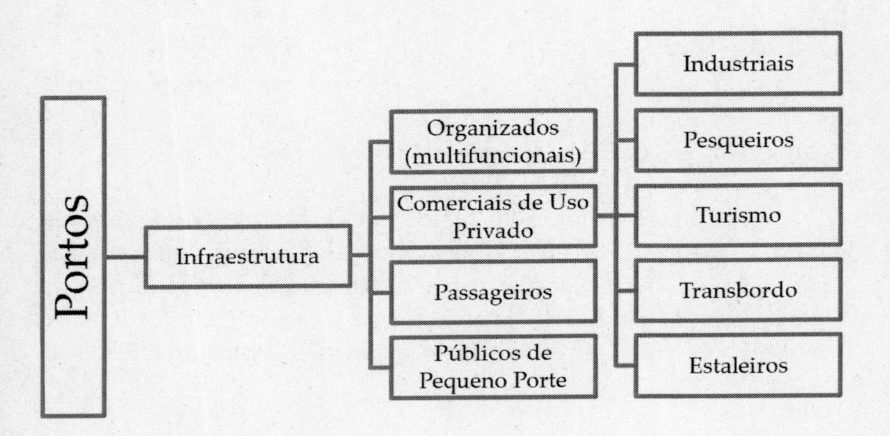

FIGURA 8 – Naturezas da infraestrutura portuária

Considerando que o porto é um lugar de trocas de modais, quanto mais modais prover, melhor a sua *intermodalidade*. Um porto multimodal possibilita a troca para dois ou mais modais. Um porto marítimo, dispondo de acessos para ferrovias, estradas federais e estaduais, bem como para hidrovias interiores ao país, possui grande vantagem competitiva, aumentando a sua *zona de influência* econômica (para o lado do mar ou da terra) e, portanto, a sua importância estratégica e poder de mercado sobre os donos das cargas e transportadores.

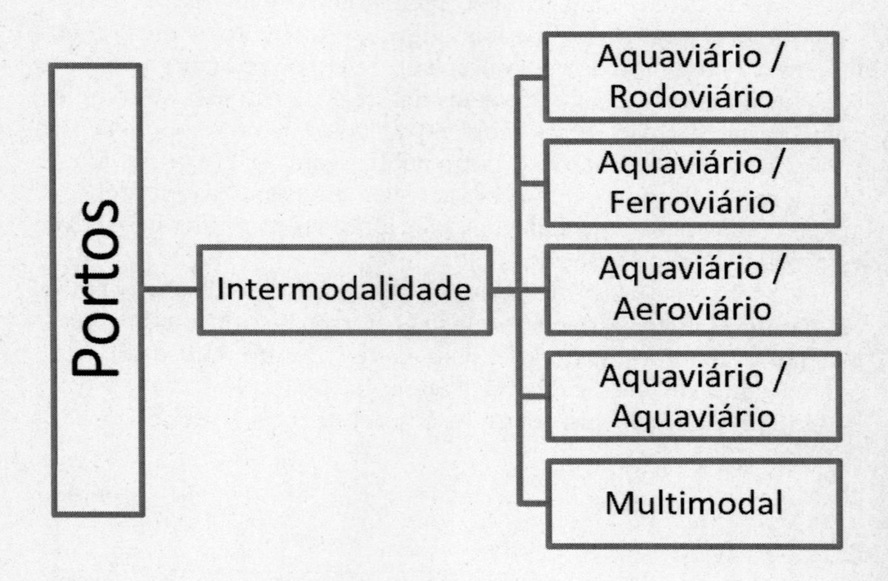

FIGURA 9 – Trocas de modais possíveis dentro do porto

Em números de julho de 2021,[33] o setor portuário dispunha de 35 portos organizados e 147 contratos de arrendamento dentro desses portos, além de 217 instalações privadas (incluindo Terminais de Uso Privado, Estação de Transbordo de Carga e Instalações Públicas de Turismo), bem como um total de 44 Instalações Portuárias Públicas

[33] Fonte: Painel de Outorgas da ANTAQ. Sítio Eletrônico da Agência. BRASIL. ANTAQ. *Painel de Autorizações de Navegação*. Superintendência de utorgas – SG e Gerência de Autorizações da Navegação – GAN Atualizado em 12 maio 2022. Disponível em: http://utrgasnav.antaq.gv.br/. Acesso em: 15 maio 2022.

de Pequeno Porte – IP4 (basicamente administradas pelo DNIT, em travessias da navegação interior).

FIGURA 10 – Quantidade de instalações portuárias em julho/2021

Gestão portuária

De acordo com o Banco Mundial,[34] "a natureza do envolvimento do setor privado no setor portuário será determinada pela adoção de um regime institucional específico. Para auxiliar os reformadores na determinação de qual, este documento descreve quatro modelos de gestão que cobrem um espectro de participação privada do setor privado nos portos, incluindo *public service*, o *tool port*, o *landlord port* e o *private service port*.

A Lei nº 8.630, de 1993, modernizando o setor portuário, consagrou o modelo *Landlord* nos portos organizados brasileiros. Esse modelo parte de dois pressupostos essenciais: i) a finalidade e caráter público do porto organizado, como bem público, fornecendo infraestrutura pública e serviços de utilidade pública a ela associados;[35] ii) existe uma autoridade superior, com poder de supervisão e coordenação da atividade local, um poder de domínio que excede em muito à vontade privada convencional. É o modelo adotado pelos portos de Antuérpia e Roterdã, tidos como referência regulatória ao Brasil.

---

[34] WORLD BANK. *Port Reform Toolkit PPIAF, World Bank, 2nd Edition*: – Module 1: Framework For Port Reform. 2007. p. 11.

[35] A doutrina antitruste chama esse tipo de infraestrutura como *essential facilities*.

Vejamos a figura abaixo, comparando o *Landlord* com os demais modelos de gestão tradicionais:

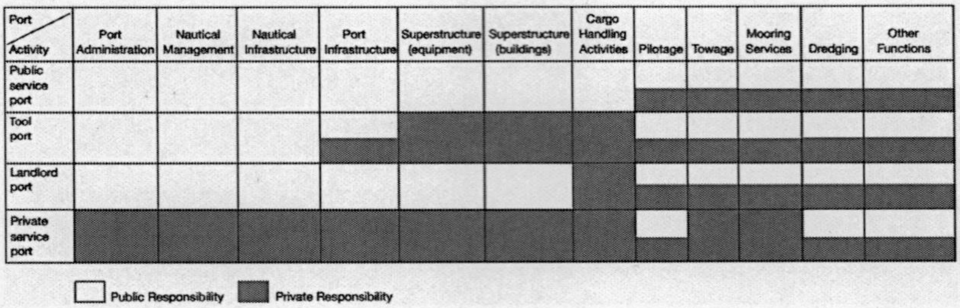

Port / Activity	Port Administration	Nautical Management	Nautical Infrastructure	Port Infrastructure	Superstructure (equipment)	Superstructure (buildings)	Cargo Handling Activities	Pilotage	Towage	Mooring Services	Dredging	Other Functions
Public service port												
Tool port												
Landlord port												
Private service port												

Public Responsibility   Private Responsibility

FIGURA 11 – Regimes exploratórios comparando com as prerrogativas do Público e do Privado

Fonte: WORD BANK, 2007

O modelo é o que mais reflete o arcabouço jurídico-administrativo dos setores de infraestruturas de transporte brasileiro, adequando-se à natureza pública do porto organizado e, ao mesmo tempo, é o mais próximo de uma governança essencialmente privada do bem público, uma combinação útil para os objetivos governamentais. A sua manutenção na modelagem para as futuras concessões é considerada neutra em termos competitivos e reduz os riscos do empresariado ao participar de aventuras sem paralelo nacional, satisfazendo as preocupações locais.

O *Landlord* oferece ainda proteção econômica de longo prazo ao explorador do porto organizado (pois boa parte de suas receitas são tarifadas, salvaguardadas pela Agência Reguladora) *vis a vis* a obrigação de investimentos e de nível de serviço que acompanharão o contrato. Permite ainda que os operadores portuários exerçam sua atividade comercial e trabalhem para atrair novas cargas e usuários, sem que a autonomia local seja reduzida e o Regulador seja afastado de monitorar o desempenho das atividades.

O conceito de *Landlord Port* nasceu nos países cujos portos se desenvolveram baseados em uma figura de autoridade pública (*Port Authority*) atuando apenas na oferta de instalações comerciais para o segmento privado, com influência regional ou local, visando a atrair negócios e atividades econômicas para a sua área de atendimento, ordenando, assim, o uso do solo de sua propriedade. Aos moldes da *tradição dos portos hanseáticos*, a titularidade é pública, da União (ou do município, como nos países baixos), e áreas operacionais podem ser atribuídas para o setor privado por meio de contratos administrativos, setorialmente denominados de arrendamentos. A função da autoridade pública dentro do porto organizado é fornecer a infraestrutura menos sujeita à possibilidade de exclusão, como a aquaviária e a terrestre. Nesse modelo, há uma estreita parceria entre o público e o privado. A Lei nº 12.815, de 2013, a chamada Nova Lei dos Portos, nesse ínterim, manteve o modelo de 1993.

No entanto, nesse regime, o total controle do espaço por uma empresa dominante, combinado com limitações sobre a criação de novas formas de suprimento da demanda local, tem o potencial de causar consequências anticoncorrenciais. Por isso, caberá sempre cuidados ao desinterditar o poder de monopólio e conceder liberdade tarifária e de gestão às áreas portuárias.

Do ponto de vista da política regulatória, a figura seguinte sintetiza vantagens e desvantagens do *Landlord* em relação ao *Private Service*.

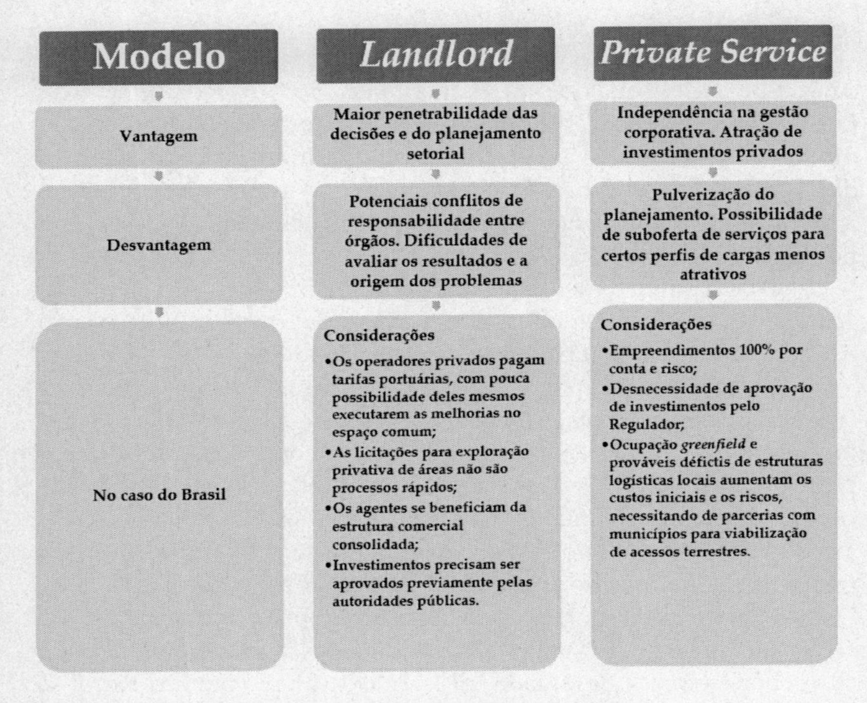

FIGURA 12 – Comparação entre *Landlord* e *Private Service*

Nesse contexto, "Porto organizado" torna-se a classificação desse tipo de infraestrutura econômica denominado porto, local onde ocorre o transporte aquaviário e a troca de modais, geralmente do aquaviário para o terrestre ou ferroviário, e vice-versa. Na concepção moderna, o termo surgiu no Brasil durante a Era Vargas, em 1934, quando a intervenção estatal nesse segmento sofreu uma forte onda de centralização na União.

A vigente definição legal do termo é encontrada no art. 2º, I da Lei nº 12.815, de 2013, guardando essa relação jurídica entre porto organizado e a coisa pública, como segue:

> Art. 2º Para os fins desta Lei, consideram-se:
> I – porto organizado: bem público construído e aparelhado para atender as necessidades de navegação, de movimentação de passageiros ou de movimentação e armazenagem de mercadorias, e cujo tráfego e operações portuárias estejam sob jurisdição de autoridade portuária;

O verbete "bem público" é recorrente, mas o legislador de 2013 cuidou de excluir qualquer menção à figura do "serviço público" da Lei nº 12.815, de 2013, assim como diferenciar fortemente a exploração direta daquela indireta. A exploração indireta do porto organizado dar-se-á por "arrendamento OU concessão". A concessão refere-se à administração do porto organizado, e o arrendamento a uma instalação portuária dentro do porto organizado.

O bem público citado no art. 2º, I da Nova Lei dos Portos, revela, acima de tudo, o papel do Estado na cadeia de transporte aquaviário e o posicionamento estatal frente aos seus cidadãos.

Na verdade, em tal caracterização, em uma interpretação mais sistemática e teleológica, cabem duas visões que se complementam mutuamente. Se tomada em um sentido econômico, significa que o porto organizado consiste em um conjunto de elementos fixos (bens de capital) que realizam uma finalidade de interesse coletivo, necessárias à produção de um serviço e mercadorias. Assim, ainda que composto por bens integrantes do patrimônio particular do ponto de vista do Direito Societário, o porto organizado teria uma destinação pública maior (justificando, portanto, os subsídios da cabotagem pelo longo curso, por exemplo). Se tomada em sentido do direito público, extrai-se que não podem e não devem ser afastados os princípios republicanos que cercam a coisa pública e os direitos dos usuários dessa utilidade, tais como o de não receber tratamento discriminatório, de igualdade de oportunidades e condições, transparência, previsibilidade, zelo pela integridade do bem público, continuidade e regularidade, seleção isonômica e ainda o direito ao livre acesso (desde que remunerado). Entretanto, nenhum sentido aponta para serviço público associado aos serviços portuários, no porto público ou fora dele.

Concordando com Eros Grau, a simples leitura da Constituição é insuficiente para estabelecer o que é serviço público. O art. 21 da Carta Maior apenas indicaria a titularidade estatal, que poderá ser exercida pelo privado, pois não são reservadas à administração pública. É o caso do setor portuário. Não há qualquer lei ou regulamento que expresse a vontade do poder público em elevar a atividade portuária como serviço público.

A hipótese de intervenção direta no setor portuário presente na Lei nº 8.630, de 1993, e, posteriormente, na Lei nº 12.815, de 2013, foi editada em atenção ao art. 173 da CF88, associado à competência privativa da União para legislar sobre o regime dos portos bem como a titularidade estatal da exploração portuária (art. 21 e art. 22 da CF88). A permanência de empresas controladas pela União explorando os portos, arrecadando tarifas e outras receitas, como administradoras portuárias, viabiliza-se justamente pelo art. 173 da CF88, pois o Constituinte foi claro: a atividade econômica é, via de regra, exercida pelo setor privado, inclusive o transporte aquaviário, podendo, excepcionalmente, a União explorar diretamente os portos.

O quadro a seguir compara a situação dentro e fora do porto organizado:

TABELA 4
Classificação das atividades portuária, do ponto de vista do regime econômico

Exploração		**Dentro do porto organizado**				**Fora do porto organizado**
		Direta		**Indireta**		
Modalidade		Empresa pública da União	Empresa pública dos estados e municípios conveniados com a União	Contrato de Arrendamento	Contrato de Concessão Portuária	Autorização
Objeto		Área do Porto Organizado		Instalação Portuária	Área do Porto Organizado	Terminal de Uso Privado
Atividade no Marco Regulatório Anterior (Lei nº 8630/93)		Econômica		Econômica	Serviço Público	Econômica
Atividade no Marco Regulatório atual (Lei nº 12.815/13)		Econômica		Econômica	Econômica	Econômica
Aplicação da Lei nº 8.987/95	**Lei nº 8.630/93**	Não		Não	Integral	Não
	Lei nº 12.815/13	Não		Subsidiária	Subsidiária	Não
CF 88		art. 173		art. 173	art. 175*	art. 170, §único

(*parcialmente)

De toda maneira, independente da modalidade de exploração, cabe ao Poder Público, seja na figura ministerial ou órgão regulador, o papel indelegável de planejamento, fiscalização e normatização, como nos orienta o art. 174 da Constituição.

A Lei nº 8.630, de 1993, em seus artigos 4º, 5º e 6º, introduziu importantes modificações no regime de arrendamento de instalações portuárias, revogando expressamente o Decreto-lei nº 5, de 1966. Ao fazê-lo, aproximou o arrendamento da cessão de uso, mormente pela previsão expressa da reversão (art. 4º, §6º). Manteve, contudo, a distinção fundamental em face da concessão, prevista para o porto organizado, como um todo.

Tais mudanças estão também em linha com o modelo desenhado pelo Banco Mundial para um porto Público-Privado (ora em aplicação nos portos organizados, desde 1993), conforme o quadro a seguir:

TABELA 5

Modelos de exploração portuária, conforme a atividade

Modelo Portuário	Regulamentação e Supervisão	Gestão de Áreas Comuns	Gestão de Áreas de Uso Restrito	Operação Portuária
Público	Pública	Pública	Não há	Pública
Quase-Público	Pública	Pública	Não há	Privada
Público-Privado	Pública	Pública	Privada	Privada
Quase-Privado	Pública	Privada	Privada	Privada
Privado	Privada	Privada	Privada	Privada

Fonte: NETO; BRITO (2015).[36]

Em termos de remuneração, como vimos, de 1993 as Companhias Docas deixaram de atuar diretamente na operação portuária (prerrogativa agora do "operador portuário") e converteram-se no papel de "autoridades portuárias", com a responsabilidade de garantir a infraestrutura das áreas comuns, gerindo o espaço do porto organizado como uma espécie de "condomínio".

Tal inovação foi em prol de uma maior eficiência, significando transferir competências das administrações portuárias em relação à movimentação e à armazenagem de cargas, e repassá-las aos operadores portuários (entes puramente privados, previamente qualificados pela própria estatal). Pela Lei de Modernização dos Portos, passariam as administrações portuárias a exercer a atividade quase única de autoridade portuária, ou seja, de administradora do patrimônio público, disciplinadora local e fiscalizadora das atividades portuárias na sua jurisdição. As principais funções da autoridade portuária incluem garantir condições abrigadas de fundeio e atracação, proporcionar serviços de movimentação de carga entre a embarcação e o cais, bem como facilitar a movimentação da carga em terra armazenagem.

36 FERREIRA-NETO, João; BRITO, Thiago Barros. *Avaliação da capacidade do canal de acesso do porto de santos por simulação de eventos discretos*. São Paulo, 2012. Disponível em: http://www.usp.br/cilip/wpcntent/uplads/2012/01/59-Btter-Ferreira-net-Pereira-y-Barrs-Brit-CMPLETBrasil1.pdf. Acesso em: 12 maio 2022.

No modelo *Landlord Port*, a autoridade portuária administra o porto e fica responsável por toda a infraestrutura portuária, enquanto a superestrutura e a operação portuária ficam sob responsabilidade de arrendatários e operadores portuários, entes privados.

A tabela seguinte demonstra como é remunerado o modelo *Landlord Port* no Brasil, tipicamente explorado mediante a gestão de empresas públicas. O papel do arrendamento é parte de uma cadeia logística de transporte, distanciando, portanto, o seu objeto de um típico serviço público.

TABELA 6

Típico modelo de remuneração do Landlord brasileiro[37]

Fornecimento	Responsável	Fonte de recursos (financiamento)
Ampliação da Infraestrutura aquaviária	União (Administração Pública Direta)	Receita Pública / Impostos federais / Lei Orçamentária
Operação e Manutenção da Infraestrutura aquaviária	Administração Portuária (Administração Pública Indireta)	Tarifas portuárias – inframar
Infraestrutura terrestre e de acostagem	Administração Portuária (Administração Pública Indireta)	Tarifas portuárias – infracais, infraterra e serviços complementares
Superestrutura de terminais portuários / Operação / Transporte Aquaviário	Setor privado (operadores portuários e arrendatários)	Preços livremente negociados (cobrados dos usuários pela movimentação e armazenagem de cargas)

Percebem-se as tarifas portuárias somente no contexto do fornecimento típico da Administração Portuária. Os demais serviços portuários são de natureza privada, ainda que revestidos de intensa finalidade pública, pois estão sendo executados dentro do porto público.

Na ótica dos preços, formulamos a tabela a seguir, demonstrando sinteticamente as diferenças entre os institutos exploratórios disponíveis no marco regulatório.

37 Para Administração Portuária constituída como empresa pública ou autarquia.

TABELA 7

Distinção entre os institutos exploratórios, na ótica dos preços

ATRIBUTO	ADMINISTRAÇÃO PORTUÁRIA	ARRENDAMENTO	AUTORIZAÇÃO
Titularidade do serviço	União	União	União
Aplicabilidade da Lei nº 8.987/1995	Sim, subsidiariamente	Sim, subsidiariamente	Não
Quem pode prestar	União diretamente, delegadas ou concessionárias	Pessoa jurídica ou consórcio de empresas	Pessoa jurídica ou consórcio de empresas
Hipótese de Cobrança	Contraprestação efetiva, proporcional à utilização	Contraprestação efetiva, proporcional à utilização	Contraprestação efetiva, proporcional à utilização
Fiscalização	Órgão Regulador	Órgão Regulador	Órgão Regulador
Remuneração	Tarifa	Preço ou Tarifa de Serviço	Preço
Liberdade de preços	Não	Sim, controles *ex-post*	Sim, controles *ex-post*
Aplicação do princípio da modicidade	Sim	Sim	Sim

PAGAMENTOS EM MOEDA ESTRANGEIRA

Costuma-se afirmar que a tarifa portuária não pode ser paga em moeda estrangeira, nem ser divulgada sob valores em dólares americanos (US$). Os arts. 315 e 318 do Código Civil existem nesse sentido:

> Art. 315. As dívidas em dinheiro deverão ser pagas no vencimento, em moeda corrente e pelo valor nominal, salvo o disposto nos artigos subseqüentes.
>
> (...)
>
> Art. 318. São nulas as convenções de pagamento em ouro ou em moeda estrangeira, bem como para compensar a diferença entre o valor desta e o da moeda nacional, excetuados os casos previstos na legislação especial.

O disposto na Lei nº. 10.192, de 14 de fevereiro de 2001, reforça o entendimento:

> Art. 1º As estipulações de pagamento de obrigações pecuniárias exeqüíveis no território nacional deverão ser feitas em Real, pelo seu valor nominal.
>
> Parágrafo único. São vedadas, sob pena de nulidade, quaisquer estipulações de:
> I – pagamento expressas em, ou vinculadas a ouro ou moeda estrangeira, ressalvado o disposto nos arts. 2º e 3º do Decreto-Lei nº 857, de 11 de setembro de 1969, e na parte final do art. 6º da Lei no 8.880, de 27 de maio de 1994;

Diploma mais antigo, ainda vigente, é o Decreto-Lei nº 857, de 11 de setembro de 1969:[38]

> Art 1º São nulos de pleno direito os contratos, títulos e quaisquer documentos, bem como as obrigações que exeqüíveis no Brasil, estipulem pagamento em ouro, em moeda estrangeira, ou, por alguma forma, restrinjam ou recusem, nos seus efeitos, o curso legal do cruzeiro.

Política tarifária no setor portuário

O *regime tarifário* é instrumento de política pública. A fixação de um regime tarifário reflete uma opção política relacionada à aplicação de uma determinada política, pois a tarifa configura um importante ferramental de realização dos deveres do Estado.

A *política tarifária* tem como objetivo expor as formas da remuneração do serviço frente a todas as obrigações do contratado. É um dos principais instrumentos de intervenção do Poder Público sobre serviços estatais delegados a particulares.

Como vimos, a Constituição Federal de 1988, na esteira das Cartas anteriores, estabeleceu, em seu artigo 175, os princípios básicos do regime de concessão e permissão de serviços públicos e em várias outras passagens faz menção aos referidos institutos. Mas a Constituição não explicita a forma de contraprestação tarifária da concessão, apenas

[38] Não aplicável às exportações de mercadorias, não sendo este o caso.

remete a uma "política tarifária" disciplinada por lei infraconstitucional. O parágrafo único do art. 175 da Constituição Federal, inciso III, prevê que a lei infraconstitucional irá estabelecer a política tarifária das prestações de serviços públicos, prestados diretamente ou não pelo Estado.

Desta forma, a lei ordinária é utilizada como modo de intervenção do Estado no segmento, em função ao resguardo do interesse do usuário, no aspecto socioeconômico, ou seja, é, sem dúvida, um instrumento de política pública. Pelo fato de ter que apresentar os direitos e deveres dos concessionários no que tange aos assuntos remuneratórios, a política tarifária concede formato cristalino ao serviço ou infraestrutura objeto da concessão. Ela esmiuçará os detalhes através dos quais ocorrerá a remuneração em um determinado setor. Por essa razão, não pode uma lei genérica versar sobre todos os serviços de titularidade daquele ente federativo, pois cada tipo de serviço tem suas peculiaridades e, assim, requer um regime tarifário diferente.

As características essenciais de um contrato de concessão portuária incluem o objeto, o prazo da concessão e os critérios para revisão das tarifas. Os direitos e deveres dos usuários para obtenção e utilização do serviço são também considerados essenciais nesse tipo de contrato, por isso, é autorizada a suspensão de fornecimento em caso de inadimplência contumaz.

O marco setorial também deve prever o prazo do contrato. Esse item tem interferência direta no valor da tarifa. Para que não ocorra o engessamento do edital de licitação, a lei pode prever o prazo dentro do qual, a partir do devido estudo técnico e econômico, pressupõe-se ser mais adequada a duração do contrato.

A política tarifária deve trazer ainda as diretrizes relativas aos aspectos econômicos e financeiros, como as formas previstas para a remuneração, a possibilidade de inclusão de receitas não tarifárias, se será disponibilizado algum tipo de subvenção estatal e em que grau, as linhas gerais do tipo de tarifa (comum ou social) e, em decorrência, se haverá subsídio cruzado (entre usuários ou entre serviços), encargos, subvenções estatais, as espécies de investimentos que devem ser feitos, as diretivas genéricas para o alcance das metas físicas de expansão do serviço, além do regime de bens reversíveis.

O regulamento tratando de política tarifária, entretanto, não deve detalhar exaustivamente a maneira como as partes envolvidas no contrato deverão atuar em cada situação específica, pois isso acarretaria prejuízo às questões de conformação mercadológica, que normalmente necessitam de soluções rápidas e originais no dia a dia em um ambiente próprio de negócios realizados na seara privada.

A política tarifária, por ser a representação da aplicação de uma determinada política pública, não deve ainda obrigar que todas as tarifas sejam iguais em diferentes projetos. O que se buscará é a satisfação de interesses coletivos, e não o benefício de um ou outro usuário ou do concessionário. Sendo assim, dependendo do objetivo que se almeja alcançar, a forma de constituir o valor de uma determinada tarifa pode variar, respeitado o serviço adequado.

Sobre esses interesses superiores, não foi em vão que o art. 175 da Constituição Federal previu que a fixação tarifária para os serviços deve ser "política". Isso significa que a tarifa não deve apresentar características simplesmente econômicas, a fim de unicamente cobrir custos, remunerar o concessionário, dar mais eficiência e expansão aos serviços: "deverá também estar dirigida a assegurar a máxima generalidade possível de cobertura, a custo acessível, e harmonizando todos os interesses econômicos e sociais em jogo" (MOREIRA-NETO, 2005).[39]

POLÍTICAS REGULATÓRIAS

A produção de políticas públicas, entre elas a política regulatória tarifária, é um processo técnico-político dinâmico. Reflete a tentativa de otimização entre fins e meios, além da concordância entre atores interessados sobre o problema, suas causas e os resultados esperados da ação pública. Tal processo leva em conta os atores (burocratas, políticos e grupos), ideias (paradigmas) e instituições (regras, estruturas e contextos).

O termo política, na língua portuguesa, é muito abrangente. Traz a ideia de um propósito que presume intenção e racionalidade, em níveis estratégicos e operacionais. Visa influenciar ou alterar o comportamento coletivo ou individual, alocando recursos dentro da sociedade. A ciência política, segundo Maria das Graças Rua (1998).[40] costuma dividir em três dimensões distintas:

- ***Polity***: instituições (leis e órgãos públicos), delineadas pelo sistema jurídico e administrativo;
- ***Politics***: decisões de poder, já que a política é decidida por uma autoridade formal, legalmente constituída no âmbito de sua competência e é coletivamente vinculante. São procedimentos formais

[39] MOREIRA, Egon Bockmann. *Direito das Concessões de Serviço Público*: Inteligência da Lei 8.987/95 (Parte Geral). São Paulo: Malheiros, 2010. p. 442.

[40] RUA, Maria das Graças. Análise das políticas: conceitos básicos. *In*: RUA, Maria das Graças; VALADA, Maria Izabel. *Estudo da Plítica*: Temas Selecinados. Brasília: Paralelo 15, 1998.

e informais que expressam relações e que se destina a solução de conflitos quanto ao uso dos bens públicos ou privados;

- ***Policy***: conteúdos concretos da ação governamental, isto é, a matéria dos planos, programas e projetos.

O foco desta obra é *policy*, embora ela seja resultante da *politics* (RUA, 1998).

Como veremos, as *policies* existem em razão das demandas (*inputs*) da sociedade, mas não são primazia do Estado, ou seja, não são sua responsabilidade exclusiva, como afirma Raquel Raichelis (2006).[41] Implicam participação ativa da sociedade civil nos processos de formulação e controle. A decisão política corresponderá sempre a uma escolha dentre um leque de alternativas, sendo necessário aos interessados demonstrarem a hierarquia de suas preferências, expressando a adequação entre os fins pretendidos e os meios disponíveis ao poder público.

Nada obstante, no setor portuário as políticas regulatórias tarifárias ainda estão em construção, situação que torna desafiador o modelamento de novas concessões portuárias.

De fato, encontramos expressão maior da política tarifária no setor portuário nos seguintes diplomas, positivando, de certa maneira, as expectativas macro do Poder Público:

---

[41] RAICHELIS, Raquel. Democratizar a gestão das políticas sociais – um desafio a ser enfrentado pela sociedade civil. *In*: MOTA, Ana E. *et al*. (Org.). *Serviço Social e Saúde*: formação e trabalho profissional. São Paulo: Cortez Editora, 2006.

TABELA 8

Resumo das políticas tarifárias do setor positivadas em Lei

(continua)

Diploma legal	Trecho
Lei nº 10.233, de 2001	Art. 12. Constituem diretrizes gerais do gerenciamento da infra-estrutura e da operação dos transportes aquaviário e terrestre: (...) VI – estabelecer que os subsídios incidentes sobre fretes e tarifas constituam ônus ao nível de governo que os imponha ou conceda; (...) Art. 27. Cabe à ANTAQ, em sua esfera de atuação: II – promover estudos aplicados às definições de tarifas, preços e fretes, em confronto com os custos e os benefícios econômicos transferidos aos usuários pelos investimentos realizados; (...) Art. 28. A ANTT e a ANTAQ, em suas respectivas esferas de atuação, adotarão as normas e os procedimentos estabelecidos nesta Lei para as diferentes formas de outorga previstos nos arts. 13 e 14, visando a que: I – a exploração da infra-estrutura e a prestação de serviços de transporte se exerçam de forma adequada, satisfazendo as condições de regularidade, eficiência, segurança, atualidade, generalidade, cortesia na prestação do serviço, e modicidade nas tarifas; II – os instrumentos de concessão ou permissão sejam precedidos de licitação pública e celebrados em cumprimento ao princípio da livre concorrência entre os capacitados para o exercício das outorgas, na forma prevista no inciso I, definindo claramente: (...) b) limites máximos tarifários e as condições de reajustamento e revisão; Art. 35. O contrato de concessão deverá refletir fielmente as condições do edital e da proposta vencedora e terá como cláusulas essenciais, ressalvado o disposto em legislação específica, as relativas a: (Redação dada pela Lei nº 12.815, de 2013) (...) VII – tarifas; VIII – critérios para reajuste e revisão das tarifas; IX – receitas complementares ou acessórias e receitas provenientes de projetos associados; (...) §1º Os critérios para revisão das tarifas a que se refere o inciso VIII do caput deverão considerar: a) os aspectos relativos a redução ou desconto de tarifas;

(conclusão)

Diploma legal	Trecho
Lei nº 12.815, de 2013	Art. 5º São essenciais aos contratos de concessão as cláusulas relativas: (Redação dada pela Lei nº 14.047, de 2020) (...) IV – ao valor do contrato, às tarifas praticadas e aos critérios e procedimentos de revisão e reajuste; (...) Art. 17. A administração do porto é exercida diretamente pela União, pela delegatária ou pela entidade concessionária do porto organizado. §1º Compete à administração do porto organizado, denominada autoridade portuária: (...) IV – arrecadar os valores das tarifas relativas às suas atividades; (...) Art. 62. O inadimplemento, pelas concessionárias, arrendatárias, autorizatárias e operadoras portuárias no recolhimento de tarifas portuárias e outras obrigações financeiras perante a administração do porto e a Antaq, assim declarado em decisão final, impossibilita a inadimplente de celebrar ou prorrogar contratos de concessão e arrendamento, bem como obter novas autorizações.
Decreto nº 4.122, de 2002	Art. 4º No exercício de seu poder normativo caberá à ANTAQ disciplinar, dentre outros aspectos, a outorga, a prestação, a comercialização e o uso dos serviços, bem como: (...) IV - definir os termos em que serão compartilhados com os usuários os ganhos econômicos do concessionário decorrentes da modernização, expansão ou racionalização da prestação dos serviços, bem como de novas receitas alternativas; V – definir a forma pela qual serão transferidos aos usuários os ganhos econômicos que não decorram da eficiência empresarial daqueles que, sob qualquer regime, explorem atividade regulada pela ANTAQ, tais como diminuição de tributos ou encargos legais, ou novas regras sobre os serviços; VI – estabelecer os mecanismos para acompanhamento das tarifas e dos preços, de forma a garantir sua publicidade; VII – disciplinar as condições de revisão de tarifa decorrente da oneração causada por novas regras sobre os serviços, em especial pelo aumento de encargos legais ou tributos, salvo o imposto sobre a renda; VIII - disciplinar o cumprimento das obrigações de universalidade e as hipóteses e condições em que poderá ser suspensa a prestação de serviço ao usuário;

Com a edição de um normativo próprio da Agência Reguladora, em 2019, muitas lacunas da política tarifária foram preenchidas. Portanto, é importante que ele seja adotado, no que couber, para as concessões (quanto mais, melhor) e aprimorado constantemente, resguardando aos contratos o tratamento de situações específicas. No silêncio do contrato e de outra política, vale a norma ou a interpretação do Regulador.

Nesse contexto, umas das tarefas fundamentais do Regulador é a tutela da adequação do serviço, cuja análise é dependente de fatores de tempo e espaço. Uma prestação de serviço considerada adequada há dez anos, por exemplo, muito provavelmente não o será hoje.

SERVIÇO ADEQUADO

O art. 6º da Lei nº 8.987, de 1995,[42] impõem condição explícita aos concessionários de serviço público. O art. 34-A da Lei nº 10.233, de 2001, tratando do transporte, traz igual previsão para os concessionários:

> Art. 34-A. As concessões e as suas prorrogações, a serem outorgadas pela ANTT e pela Antaq para a exploração de infraestrutura, precedidas ou não de obra pública, ou para prestação de serviços de transporte ferroviário associado à exploração de infraestrutura, poderão ter caráter de exclusividade quanto a seu objeto, nos termos do edital e do contrato, devendo as novas concessões serem precedidas de licitação disciplinada em regulamento próprio, aprovado pela Diretoria da Agência. (...)
> §2º O edital de licitação indicará obrigatoriamente, ressalvado o disposto em legislação específica: (...)
> IV – os critérios para o julgamento da licitação, assegurando a prestação de serviços adequados, e considerando, isolada ou conjugadamente, a menor tarifa e a melhor oferta pela outorga;

Não obstante, no setor portuário, o princípio do serviço adequado encontra abrigo de forma ampla, não só aos concessionários, como extraímos do art. 28, I da Lei nº 120.233, de 2011:

> Art. 28. A ANTT e a ANTAQ, em suas respectivas esferas de atuação, adotarão as normas e os procedimentos estabelecidos nesta Lei para as diferentes formas de outorga previstos nos arts. 13 e 14, visando a que:
> I – a exploração da infra-estrutura e a prestação de serviços de transporte se exerçam de forma adequada, satisfazendo as condições de regularidade, eficiência, segurança, atualidade, generalidade, cortesia na prestação do serviço, e modicidade nas tarifas;

---

[42] Art. 6º Toda concessão ou permissão pressupõe a prestação de serviço adequado ao pleno atendimento dos usuários, conforme estabelecido nesta Lei, nas normas pertinentes e no respectivo contrato. §1º Serviço adequado é o que satisfaz as condições de regularidade, continuidade, eficiência, segurança, atualidade, generalidade, cortesia na sua prestação e modicidade das tarifas.

Destacamos as condições de eficiência, generalidade e modicidade de tarifas.

Como a empresa é obrigada a manter serviço adequado, pode o Regulador intervir, por exemplo, quando há muitas interrupções regulares no fornecimento para determinado grupo de consumidores, exigindo um plano indicativo de investimentos, por parte da concessionária, para expandir a capacidade e para melhoria da segurança das instalações existentes.

A regulação da universalidade também pode recair no planejamento de longo prazo do setor, de modo a estabelecer parâmetros e metas para as firmas, como é o caso da ampliação da cobertura para serviços de infraestrutura.

Por outro lado, a adequação do serviço usualmente não tem parâmetros muito bem definidos na lei, tornando grande o esforço do Regulador na aplicação do princípio. As práticas regulatórias mais comuns envolvem quatro mecanismos de incentivos, a seguir:

i. Previsão de penalidades para a violação de níveis mínimos de continuidade ou regularidade da infraestrutura, ou mesmo de tempo de atendimento ao consumidor;
ii. Compensações a serem pagas ao consumidor, em caso de falha do serviço;
iii. Inclusão de incentivos financeiros na regulação de preços;
iv. Pesquisas de satisfação e publicação de rankings de qualidade, comparando as empresas do mesmo setor entre si.

Ao contrário do senso comum, a aplicação de penalidades e a imposição de compensações, por si só, não são suficientes para a melhora na qualidade, principalmente das empresas monopolistas. A depender da estratégia de planejamento financeiro da empresa, pode se revelar mais vantajoso ao empresário pagar as compensações impostas pelo Regulador do que investir no aumento da qualidade. Deve haver um conjunto de incentivos que, aliados aos quatro mecanismos acima citados, o setor regulado entenda como mais vantajoso economicamente aprimorar o serviço.

Não só isso: evidentemente, a existência de serviço adequado depende da compatibilização e ponderação dos requisitos previstos em lei. Exemplo disso é um *possível conflito* entre o requisito da atualidade e o da modicidade das tarifas. Investir em uma constante melhoria e expansão do serviço, com aplicação de técnicas, instalações e equipamentos modernos, pode comprometer a modicidade das tarifas e resultar em um aumento desvantajoso do preço que se paga por elas.

Nada obstante, a prestação do serviço adequado deve nortear não só a tarifas, mas todo o processo licitatório de delegação de atividades portuárias, desde os estudos técnicos que apontam o modelo como a melhor forma para prestar o serviço até o futuro contrato. A análise de adequação do serviço (de acordo com a Constituição Federal, Lei Geral das Concessões, estatutos setoriais e regulamentos) deve ser feita em todas as etapas que envolverão a transferência da execução do serviço ao ente privado, tanto nas prévias – debates sobre o mérito do projeto e exigências do edital, por exemplo – como nas posteriores – já na fase de confecção e execução do contrato.

QUESTÕES PARA REVISÃO

1. Defina tarifa portuária.

2. Qual a diferença entre preço público e taxa? O que é um serviço específico e divisível?

3. Tarifa de serviço e tarifa portuária são cobranças de natureza idêntica? A autoridade portuária só pratica tarifas?

4. Qual contexto explica a razão da existência de tarifas portuárias?

5. Qual a diferença entre monopólio natural e monopólio puro?
6. Como se enquadram os portos públicos?

7. Quando ocorreu a primeira sistematização legal no setor portuário, no aspecto tarifário?

8. Qual a importância da Portaria nº 118/2002 do Ministério da Fazenda para a regulação tarifária?

9. Como o modelo *Landlord* nos portos organizados reflete na remuneração tarifária?

10. Liste os 11 princípios tarifários. Explique um deles.

11. Existe uma política tarifária bem definida no setor portuário? Explique e liste quais seriam. Os atores econômicos podem participar da formulação da política tarifária?

PARTE II

O CONTROLE TARIFÁRIO

CAPÍTULO 5

DIMENSÕES DA REGULAÇÃO PORTUÁRIA

Regulação técnica, de mercado e econômica

A *Regulação* é uma atividade da administração pública – embora os mercados também possam exercer uma autorregulação (supervisionada ou não, incluindo aquelas exercidas pelas ordens profissionais), estabelecendo mecanismos de acreditação. Aliás, o conceito de regulação é muito debatido na doutrina, inclusive dentro dos órgãos reguladores. Sua natureza é de uma ciência social aplicada, multidisciplinar.

Assim, embora não exista um conceito unívoco para a regulação, essa pode ser definida como "controle focado e sustentado exercido por uma autoridade pública de atividades valorizadas pela comunidade" (SELZNICK, 1985),[43] caracterizando-se assim pela interferência de uma terceira parte com poderes de supervisão e controle no mercado de transações e nas relações interorganizacionais que se estabelecem. A regulação é também um poder, um exercício de autoridade sobre os indivíduos, induzindo-os a cumprir certas regras.

No contexto nacional e portuário, é possível identificar pelo menos três dimensões distintas, interdependentes, listadas na figura abaixo, com objetivos igualmente variados. Essa divisão (para fins acadêmicos, pois, na prática, elas podem ocorrer simultaneamente) auxilia na compreensão do significado do termo.

[43] SELZNICK, Philip. Focusing organizational research on regulation. *In*: NLL, Roger Noll (Ed). *Regulatory Policy and the Social Sciences*. Berkeley: University of California Press, 1985. p. 363-367.

Técnica	Mercado	Econômica
• Estabelecer padrões comportamentais com vistas ao serviço adequado; • Regularidade, continuidade e segurança da atividade da infraestrutura portuária.	• Instituição de barreiras à entrada; • Estímulo à livre iniciativa; • Inibição às práticas de concorrência desleal; • Aprovar a renovação de outorgas e a transferência societária ou de titularidade.	• Incentivar os investimentos prudentes necessários à expansão da infraestrutura; • Assegurar o equilíbrio econômico e a saúde financeira das empresas; • Promover o bem-estar dos usuários; • Monitoramento das práticas oligopolistas e abusividade de preços.

FIGURA 13 – Dimensões da regulação portuária

Os setores da infraestrutura econômica (como portos, aeroportos, rodovias, energia elétrica, abastecimento de água, ferrovias, telecomunicações, combustíveis etc.), historicamente, tiveram como iniciativa primária a *Regulação Técnica* (também chamada de regulação geral), ligada aos padrões comportamentais dos agentes econômicos quanto à regularidade, à continuidade e à segurança da atividade e da infraestrutura pública delegada pelos governos ao campo empresário (privado).

A *Regulação de Mercado* seguiu como dimensão proeminente, referindo-se à criação de estatutos considerados barreiras à entrada, seja pelo sempre estímulo à liberalização, à livre iniciativa, ou seja, pela prevenção de práticas desleais. A necessidade de a autoridade regulatória aprovar investimentos para renovação de outorgas, ou a transferência societária ou de titularidade dessas últimas, são exemplos da Regulação de Mercado.

De uma maneira geral, as funções da *Regulação Econômica* são as de incentivar os investimentos necessários para a expansão da infraestrutura, promover o bem-estar de consumidores e usuários e propiciar a eficiência econômica.[44] É o novo bastião da regulação setorial.

A novidade da regulação nacional não reside no conceito, mas, sim, na criação de várias entidades reguladoras independentes que, no tempo, têm coincidido com a revalorização ideológica do mercado (enquanto forma de organização econômica adequada).

---

[44] Falaremos sobre eficiência em capítulo apartado.

Até a década de 1990, em nosso país, a regulação estatal se utilizava das empresas de capital público, descentralizadamente, embora a criação de entidades reguladoras independentes como instrumento de poder regulatório não fosse um fenômeno novo. A experiência norte-americana vinha dos finais do século XIX e acentuou-se a partir da grande crise de 1929, por via das reformas políticas do *New Deal* que instituíram múltiplas e numerosas entidades reguladoras independentes, tendo por objetivo declarado a resolução de alegadas falhas de mercado.

A institucionalização de entidades reguladoras na Europa foi mais tardia. Nos anos noventa do século XX, em vários países europeus, incluindo Portugal, verificou-se um *boom* de entidades reguladoras especializadas em vários setores, provocado, em parte, pela criação, manutenção ou transformação de empresas de capitais públicos, ao mesmo tempo em que se abriam ao mercado certos setores regulados.

A influência do modelo anglo-saxônico no Brasil, a partir da década de 1990, foi trazida pelos ventos da globalização. A crescente importância da teoria da agência e dos incentivos são fatores a considerar, mas, provavelmente mais importante tem sido a convicção política de que as entidades reguladoras constituem dispositivos de governação e legitimação (ALVES; CARPINTEIRO, 2010).[45]

Nesse cenário, de todas as experiências ao redor do mundo, tiramos a lição de que os processos de privatização de serviços públicos de infraestrutura devem sempre ser acompanhados da criação de um marco regulatório. Além disso, é sabido que um dos fatores mais importantes para a atração do investimento estrangeiro direto é a confiança depositada no ambiente regulatório.

Assim, normas regulatórias pró-competitivas e de defesa da concorrência são hoje ferramentas indispensáveis na construção de mercados saudáveis, uma vez que, como se demonstra na prática, o mercado por si não é capaz de garantir a saúde. Uma regulação deve atingir o seu objetivo ao menor custo social possível, ou alternativamente, deve trazer mais benefícios do que qualquer alternativa regulatória disponível para atingir os mesmos objetivos.

---

[45] ALVES, André Azevedo; CARPINTEIRO, José António. O Papel do Estado Social e a Regulação Independente. *Revista Liberdade eo Cidadania*, ano 3, n. 9, jun-set. 2010. Disponível em: http://www.flc.rg.br/revista/arquivos/246782145913676.pdf. Acesso em: 12 maio 2022.

Objetivos da regulação econômica nos portos

Antes de avançarmos, devemos compreender melhor o termo "regulação econômica". Algumas definições práticas são:

- O uso do poder coercitivo do Estado na economia, com o objetivo de restringir as decisões das firmas;
- As restrições impostas pelos governos sobre as decisões das firmas, especialmente com relação ao preço, quantidades, e mecanismos de entrada e saída de um setor;
- Uma troca da competição natural entre as firmas por uma submissão destas às ordens governamentais, de forma que essas firmas reconhecem esse mecanismo como um modo legítimo e eficaz de assegurar o bom desempenho de uma economia; e
- Conjunto de regras administradas pelas agências governamentais (no Brasil as chamadas agências reguladoras) para influenciar a atividade econômica através da determinação de preços, quantidade produzida, padrões de qualidade, bem como as condições de entrada e saída das firmas (número de firmas).

E qual a razão da sua existência?

Uma das principais preocupações de Adam Smith,[46] ao fundar as ciências econômicas, era demonstrar que a busca do interesse individual dos cidadãos através da atividade econômica, produzindo e trocando bens, conduziria necessariamente ao bem-comum. Essa demonstração, caso tivesse sucesso, teria como consequência direta o caráter desnecessário e até mesmo nocivo de qualquer interferência regulatória nessa busca, pelos indivíduos, de seus interesses privados na esfera econômica. Para Adam Smith, a atividade regulatória do Estado, ao estabelecer preços, quantidades, padrões de qualidade ou metas de investimento, seria um exemplo típico de uma interferência inútil ou nociva. Acreditava em três funções para o Estado: proteger a sociedade da violência, organizar o Judiciário e prover serviços que não seriam produzidos pelo interesse individual ou de grupos.

Depois, já nos séculos XVIII e XIX, tais funções foram ampliadas para além da proteção da lei e da ordem, abrangendo os direitos de propriedade, o encorajamento da competição por meio de uma política tributária e a garantia de estabilidade da moeda.

---

[46] SMITH, Adam. *A riqueza das nações*. Tradução de Norberto de Paula Lima. 3. ed. Rio de Janeiro: Nova Fronteira, 2017.

A Escola Keynesiana, no começo do século XX, compreendeu que a economia era dinâmica, responsiva à inovação, contudo, o desenvolvimento era cíclico, descontínuo, indiferente às desigualdades de renda, estando presentes as falhas de mercado. Seriam necessárias políticas anticíclicas, promotoras do crescimento da produção durante períodos de recessão e da restrição do crescimento nos períodos de aceleração, principalmente por meio do investimento público. As prioridades eram os gastos com as infraestruturas econômicas (estradas, pontes, ferrovias, portos, aeroportos) e com os bens públicos (saúde e educação). Era um Estado produtor, com resultados ótimos mais evidentes até o começo da década de 1970, principalmente entre os anos 1930 e 1960. O planejamento indicativo, uma maior coordenação governamental e até mesmo certo dirigismo ajudou a França e a Alemanha a se recuperarem da Segunda Guerra Mundial, assim como o Japão, até mesmo o Brasil desenvolveu uma indústria nacional.

Os prelúdios da criação da União Europeia, em meados dos anos 1970, fomentaram o fim do protecionismo e da condução estatal das economias capitalistas. Os capitais deveriam se movimentar livremente, assim como a mão de obra. As empresas cresceram em dimensão global, rivalizando em poder com os governos. Aspectos conjunturais tornaram-se preponderantes em detrimento do longo prazo. Nascia o Estado Regulador, com outro papel: combate aos déficits fiscais, à inflação e às crises energéticas.

No Estado contemporâneo, do século XXI, o planejamento central não determina a orientação da economia. Os preços fornecem a direção do desenvolvimento da produção e equilibram a balança de interesses. O fortalecimento estatal produz impactos negativos (corrupção, ineficiências, estrangulamento da inovação) à sociedade. Quanto maior a competição, melhor, devendo o Estado criar condições favoráveis para tanto, elaborando as "regras do jogo" e as forçar o seu uso, como um árbitro. A intervenção na economia deveria ser de maneira indireta, aplicando-se instrumentos coercitivos quando necessário, ou contando com a cooperação voluntária ou induzida dos indivíduos.

Todavia, as crises do século XX nos provaram: a menos que existam circunstâncias bastante específicas, a busca do interesse privado não conduz, necessariamente, ao bem comum. De acordo com essa abordagem, os mecanismos de mercado nem sempre fornecem sinais suficientes para garantir as escolhas adequadas que levem ao equilíbrio entre a oferta e a demanda. Dada essa condição naturalmente *falha do mercado*, a plena aceitação da existência dessas falhas e de que o mercado sozinho não era capaz de superá-las, tornou efetivamente possível pensarmos a regulação econômica setorial. Ademais, as teorias neoliberais parecem estar em crise, tendo aparentemente falhado principalmente em conter as crises globais. Alguns mercados demandam regulação.

Logo, a principal razão da existência da regulação econômica setorial seria, na abordagem de Paul Joskow (entre outros), minimizar essas naturais falhas do mercado, de forma a se alcançar a eficiência econômica, ou seja, a garantia da provisão de bens públicos e de maximização do bem-estar, além da distribuição mais justa e equilibrada entre custos sociais e privados. Em outras palavras, a busca pelo bem comum e o interesse público, combatendo as *externalidades negativas* do consumo e da produção, não permitindo que os benefícios fossem privatizados mais os custos socializados, bem como o exaurimento dos bens comuns, além da busca por uma maior equidade.

Assim, principalmente sobre *três pilares* – preço, quantidade e entrada/saída – atuará a regulação econômica, o que não impede que a qualidade, o nível de investimento e até outro mecanismo de regulação possam ser empregados para a perseguição da eficiência econômica. Aliás, as três são intimamente ligadas, e dificilmente o Regulador as considera de forma isolada, pois as variáveis são dependentes. Em suma, quanto maior a qualidade, maior tende a ser o preço. A quantidade de firmas entrando ou saindo de um mercado regulado também afeta os preços finais.

CRÍTICAS À ABORDAGEM DA TEORIA DAS FALHAS DE MERCADO

As teorias afirmando que a regulação econômica se volta exclusivamente ao interesse coletivo sofrem críticas diversas, com uma perspectiva um tanto peculiar dentro delas: os aspectos normativos (como deveria se comportar o Regulador) estão claramente separados dos aspectos positivos (como ele de fato se comporta).

Abordagem interessante é aquela de George J. Stigler, entendendo a regulação como um produto dos governos, visão que ajuda a entender porque certas indústrias são reguladas e outras não. A explicação é que haveria uma demanda por regulação, de múltiplos lados: i) dos usuários, que desejam preços baixos e alta qualidade; ii) das empresas já estabelecidas, que desejam diminuir o risco dos negócios; e iii) das empresas entrantes, que desejam oportunidades de entrar no mercado, por meio da ampliação da competição. Quanto maior o benefício potencial da regulação, maior a demanda por ela. O governo entra ofertando regulação em troca de apoio político para implementação de projetos de sua agenda governamental. As indústrias reguladas também são, geralmente, grandes pagadoras de impostos e os governos precisam de recursos para existirem e cumprirem sua função social.

Nesse processo, grandes grupos tendem a fracassar, ao contrário dos grupos pequenos, focados e mais organizados. A representação de interesses é mais onerosa nos grandes grupos, difusos, até mesmo para atingir certos consensos sobre uma pauta comum, como explica Mancur Olson (2015).[47]

A **Teoria da Escolha Pública,** por sua vez, faz uma ligação entre a regulação econômica e a ciência política, utilizando os conceitos da microeconomia para compreender como as decisões políticas ocorrem em um sistema democrático, em um ambiente onde interesses individuais convivem com os interesses coletivos. Desde que a democracia foi consolidada no Brasil, os eleitores passaram a exigir mais serviços e bens públicos, motivando as autoridades eleitas nesse sentido. Existe, portanto, uma competição natural e legítima entre as autoridades para demonstrar quem consegue ofertar mais bem-estar social. Por outro lado, os burocratas estatais desejam mais recursos, mais capacidade de resolver os problemas de perda de bem-estar. O resultado é o inexorável aumento do tamanho do Estado e da intervenção sobre a economia.

Por fim, a regulação nacional com base apenas em falhas "de mercado" também se mostra uma visão limitada, já que os setores existiam antes dos órgãos reguladores. O monopólio era público e agora a titularidade dos direitos da exploração ainda permanece em boa medida na mão do setor público, direta ou indiretamente. Portanto, o caráter político-institucional da função regulatória nos países em desenvolvimento é evidente: i) segurança jurídica aos investidores (órgãos de Estado, não de governo); ii) estabilidade para os contratos de longo prazo; iii) fiel depositário da confiança no ambiente regulatório.

Regra da razão na regulação econômica

Coube à Suprema Corte norte-americana elaborar o princípio do *per se condemnation*, no qual certos acordos não poderiam ser razoavelmente justificados, ou seja, seriam ilegais *per se*, bastando a

[47] OLSON, Mancur. *A Lógica da Ação Coletiva*: os Benefícios Públicos e uma Teoria dos Grupos Sociais. Tradução de Fábio Fernandez. 1. ed. São Paulo: Edusp, 2015.

prova da sua ocorrência, sem a preocupação com o eventual objetivo das partes ou dos efeitos sobre o mercado – não sendo possível aplicar-lhes a regra da razão.

Na sistemática do direito público brasileiro, não há tratamento de conduta como ilícito *per se*, sendo, portanto, equivocado transpor considerações do direito americano ao brasileiro quanto a essas questões. A tal abusividade *per se* praticamente não existe no mundo jurídico brasileiro, pois, em nossa Carta Magna, foi vitoriosa a "regra da razão", em nosso mundo jurídico semelhante ao princípio da razoabilidade e da proporcionalidade.

A legislação pátria consente que a autoridade pública não impeça a prática de atos que possam resultar na dominação de mercados relevantes de bens ou serviços, desde que, entre outros, tenham por objetivo, cumulada ou alternativamente: a) aumentar a produtividade; b) melhorar a qualidade de bens ou serviço; ou c) propiciar a eficiência e o desenvolvimento tecnológico ou econômico. Desse modo, o controle estrutural também é permeado pela análise da eficiência em nível mais amplo, devendo-se cuidar com a transposição não contextualizada dos que defendem as respectivas teorias econômicas contrárias ao lucro empresarial. Certas condutas podem ser justificadas ao Regulador quando há ganhos de eficiência setorial.

Mais recentemente, vimos que a Lei nº 13.874, de 2019 (Lei da Liberdade Econômica), determina a intervenção subsidiária do poder público nas atividades econômicas, privilegiando a presunção de boa fé nos atos praticados no exercício da atividade econômica, nos termos do art. 3º, V:

> Art. 3º São direitos de toda pessoa, natural ou jurídica, essenciais para o desenvolvimento e o crescimento econômicos do País, observado o disposto no parágrafo único do art. 170 da Constituição Federal:
> (...)
> V – gozar de presunção de boa-fé nos atos praticados no exercício da atividade econômica, para os quais as dúvidas de interpretação do direito civil, empresarial, econômico e urbanístico serão resolvidas de forma a preservar a autonomia privada, exceto se houver expressa disposição legal em contrário;
> (...)
> XI – não ser exigida medida ou prestação compensatória ou mitigatória abusiva, em sede de estudos de impacto ou outras liberações de atividade econômica no direito urbanístico, entendida como aquela que:

Ou seja, do ponto de vista jurídico-administrativo, somente caberia a intervenção estatal quando guardar ela coerência às situações e às circunstâncias concretas, atendendo-se, portanto, aos atributos ligados à prudência e sensatez. Deve haver uma relação lógica quanto ao princípio da finalidade, atingindo somente aquilo que se quer impedir, sem extrapolações do poder público. A exceção é a prática de cartel, pois não há como comprovar eficiências resultantes dessa conduta (em termos de produtividade ou serviço adequado).

Aliás, a vantagem competitiva ou o monopólio natural não é um mal a ser combatido, nem deve ser tutelada com todas as forças do Regulador. Na verdade, o desafio do Regulador é separar a concorrência lícita daquela desleal, pois a eliminação de empresas menos eficientes pelas mais eficientes é tida como natural e positiva pela doutrina microeconômica. De fato, é muito comum o empresário menos eficiente vir à porta da autoridade regulatória reclamar de algo que decorre de sua própria ineficiência.

Regulação por incentivos

O reconhecimento dos impactos da *assimetria informacional* como falha de mercado a ser combatida e das mudanças tecnológicas radicais sobre os mercados levou a estudos em duas direções: regulação com incentivos e desregulação parcial.

A questão essencial é: sabendo que a firma conhece mais que o Regulador suas próprias condições de operação e planejamento, que mecanismos é possível desenhar para levar a firma a um comportamento (próximo do) desejado, os quais requeiram menos informação para o Regulador do que os esquemas de custo de serviço e custo marginal?

O conjunto de soluções apresentadas a essa questão é conhecido como *Regulação com Incentivos*, na qual podemos identificar pelo menos vertentes:

I. regulação por metas;
II. regulação por padrão de comparação (*yardstick*); e
III. regulação por *price cap*.

Cabe ressaltar um resultado comum a todos os esquemas regulatórios que provém da assimetria de informações entre as partes. Com risco de simplificar, o resultado básico é que o Regulador não pode obter tudo o que quer por não ter conhecimento e controle pleno das atividades da firma regulada. Essa pode explorar o maior conhecimento de suas próprias características para obter vantagens.

Assim, uma firma eficiente pode fazer-se passar por relativamente ineficiente, e tudo o que o Regulador pode esperar é limitar as perdas através de esquemas contratuais (cardápios de contratos) que reconheçam esse fato e estimulem a firma a revelar suas características reais, cedendo às firmas eficientes a renda que teriam em qualquer caso pela ignorância do Regulador.

Esse efeito é tanto maior quanto maior seja a ignorância do Regulador sobre os parâmetros de eficiência da firma. Revisões tarifárias ou contratuais têm alcance limitado para resolver esse estado de coisas (embora o Regulador tenha ganhado informação no intervalo), já que elas podem afetar as expectativas do mercado e, portanto, o comportamento da firma regulada e de outras firmas em futuros contratos, se o Regulador usar toda a informação adquirida contra a firma. Expectativas negativas freiam novos investimentos.

Caso não existissem problemas de informação assimétrica nem comportamentos estratégicos das firmas, as tarifas poderiam ser fixadas diretamente a partir dos custos reais do ano imediatamente anterior ao novo período tarifário. No entanto, veremos que, sob esse esquema, as empresas têm fortes incentivos para incrementar os custos do ano anterior ao novo período tarifário.

Consequentemente, a experiência internacional demonstra que os processos de revisão tarifária sob esquemas de regulação por incentivos envolveram, na maioria dos casos, estudos de comparação, isto é, comparações do nível de eficiência real *versus* algum nível de referência. Os níveis de referência empregados se basearam em análise retrospectiva da evolução dos custos unitários e comparações com empresas com características de mercados similares, os denominados processos de *benchmarking*.[48]

DICOTOMIA INTERVENCIONISMO X ESTÍMULO À EFICIÊNCIA

A Escola de Harvard, também denominada estruturalista, desenvolvida a partir dos anos 1950 dentro das ciências econômicas, propunha que as excessivas concentrações de poder no mercado deveriam ser evitadas, pois poderiam implicar disfunções prejudiciais ao fluxo das relações econômicas. Esse modelo, ao supor que as condutas são condicionadas pelas estruturas de mercado, ou seja, que as características das configurações do mercado determinam a sua

[48] *Benchmarking* consiste no processo de busca das melhores práticas em uma determinada indústria e que conduzem ao desempenho superior.

performance, vai se preocupar com o aumento da concentração do mercado e com a presença de barreiras à entrada de novos atores. Dessa feita, o modelo de eficiência a ser buscado é o que possibilita o incremento do número de agentes econômicos no mercado, sendo a concorrência um fim em si mesmo. Seria essa uma alternativa (descartada, conforme a seguir).

Já para a Escola de Chicago, surgida nos anos 1950 com os trabalhos dos economistas Aaron Director e Ronald Coase, e desenvolveu-se nos anos 1960 e 1970, sobretudo por Robert Bork e Richard Posner, as concentrações econômicas não deveriam ser vistas como um mal a ser evitado, podendo ser justificadas em termos de maior eficiência produtiva, que poderia ser revertida em benefício para os consumidores, passível de justificar a presença e manutenção de posições dominantes no mercado, como monopólios e oligopólios.

Fato é que desde a década de 1970, tanto os estruturalistas de Harvard como os neoclássicos de Chicago deixaram as posições extremas – que viam a estrutura de mercado como decisiva de um lado, e do outro que raramente consideravam um monopólio como um problema – em direção a posições mais centrais no debate, o que exige um exame mais acurado do mercado relevante e do efetivo poder de mercado em cada caso concreto.

As novas teorias econômicas, no desenvolvimento dessa visão pós-Chicago, passaram, assim, a se interessar mais pelo comportamento de empresas individuais ou de setores ou subsetores da economia, sendo a consequência, no plano jurídico, o deslocamento do foco do controle das estruturas de mercado para o dos comportamentos das firmas. Esse foi justamente o espírito da nossa Lei nº 12.529, de 2011, que reformulou a política de Defesa da Concorrência brasileira. Foco no comportamento e no desempenho, portanto, é a grande alternativa regulatória.

A regulação econômica da atividade portuária se reveste de maiores cuidados com relação ao comportamento dos agentes e o seu alinhamento à eficiência (alocativa, produtiva e distributiva), de forma a equilibrar a desigualdade existente entre os atores do setor econômico regulado.

Busca-se superar essa dicotomia estado-mercado, ou, regulação-desregulação. Na contemporânea Regulação Econômica, não há de se falar em intervencionismo – um olhar, sobretudo, para a eficiência e os benefícios líquidos de certos comportamentos.

Mesmo a partir desse entendimento, não podemos esperar uma completa resposta compreensiva (*Responsive Regulation*) dos agentes regulados (AYRES, 1992).[49] De acordo com essa teoria, que está na ordem do dia, a efetividade da

---

[49] AYRES, Ian; BRAITHWAITE, John. *Responsive Regulation*: Transcending the Deregulation Debate. Oxford: Oxford University Press, 1992.

regulação dependeria da criação de regras que incentivassem o regulado a voluntariamente cumpri-las, mediante um ambiente regulatório de constante diálogo entre Regulador e regulado, pela persuasão e pela livre cooperação.

Existe espaço também para a *Meta-regulation*, estabelecendo objetivos com base em resultados, indicadores de desempenho divulgados publicamente, práticas de governança corporativa, responsabilização financeira e mecanismos de monitoramento e incentivo à produtividade (COGLIANESE, 2010).[50]

Novamente Giambiagi (2008)[51] informa-nos que:

> Os setores de infraestrutura – tradicionalmente monopólios privados ou estatais – têm experimentado um processo de transformação estrutural, em que a concorrência, pela entrada de novos competidores em alguns segmentos de mercado, coexiste com a necessidade de regulação sobre segmentos que continuam funcionando como monopólios. Como já discutido, a presença de significativas economias de escala, técnicas (de produção e distribuição) gerenciais, configurando em muitos desses segmentos monopólios ou oligopólios naturais, inviabiliza a completa fragmentação da estrutura de oferta desses serviços, e impõe a necessidade de um regime de regulação capaz de fixar normas de operação e tarifação, e critérios de aferição de desempenho para as atividades a serem privatizadas ou sujeitas à concessão pública.

Obviamente, as pressões competitivas devem ser aproveitadas de maneira ótima, provocando a flexibilização da regulação de preços com o tempo, substituindo os controles prévios por mecanismos de mercado.

Regulação por Metas

Sob o nome de *regulação da qualidade* encontram-se esquemas que buscam garantir a qualidade dos bens ou serviços (expressa em indicadores observáveis pelo Regulador) através de exigências. A premissa aqui é: decisões privadas independentes levam a uma situação ineficiente; nesses casos, uma coordenação central do Regulador leva à melhoria geral.

---

[50] COGLIANESE, Cary; MENDELSON, Evan. Meta-Regulation and Self-Regulation. *Oxford handbook of regulation Online: Scholarly Research Reviews*, set. 2010.

[51] GIAMBIAGI, Fabio. *Finanças Públicas*. 3.o edo. Rio de Janeiro: Editora Campus, 2008. p. 420.

Tradicionalmente, essa regulação é caracterizada pela exigência de padrões mínimos nos serviços e produtos ofertados, ou de procedimentos normatizados para garantir qualidade. O exemplo mais claro se dá em aspectos ligados à saúde pública, especialmente nas indústrias farmacêuticas e de alimentos, tal como as normas para conservação de alimentos, ou mesmo a classificação de medicamentos com respeito a seus efeitos colaterais. É o caso da exigência de equipamentos de segurança para automóveis, ou a determinação de níveis máximos de emissão de determinados poluentes, ou ainda regras para evitar acidentes com passageiros.

A realidade, porém, é um pouco mais complicada que esse simples raciocínio. Em primeiro lugar, a definição de metas ligadas à produção exige conhecimentos históricos aprofundados, não só da indústria regulada, em geral, no mundo, mas especificamente daquela sob sua jurisdição, firma por firma, não só do setor. Em outros termos, é necessário acompanhar, por anos a fio, o desempenho da firma regulada de modo bem mais aprofundado, antes de estabelecermos metas de incentivos. É necessário conhecer a dinâmica de cada mercado local.

Isso eleva sobremaneira os *custos regulatórios*, o esforço das agências no monitoramento e fiscalização dos mercados, também chamado de "custo de observância"; logo, esse tipo de regulação exige maior competência técnica e administrativa das agências governamentais, em patamar superior ou igual a do próprio mercado.

No contexto das reformas das indústrias de infraestrutura, como nos portos, feitas ou em andamento, o tema tem relevância mais direta. O problema é como introduzir métricas e indicadores, ou outros mecanismos contratuais, que induzam firmas reguladas a prover bens ou serviços com padrões aceitáveis de qualidade, mantendo estímulos à eficiência.

Em princípio, há três abordagens básicas:

a) incluir nos contratos exigências objetivas, exaustivamente;
b) deixar os contratos genéricos, delegando para a agência reguladora a normatização de padrões para toda a indústria ou regular o caso concreto, conforme a evolução e dinâmica do mercado;
c) reduzir o número de exigências no contrato, substituindo-as por (ou complementando-as com) incentivos na forma de recompensa financeira à firma.

No segundo e terceiro caso, menor o esforço de fiscalização para atingir os resultados desejados.

Em todos os casos, há um dilema na escolha do Regulador: poucos critérios fáceis de verificar, porém demasiados agregados e induzem outras distorções, ou numerosos critérios bem precisos, porém envolvendo dificuldades de mensuração. Muitas vezes, nada contratualizar, apenas monitorar indicadores, tornando transparentes os resultados, é considerada uma alternativa de melhor custo-benefício.

De qualquer maneira, o nível desses padrões deve ser suficientemente alto para corresponder às expectativas da sociedade (ou dos consumidores, em uma ótica mais estreita), mas não tão alto que afugente as firmas competentes: padrões mínimos muito elevados podem ocasionar fuga das firmas, efeitos contrários, induzindo queda de qualidade na indústria regulada; por outro lado, níveis corretos podem elevar a qualidade geral através da expulsão de firmas incompetentes.

Regulação por Comparação (Yardstick Regulation)

Outro esquema regulatório que pretende incentivar a redução de custos e de preços é a regulação por padrão de comparação (*yardstick regulation*), também chamada competição por padrões (*yardstick competition*).

Esse instrumento procura introduzir estímulo à redução de custos entre as empresas, diminuindo o *risco moral* e *seleção adversa* (duas falhas de mercado ligadas à assimetria de informação entre a Agência e os agentes), além de estimular maior eficiência econômica. Como o Regulador é prejudicado pelas grandes assimetrias de informação, a adoção da regulação por comparação torna-se mais efetiva do que aquela feita para cada firma individualmente.

TEORIA DO AGENTE PRINCIPAL

O problema mais grave que as agências reguladoras enfrentam como instituição é o nível da discrepância de informações disponíveis ao Regulador em relação à quantidade de informações disponíveis aos dirigentes das empresas dos setores regulados, principalmente a respeito das características dos mercados e a respeito do comportamento de cada firma individualmente, desigualdade que funciona como incentivo para comportamentos inadequados das firmas.

Também chamada de **Teoria da Agência**, trata do caso particular em que há assimetria de informação – uma situação em que um agente (firma) sabe algo que o principal (agência reguladora) desconhece, o que leva os primeiros a agirem de maneira estratégica, seja para obter, revelar ou esconder informação.

O problema agente-principal clássico supõe uma autoridade única sobre o sujeito, ou seja, o agente só presta informações para um único principal. E geralmente há uma subordinação ou hierarquia entre o principal e o agente. Essa submissão estará presente nas leis e decretos, que delegam competência exclusiva ao Regulador, incluindo uma independência e autonomia funcional. Hierarquização típica são outorgas ou contratos, nos quais a agência reguladora é interveniente ou até mesmo poder concedente, como ocorre com várias delas.

A Teoria contempla dois casos comportamentais de assimetria de informação:

Seleção Adversa *(adverse selection)*

- *ex-ante*, isto é, acontece antes da efetivação da transação. Ocorre na fase de escolha da firma que irá prestar o serviço (pré-contratual);
- é o risco do agente fazer algo com a informalçao privada em benefício próprio, eventualmente e impondo prejuízos ao principal;
- decorre dos elevados custos (em tempo e dinheiro) do principal para obter informações suficientes sobre o agente;
- existe **informação oculta**: as ações do agente são observáveis e verificáveis pelo principal, mas uma informação relevante ao resultado final é adquirida e mantida em sigilo pelo agente.

Risco moral *(moral hazard)*

- *ex-post*, isto é, ocorre posteriormente ao estabelecimento de contrato entre as partes, durante a sua execução (pós-contratial);
- é o risco do regulado errar nas suas escolhas, se comportando de forma diferente do pactuado originalmente, e o principal só saberá quando o serviço atingir nível crítico.
- decorre do fato de que somente o regulado possui pleno conhecimento dos resultados de determinados elementos éticos da gestão da firma, como baixos investimentos, alto endividamento, gestão imprudente dos acionistas etc.
- existe **ação oculta**: as ações do agente não são observáveis ou verificáveis. Uma ação é observável se o principal é capaz de avaliá-la em qualidade ou quantidade.

O combate à seleção adversa ocorre mediante a exigência de elevadas garantias contratuais monetárias, restrição de empresas com determinada fatia de mercado ou altamente integradas verticalmente com outros elos da cadeia, incluindo até exigências de qualificação técnica mínima para exercer as atividades. Podem ser criados mecanismos de sinalização, com cadastros de devedores de tributos ou selos de qualidade.

Na regulação tarifária, estamos mais preocupados com o risco moral. A existência de múltiplas autoridades dentro do setor público para decidir sobre determinada regulação (autoridades com visões e objetivos muitas vezes conflitantes), contribui para o aumento do problema apontado pela teoria do agente-principal. Logo, uma boa coordenação intergovernamental reduz o risco moral.

Em uma situação ideal de informação completa, a autoridade regulatória poderia observar perfeitamente o nível de esforço do agente e, consequentemente, premiá-lo ou puni-lo de acordo.

Vimos que o problema de principal-agente é um tipo de problema caracterizado por um esforço que não pode ser monitorado e medido pelo principal e, portanto, não pode ser diretamente recompensado. No mundo real, o nível de esforço das firmas é livre (é uma decisão privada do agente), observando que o termo esforço aqui poderia ser traduzido como, por exemplo, horas de treinamento da equipe, estoque de peças sobressalentes e até mesmo quantidade de técnicos contratados e média salarial acima do mercado de trabalho. Ademais, a avaliação de esforço do regulado, quando executada diretamente pelo Regulador, é contestada pelos agentes, exigindo contraprovas de auditoria operacional.

Nesse contexto, compete ao órgão Regulador estabelecer a estrutura de incentivos adequada de modo a induzir que os agentes satisfaçam os objetivos regulatórios sem o monitoramento de esforços. O controle muda de ótica, ou seja, não se observa o esforço, e sim resultados, o desempenho.

Aqui, o Regulador estabelece padrões de avaliação do desempenho das firmas. O mecanismo é adotado para a comparação entre monopólios regionais operando no mesmo setor. A remuneração de uma firma é definida de acordo com o seu desempenho em relação às outras empresas do setor, tornando o regulado sensível aos custos e comportamentos de suas congêneres.

O desempenho do agente deve ser aferido por medidas simples, como indicadores calculados por fórmulas descomplicadas, por exemplo: número de vezes que a infraestrutura ficou indisponível ao consumidor e ou por quanto tempo ficou indisponível.

A teoria da *yardstick competition* foi desenvolvida a partir das seguintes premissas:

- Uma regulação eficiente enfrenta o problema da assimetria de informações;
- Quando várias firmas estão operando em monopólios similares e em mercados regionais separados, elas emitem informações contrárias, das quais o Regulador pode tomar proveito para comparações entre elas;
- Coletar e processar os dados de produção e custos permite ao Regulador avaliar o desempenho relativo entre as firmas. Os resultados dessas comparações ampliam o conhecimento (expertise) do Regulador e induzem à competição.

No *yardstick regulation*, o Regulador tem acesso aos balanços anuais das diversas concessionárias e fixa preços para o ano seguinte, baseado nas empresas mais eficientes, com certa tolerância. A ideia é diminuir a tentação para comportamentos oportunistas, reduzindo assim o custo de observância do Regulador, já que as próprias empresas fornecem dados com os quais julgarem as outras.

Esse esquema, porém, supõe que: i) seja fraca a possibilidade de colusão entre as empresas (cartel ou outro tipo de combinação de preços ou divisão de mercado por meio de acordos); e ii) que suas estruturas de custos sejam comparáveis. É o caso das administrações portuárias.

Admitindo-se a primeira hipótese,[52] cabe dizer que nem sempre a segunda hipótese pode ser verificada na prática. A maioria das firmas, mesmo aquelas que operam no mesmo setor, ou que são concessionárias do mesmo tipo de serviço (como rodovias, ferrovias, aeroportos etc.), em geral, operam, em termos de gerenciamento de custos, de maneiras bem distintas. Daí a importância de uma *Contabilidade Regulatória* padronizada, como veremos adiante.

As agências podem empreender esforços nesse sentido, e uma possibilidade recorrente é criar a chamada "*Empresa Espelho*", ou "Empresa de Referência".

Essas empresas não existem no mercado, são modelos, ideais, imaginárias, baseadas na experiência internacional, ou, ao contrário, podem existir de fato, sendo o *benchmarking real*, ou seja, a empresa real mais eficiente do setor, eleita como aquela a ser perseguida em termos

---

[52] Do contrário, devemos adotar medidas eficazes contra a colusão, sejam preventivas e estruturais, como a fixação de território exclusivo, como geralmente ocorre nas concessões, sejam repressivas, como a denúncia perante o Ministério Público ou junto ao Conselho Administrativo de Defesa Econômica (CADE).

de produtividade e qualidade. São criadas para efeitos da regulação econômica por incentivos. Assim, todos teriam que perseguir metas visando a atingir a performance dessa Empresa de Referência, caso contrário seriam punidas ou não receberiam os prêmios pelo atingimento das metas.

Os métodos de eficiência média são empregados para simular o funcionamento de um mercado competitivo entre empresas com características de mercado similares (*yardstick competion*). O método de eficiência média mais comumente empregado para sua aplicação é a estimação de funções de custos através de metodologias econométricas (método de mínimos quadrados ordinários, por exemplo) que permitem separar os efeitos das variáveis exógenas, para poder comparar os custos das empresas em igualdade "de condições".

O nível de eficiência de uma determinada empresa se realiza comparando seus custos reais com os custos calculados a partir da função de custos estimada. Sob este enfoque, empresas que funcionam em mercados geográficos diferentes competem mediante o mecanismo de regulação, gerando, desse modo, incentivos dinâmicos à redução de custos. Por exemplo, se os preços permitidos se baseiam nos valores médios calculados pela função de custos, todas as empresas têm fortes incentivos a reduzir seus custos abaixo da média. Se uma empresa reduz os custos e as outras não, será beneficiada. Por outro lado, se não os reduz enquanto as demais o fazem, incorrerá em perdas.

Essa concorrência virtual incentiva a cada uma das empresas a reduzir seus custos por debaixo do nível médio e, se todas as empresas tentarem fazer o mesmo, acabarão diminuindo o custo médio total. Cabe destacar que a aplicação dessa metodologia também requer um bom sistema de contabilidade regulatória, que assegure que os dados das diferentes empresas sejam confeccionados com a mesma definição e critérios contábeis.

Regulação por price cap

Nos últimos 20 anos, o quadro de reformas e privatizações em diversos países originou experimentos referentes à regulação dos setores ditos monopólios naturais, notadamente os serviços de utilidade pública. Diversas inovações regulatórias foram implementadas em vários países, e a Inglaterra foi pioneira nesse campo. O principal resultado foi a regulação tarifária por preço-teto (*price cap*).

Essa regulação é um mecanismo com dois componentes principais. Primeiro, uma regra de reajuste dos preços determinados em contrato através de um indexador baseado em algum índice geral de preços, frequentemente um índice de preços ao consumidor, descontado um fator de produtividade (*Fator X*), que corresponderia ao estímulo para redução dos custos operacionais da firma regulada. Segundo, em períodos pré-fixados, uma revisão tarifária, cuja intenção consiste em determinar e rever o custo de capital das indústrias de serviços públicos bem como os custos operacionais, readequando o nível das tarifas a mudanças mais estruturais que não foram corrigidas pela regra de reajuste.

As principais motivações do regime de preço-teto consistem nos seguintes aspectos: (i) como a redução de custos é apropriada pela firma regulada, até o próximo período de revisão tarifária há enormes incentivos para a redução dos custos de produção e aumento da inovação tecnológica das empresas reguladas, ou seja, há um estímulo à eficiência produtiva; (ii) o custo regulatório seria reduzido nos períodos entre as revisões tarifárias, visto que caberia ao Regulador aplicar a fórmula de preço-teto, cuja principal dificuldade seria definir o Fator X; (iii) levando-se em conta que as firmas possuem múltiplos serviços, esse método permite controlar os preços somente daqueles serviços em que a empresa atua como monopolista. Assim, propicia-se a introdução de concorrência nos demais serviços. A despeito das vantagens acima mencionadas, os principais questionamentos a esse regime tarifário consistem, em primeiro lugar, em uma possível redução dos níveis de investimento e na qualidade dos serviços que não são passíveis de determinação pelo órgão Regulador. Isto porque, dada a restrição imposta sobre a receita da firma, essa busca maximizar seu lucro, reduzindo o capital investido (base de remuneração do ativo) e, consequentemente, elevando a taxa de lucro.

Em mercados competitivos, nenhuma empresa individualmente tem poder para fixar seus preços e confronta o preço ditado pelo mercado como um valor dado ao qual cabe à empresa se adaptar. Dado o preço de mercado, a busca por maiores lucros por parte da empresa depende basicamente do seu esforço para reduzir custos, ganhar eficiência e inovar, produzindo melhoras na qualidade ou produtos novos que talvez justifiquem sua ambição de cobrar preços maiores.

A regulação via preço-teto procura emular o sinal de preço que as empresas competitivas recebem do mercado. Uma regra de preço-teto especifica a taxa máxima pela qual as tarifas da(s) firma(s) regulada(s) podem aumentar como se mercado amplo houvesse. É neste sentido que a teoria da regulação por incentivos sugere a utilização de um índice de preços geral do varejo nas regras de preço-teto porque esse tipo de índice refletiria o aumento médio resultante da concorrência nos mais diversos mercados da economia. E é, também, justamente para tentar emular a pressão para reduzir custos e inovar que as empresas em mercados competitivos sentem, na disputa com seus competidores, que a teoria propõe que seja descontado do índice de reajuste um fator de ganho de produtividade.

Teremos oportunidade de tratar do *price cap* com mais detalhes em outro capítulo.

Regulação discricionária x regulação por contratos

As formas discutidas até agora são consideradas da espécie de *regulação discricionária* (*discretionary regulation*), predominante realizada pela entidade reguladora. A regulação discricionária tem como objetivo alinhar os preços regulados aos custos eficientes de prestação do serviço ao longo do tempo. Dentro da regulação discricionária temos o método de taxa de retorno, pauta dos próximos capítulos, cuja metodologia, envolve, basicamente, interditar o poder de monopólio natural das empresas. É fruto das experiências britânicas e norte-americanas, nas décadas de 1970 e 1980. Nesse tipo de regulação, pretende-se simular *Competition in the Market*, isto é, competição no mercado.

Esse mecanismo permite então a introdução de melhorias e maior flexibilidade para lidar com incertezas, possibilitando a adaptação do modelo regulatório a novas circunstâncias. A receita anual requerida é então transformada em um preço-teto (por meio de estimativas de demanda), que deverá ser respeitado durante o ciclo tarifário.

A agência reguladora tipicamente requer que a empresa ofereça um menu limitado de serviços, para facilitar o monitoramento e a comparação em relação às regras e demais agentes, situação que também é desejada politicamente pelos usuários, já que uma cesta menor reduz as chances de criação de novas taxas para serviços semelhantes pelos mesmos fatos geradores (*bis in idem*), embora reduza também o aproveitamento de oportunidades de inovação. Quanto mais homogêneos os usuários, maiores as vantagens da regulação discricionária, pois o Regulador conhecerá bem as preferências dos consumidores. A maior desvantagem, porém, certamente é o aproveitamento subótimo das forças de mercado como incentivadoras da eficiência (aqui, o Regulador é que representa os usuários na decisão entre qualidade e patamar de preços); ademais, os capitalistas não irão financiar novos investimentos de expansão de capacidade no longo prazo se o Regulador não tratar a questão da remuneração e lucratividade (taxas de retorno)[53] com especial atenção, podendo gerar disputas entre ambos os lados (GOMEZ-IBANEZ, 2003).[54]

A alternativa é a *regulação por contrato* (*regulation by contract* ou *mandatory regulation*), estruturada a partir dos contratos de concessão.

A regulação por contrato tem lugar pelo estabelecimento *ex-ante* dos custos que serão incorridos pela firma. Em resumo, essa modalidade de regulação contratual estabelece, desde a modelagem inicial, uma variação do preço obtido no âmbito do procedimento licitatório: (i) pelo reajuste anual; (ii) pelo estabelecimento de uma adequada matriz de riscos contratuais; (iii) pelo estabelecimento de níveis qualitativos de serviços; (iv) pela previsão de obrigações de investimentos, dentre outros arranjos contratuais; e (v) pela antecipação (estimação) de condições mercadológicas e de custos em décadas a frente. Nessa modalidade, se estabelece que a formação do "preço" se dará pela exploração do monopólio natural, diante da competição pelo mercado (GOMEZ-IBANEZ, 2003). O fundamento é que do leilão resultará o preço inicial de maior eficiência e, dado que o leilão é o evento onde ocorre a "competição pelo mercado" (*Competition for Market*). Ganhará "o mercado", isto é, o monopólio, quem oferecer, por exemplo, uma menor tarifa ou maiores investimentos (WILSON, 1990).[55]

Na regulação por contratos, aponta a doutrina a existência de um risco potencial aos usuários, principalmente para os considerados pequenos e numerosos frente ao tamanho econômico da concessionária (*spot Market*) e dos demais grupos de consumidores, com resultados pouco previsíveis para os usuários eventuais e empresas de pequeno porte, ficando esses vulneráveis, de modo que o custo regulatório no monitoramento das condutas de preços eleva-se sobremaneira, embora, tecnicamente, não seja tão desafiador ao Regulador como na regulação discricionária – nessa última, transfere-se ao Regulador a maioria dos esforços para a produção de um resultado justo e aceitável.

---

53 As taxas mínimas de retorno podem estar nos contratos, facilitando a regulação discricionária.

54 GOMEZ-IBANEZ, Jose. *Regulating infrastructure*: monopoly, contracts and discretion. Cambridge, MA: Harvard University Press, 2003.

55 WILSON, Robert. *Strategic Analysis of Auctions*. Stanford Business School. Prepared for The Handbook of Game Theory. Amsterdam: North-Holland/Elsevier Science Publishers. 1990.

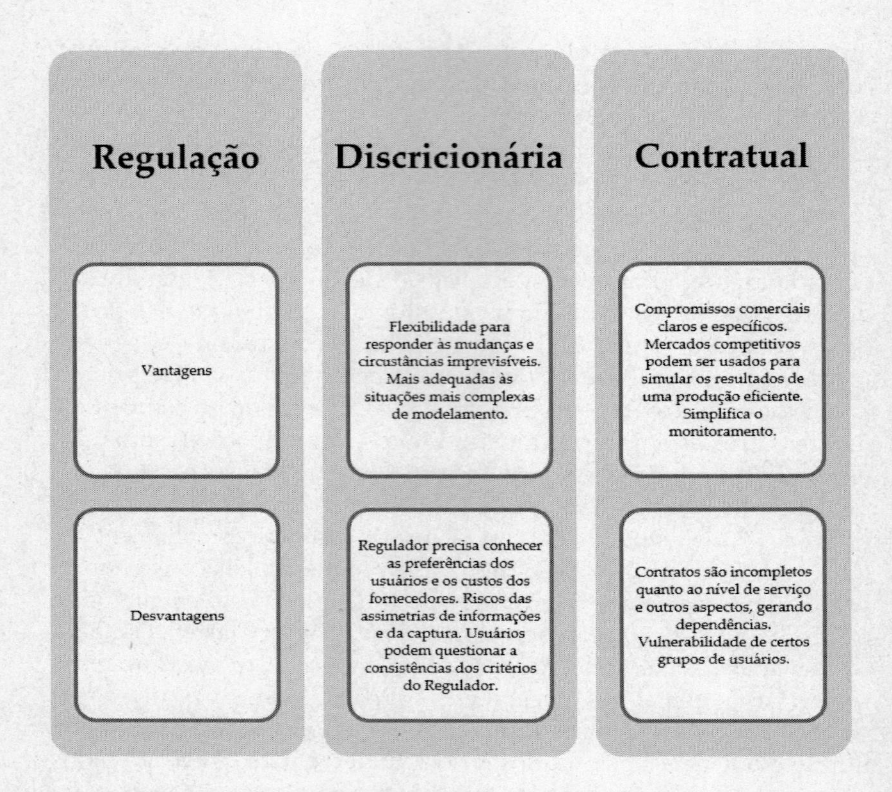

FIGURA 14 – Comparativo entre regulação discricionária e contratual

Tanto a regulação discricionária quanto a regulação por contrato não se apresentam como modelos estanques e excludentes. De fato, na prática nacional, os projetos de infraestrutura são modelados com características de cada qual, a depender das especificidades econômico-financeiras do ativo licitado. Nos setores com entidades reguladoras dotadas de destacada capacidade institucional, a incidência de um modelo de regulação discricionária é preferida, pois reduz as incertezas e, portanto, os custos de transação do projeto. De outro lado, em setores nos quais as entidades reguladoras são dotadas de baixa capacidade institucional, ou são capturadas (vide teoria da captura, no índice remissivo) a regulação contratual pode ser mais confortável ao investidor, especialmente quando as receitas e custos de longo prazo do setor (20 ou 30 anos à frente) são complexos de modelar.

Nessa toada, o setor portuário tem adotado com sucesso esse mix nos contratos de arrendamento, pois os métodos de reequilíbrio contratual não são fixados contratualmente, podendo ser alterados, evolutivamente, pela agência – o poder concedente frequentemente também fixa regras e políticas gerais por meio de portarias, de modo que diversos fatores concretos podem ser considerados nas decisões regulatórias.

De toda maneira, há um *trade-off* entre delinear os quadrantes da regulação tarifária no instrumento contratual (o que reduz sensivelmente a flexibilidade de um contrato de longo prazo) ou deixar a aferição das informações, que lastreiam o equilíbrio econômico-financeiro das concessões, nas mãos do Regulador (de modo que os especialistas da entidade reguladora detenham certa liberdade de interpretar as situações). A nossa legislação e os precedentes dos órgãos de controle são limitadores dessa escolha – neste ponto, com vistas a solucionar os problemas da regulação discricionária, o legislador cria uma política tarifária mais robusta, positivada, combinando a discricionariedade com a discriminação de regras gerais protetivas dos interesses dos usuários e dos fornecedores.

O modelo híbrido a ser escolhido, contudo, não pode demonstrar contradições internas. Especial cuidado com fixação de uma tarifa teto no leilão (base da proposta comercial apresentada pela licitante), em conjunto com uma taxa de desconto (por meio da qual será calculado o reequilíbrio econômico-financeiro do contrato) a ser fixada, a posteriori, pelo Regulador setorial.

A presente reflexão caminha no sentido de que a regulação tarifária das concessões, na verdade, deve ser padronizada em pontos comuns básicos, considerando, porém, aspectos concretos, tais como:

- a capacidade institucional e a neutralidade da agência regulatória setorial, tomadas prospectivamente em termos da robustez de seu desenho frente às pressões esperadas nos ciclos políticos do horizonte;
- um modelo de remuneração para o concessionário que seja compatível com as expectativas e obrigações de investimentos e de desempenho veiculadas no instrumento contratual, bem como com os percentuais esperados de recursos próprios e de terceiros, que serão aportados para financiar a exploração do ativo;
- um procedimento dialogado de reequilíbrio econômico-financeiro, em que o poder concedente e o concessionário tenham incentivos para cooperar, notadamente em situações de incerteza;

- uma repartição de riscos não exaustiva, que preveja aberturas para flexibilidade; e
- um regime dotado de previsibilidade a propósito da taxa de desconto.

Em um contexto como o atual, no pós-pandemia de COVID-19, nada mais correto do que os ensinamentos de Oliver Hart (vencedor do Prêmio Nobel de Economia de 2016), no sentido de que, no âmbito de *contratos incompletos*, seria mais eficiente às partes celebrar contratos flexíveis, possibilitando a sua renegociação a posteriori. Tal modelo consistiria no estabelecimento de um ponto de referência, um parâmetro fixo, *ex-ante*, e de variáveis, a serem preenchidas, *ex-post* (HART, 2008).[56]

Uma das soluções propostas por Hart seria a adoção de uma metodologia de renegociação, lastreada em princípios ou parâmetros interpretativos, a cargo do órgão regulador (HART, 2021).[57] Essa é justamente a cultura no setor portuário, à luz dos reequilíbrios de contratos de arrendamento. Assim, a regulação discricionária, mesmo na existência da regulação por contratos, continua tendo o seu papel, caminhando para uma fusão.

---

[56] HART, Oliver; MOORE, John. Contracts as Reference Points. *The Quaterly Journal of Economics*, ov. CXXIII; fev. 2008.

[57] HART, Oliver; FRYDLINGER, DavidO.o. "Overcoming Contractual Incompleteness: The Role of Guiding Principles. *Working Paper* [Revised Oct. 2021].

CAPÍTULO 6

BOAS PRÁTICAS NA REGULAÇÃO DE PREÇOS

Técnicas convencionais de precificação

Vimos "regulação de preços" como sendo uma atividade do poder público cujo ferramental é um conjunto de metodologias que determinará qual será o nível de preços que o concessionário ou um agente de um setor regulado irá praticar com seus consumidores para cada produto ou serviço prestado. Sendo tais agentes, na maioria das vezes, detentores, em algum grau, de poder de monopólio, em que o preço eficiente nem sempre surge da interação normal entre a demanda e a oferta, caberá, quando chamada para isso, que a agência reguladora arbitre, em algum momento ou evento, preços. Portanto, é um método de substituição do mercado competitivo, simulando seus resultados.

Em outras palavras, determinar o valor de uma tarifa possui importância que vai além dos interesses de usuários e prestadores de serviço. Para isso, o poder público, além de atuar na relação entre esses dois atores para intermediar possíveis conflitos de interesses existentes entre eles, institui políticas públicas para a execução do serviço, através do *regime tarifário que adota no caso concreto*.

TEORIA MARGINALISTA E CUSTO MÉDIO

A prática descontrolada dos grandes monopólios pode resultar em sobrepreços, ou seja, preços acima do aceitável socialmente. Por isso, uma possibilidade recorrente na regulação tarifária é o preço do monopolista ser interditado, cobrindo apenas os custos incrementais para fornecer uma unidade a mais do produto ofertado, ou seja, Preço (P) igual ao Custo Marginal (C_{mg}):

$$P = C_{mg}$$

O **Custo Marginal** é o dispêndio da empresa para produzir uma quantidade a mais do seu produto. Por essa regra, simula-se um mercado altamente competitivo, otimizando ao máximo a alocação de recursos. É o que menos distorce as decisões dos usuários – a mais neutra.

Embora a teoria clássica informe tal método como preferencial (*first best solution*), há dois problemas típicos: a) a determinação do custo marginal depende do conhecimento do comportamento dos custos frente à demanda, ou seja, o levantamento da curva de custos; e b) somente a Administração Pública, diretamente, poderia suportar muito tempo essa condição (ou seja, o contribuinte estaria financiando indiretamente a solvência da exploração).

É implacável na maioria das infraestruturas de transporte, porque o C_{mg} é muito pequeno – os custos fixos totais são altíssimos, e o custo variável é quase inexistente. Em outros termos, existindo poucos ou centenas de usuários, o custo de produção é quase sempre o mesmo. O custo para atender um usuário a mais em uma rodovia federal é quase nulo. Logo, nunca permitiria a recuperação dos altos custos fixos derivados do investimento. Déficits seriam recorrentes, afugentando o investimento e a melhoria da infraestrutura.

Assim, dado que existem certos elementos estruturais que desaconselham o estabelecimento da regra de preço igual ao custo marginal, qual seria, então, o esquema ótimo, intermediário, de determinação de tarifas portuárias que garantisse a eficiência econômica?

$$P > C_{mg}$$

O mais recorrente é o Preço (P) igual ao Custo Médio (Cme):

$$P = C_{me} = \textit{Custo Total de Produção} \div \textit{Quantidade Produzida}$$

É uma solução de equilíbrio viável para a saúde financeira das empresas e pode ser encontrada sem conhecimento da curva de custo. Não obstante, quando $P = C_{mg}$, temos o número máximo de transações (de consumo), toda a demanda potencial é atendida. Quando $P = C_{me}$, maior, portanto, há uma perda de consumidores. Veja no gráfico a seguir. A perda citada é representada entre a diferença entre Q_c e Q_r.

Se não estivesse regulada, a empresa produziria Q_m e venderia pelo preço P_m. Em termos ideais, o órgão regulador estaria disposto a pressionar para baixo o preço da empresa até que atingisse o nível P_c. Contudo, em tal nível, o preço não cobriria mais seu custo médio e ela encerraria suas atividades. A melhor alternativa é o preço P_r, no qual ocorre a interseção da curva do custo médio e da curva de receita média. Assim, a empresa não estará obtendo lucro de monopólio e o nível de produção permanecerá o mais alto possível, sem que ela tenha de encerrar suas atividades.

A solução intermediária tem outra vantagem: como a demanda é elástica,[58] ou seja, pode variar, principalmente se o preço subir acima do esperado; é incentivo automático à redução de custos. Além disso, não há necessidade de subsídios indiretos do contribuinte, de forma que o conjunto de usuários do serviço pagará pelo custo total, e nenhuma parcela de custo irá para a sociedade, implicando, portanto, um maior controle sobre o desempenho da firma e de seus preços, pois, acima de todos, o melhor vigilante da eficiência da empresa são os seus consumidores. Quando todos os custos estão refletidos na tarifa, a percepção do usuário sobre o serviço é maior.

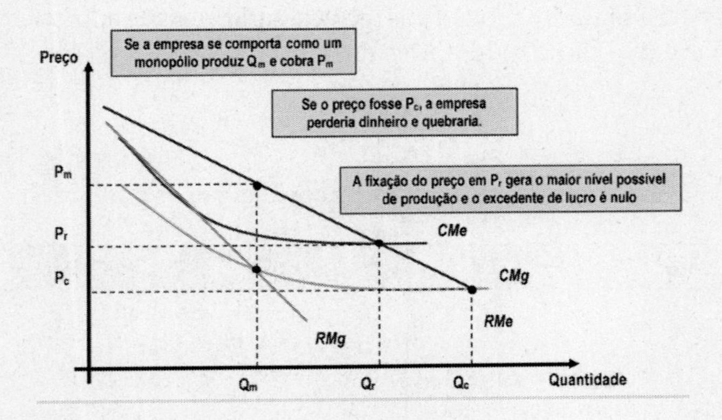

FIGURA 15 – Custo médio x Custo Marginal

De toda forma, o custo marginal funciona como um referencial básico da determinação das tarifas.

58 A elasticidade do preço da demanda mede o quanto a quantidade demandada muda devido a uma alteração nos preços. Se a curva de demanda é elástica, a receita total da firma cai quando o preço aumenta. Se a curva de demanda é inelástica, a receita total da firma aumenta quando o preço aumenta.

Vimos o Preço igual ao Custo Médio como uma *second best price solution*, ou seja, uma solução técnica que minimiza as perdas em uma economia que visa a garantir o bem-estar de todos os agentes econômicos. Ela define qual seria o preço mais eficiente acima do custo marginal, e que menos reduz as distorções alocativas nas decisões dos usuários. É uma simulação intermediária, que visa a contentar as partes interessadas.

Nos regimes de tarifação mais simples, aqueles que existiam antes do surgimento das agências reguladoras, quando predominava a intervenção direta (por meio de *holdings*), tínhamos não um $P = C_{Me}$ específico de cada serviço como uma solução, mas, sim, pela simplicidade do cálculo, da Receita Total igual ao Custo Total ($R_T = C_T$).

Com o desenvolvimento da moderna teoria econômica do bem-estar, a partir dos anos 1970, tal paradigma mudou. Passamos a reconhecer com maior força a necessidade de o setor público (e estatais) equilibrar as contas, bem como assegurar a minimização das perdas de eficiência.

Existem outras técnicas, dependendo das restrições e políticas adotadas como premissas, podendo ser usadas de forma associada ou não. A tabela a seguir demonstra as técnicas aplicáveis às administrações portuárias e que são consideradas lícitas.

TABELA 9

Técnicas convencionais de precificação em tarifas portuárias

(continua)

Instrumento	Descrição	Atributo	Implementação
Regime Simples	Receita Total Média igual ao Custo Total Médio (RTme = CTme).	Não determina um preço específico para cada serviço, considera apenas a variação (incremento) de custos para determinar incremento de receitas.	$Pt_1 = Pt_0 + \Delta CTt_1$

(continua)

Instrumento	Descrição	Atributo	Implementação
Preço Igual Ao Custo Médio	P = Cme O preço é superior ao custo marginal, mas não exclui significativamente os usuários do consumo.	Eficiente de Pareto, pois o preço sobe assim como as quantidades vendidas: todos melhoram a situação.	Técnica simples e de fácil entendimento. Tradicional. O custo médio pode ser encontrado dividindo o custo total pela demanda do produto, supondo que o preço mão influencia a demanda.
Preço de Ponta (alta temporada)	P > Cme Elevação do preço em determinados horários, dias ou períodos do ano.	Supõe a demanda cíclica, porém, dado que a capacidade é limitada, não é eficiente que os preços normais remunerem a expansão de capacidade no longo prazo. Favorece um sinal locacional (aponta onde investimentos são mais necessários).	O preço é igual ao custo marginal de expansão de longo prazo.
Tarifa de Duas Partes	P = a + k × b Técnica de discriminação de preços de terceiro grau, em que o preço é composto de dois elementos: uma parte fixa, independente do consumo (a), e outra, variável com o consumo (k × b).	Extrai o máximo de renda de dado grupo de usuários. É aplicada quando a demanda é incerta ou instável. Visa, portanto, a garantir a remuneração dos custos fixos – pode ser aplicada junto à tarifa de acesso. Muita usada em redes (telecomunicações, eletricidade e transporte).	Como premissa, o serviço ofertado deve ser o mesmo para todos os usuários, seja em qualidade ou conteúdo. Em outras palavras, o preço final pode variar, mas não em função da variação de custos de produção.

(conclusão)

Instrumento	Descrição	Atributo	Implementação
Subsídio Cruzado	P1 ≠ P2 Visão pelo lado da demanda. Em outros termos, não o custo da empresa produtora, mas sim a disposição a pagar do usuário.	A receita adicional dos usuários que continuam consumindo independente do aumento de preços (baixa elasticidade-preço) subsidia a receita reduzida (preço menor) obtida com os usuários que param de consumir se o preço aumentar (alta elasticidade).	Preços distintos de acordo com a disponibilidade de pagar de cada passageiro. O subsídio pode ser entre tarifas do mesmo grupo tarifário, entre grupos tarifários do mesmo porto ou mesmo entre portos.
Preço Livre com nível mínimo	Um limite inferior, com base na escala de viabilidade.	Evita preços predatórios, que poderiam reduzir a oferta (firmas disponíveis) e qualidade.	A implementação é controversa, pois garante renda mínima ao fornecedor.
Preço Livre com nível máximo	Um limite superior com base na melhor tecnologia e processos conhecidos pelo Regulador.	Se a empresa fizer com menor custo, terá lucro extraordinário.	Aplicada em atividades nas quais há maior concorrência, porém, em situações mais extremas e excepcionais.
Preço *Benchmarking*	Compara o preço proposto com o melhor prestador do serviço nacional, o mais produtivo e econômico. O Regulador pode também criar uma "firma espelho", teórica, 100% eficiente.	A firma regulada é incentivada a perseguir a eficiência de uma firma hipotética, de referência.	Aplicada quando não se conhece bem os custos de cada empresa.

Da teoria microeconômica, o preço reflete, na maioria das situações, um sinal de escassez, ou melhor, o valor intrínseco de um bem, dada as preferências de um dado consumidor. Quanto maior for a utilidade que determinada cesta de serviços proporcionará ao consumidor, maior a sua propensão em utilizar uma parte maior da sua renda na compra dessa cesta. Aliás, se o preço subir, o sinal é de escassez, e, da lógica do mercado, é hora de entrar novos ofertantes.

Portanto, limitar artificialmente preços, sem devida e justa causa, tem como consequência (racionalmente observada) a inibição da entrada de ofertantes e eventuais prejuízos à concorrência, com efeitos circulares. É a chamada "falha de governo", que mais prejudica o mercado que as próprias "falhas de mercado".

FALHAS DE GOVERNO E TEORIA DA CAPTURA

Falha de Governo é um conceito compreendendo que as autoridades regulatórias tendem a falhar ou introduzir ineficiências na economia quando escolhem agir, já que muitas vezes não seria necessária ação alguma. Agir, portanto, exige algum nível de racionalidade, isto é, uma adequação entre meios e fins. Logo, a não ação, nesse contexto, também é uma alternativa regulatória no mesmo nível de hierarquia das demais.

O tema está intimamente ligado com a **Teoria da Captura**. A captura, no ambiente regulatório, ocorre quando a agência reguladora é tomada ou demasiadamente influenciada pelo setor regulado. Dentro do setor público, as diferenças institucionais influenciam a maneira como interagem reguladores e indústria. Assim, cada agência reguladora estará menos ou mais sujeita à captura.

Quando a agência reguladora dispõe de quadros técnicos com baixa qualificação e com remuneração inferior à dos técnicos da empresa regulada, há risco maior de captura, gerando dependência do Regulador, ou mesmo uma impossibilidade prática dos reguladores contestarem consistentemente as argumentações da empresa regulada.

A aceitação da assimetria de informações em um nível acima do razoável, tomando sempre como verdadeiras as afirmativas ou informações dos agentes regulados, sem auditar ou aplicar métodos de confirmação, é outra forma de captura. Quando a agência é nova, em processo de construção de sua reputação e com rotinas ainda não totalmente estabelecidas, os incentivos contrários à captura são relativamente mais altos.

Por isso, a **transparência decisória nas agências** é **fundamental** (embora não imprescindível) para afastar o risco de captura e dar legitimidade social às suas iniciativas. A sistematização de audiências públicas e de reuniões de conciliação envolvendo Agência, usuários e prestadores de serviço, além de dar publicidade às decisões do órgão Regulador, são formas de minimizar ou eliminar o risco de captura.

Como conclusão óbvia, a intervenção em preços, se ocorrer, deve se dar eminentemente sobre serviços essenciais ou complementares. Aqueles acessórios ou extraordinários, onde não há *poder de mercado*, devem ser preocupação menor do Regulador, descabida a intervenção generalizada de preços na qual é viável a negociação entre as partes. A atuação da Administração Pública, em tais situações, é subsidiária, não devendo se sobrepor à autonomia da vontade das partes em uma relação jurídica estritamente de direito privado, salvo exceções, como o abuso de direito ou danos a terceiros. É o que nos confirmou a Lei de Liberdade Econômica, a Lei nº 13.874, de 2019, no seu art. 4º, IV e V.[59]

Não se olvida que toda concorrência (em todos os setores) é imperfeita, tal como já assentou Kahn (1988).[60] Porém, intervir no atacado não é solução, segundo ele, "o melhor remédio é tentar diminuir as imperfeições. Mesmo quando é altamente imperfeita, ela pode frequentemente ser um valioso suplemento da regulação. Mas na medida em que é intoleravelmente imperfeita, a única alternativa aceitável é a regulação. E para as inescapáveis imperfeições da regulação, o único remédio disponível é tentar fazê-la funcionar melhor".

Fora desse contexto, na aplicação de metodologia de preços-teto generalizada para serviços não homogêneos ou não essenciais, as distorções alocativas geradas pela iniciativa do Poder Público em estabelecer, por via impositiva, a margem de preços relativos de um prestador de serviço, podem ser extremamente danosas ao mercado: serviços com preço defasado teriam tendência a deixar de ser prestados, fazendo com que terminais passassem a especializar-se em um determinado tipo de serviço para os quais os preços fossem mais confortáveis, deixando de ofertar os demais serviços (estratégia denominada na doutrina como *cream skimming* ou *cherry picking*), o que culminaria em desabastecimento.

Contudo, tais ideais estão correlacionados com outro debate, mais profundo: o modelo de capitalismo da nossa sociedade. É mito,

---

[59] Art. 4 É dever da administração pública e das demais entidades que se vinculam a esta Lei, no exercício de regulamentação de norma pública pertencente à legislação sobre a qual esta Lei versa, exceto se em estrito cumprimento a previsão explícita em lei, evitar o abuso do poder regulatório de maneira a, indevidamente: (...)
IV – redigir enunciados que impeçam ou retardem a inovação e a adoção de novas tecnologias, processos ou modelos de negócios, ressalvadas as situações consideradas em regulamento como de alto risco;
V – aumentar os custos de transação sem demonstração de benefícios;

[60] KAHN, Alfred E. *The economics of regulation*: Principles and Institutions. 2. ed. Massachusetts: Cambridge: , 1988.

decorrente da tradição intervencionista do Estado brasileiro, que as situações devem estar intensamente reguladas, exaustivamente regradas, de forma homogênea, uniforme, e assim somente assim estaria preservada a ordem jurídica no Estado de Direito. Esse mito pressupõe uma dependência estrutural para com o Aparelho do Estado sem correspondência alguma com os processos acelerados de globalização intensamente experimentados a partir dos anos 1990. Condiciona a capacidade de adaptação das firmas ao contexto microeconômico e perpetua a presença de modelos superados de desenvolvimento.

Para tanto, existem ainda instrumentos menos intervencionistas disponíveis ao Regulador, como na figura seguinte.

A *transparência de preços*, especialmente, é uma ferramenta poderosa. Permite a comparação interna (ao longo do tempo) e externa (com outros portos). A divulgação prévia de preços aumenta a possibilidade de que outros portos ou terminais possam ser escolhidos. Ademais, a divulgação de rankings de preços depende da existência de métricas padronizadas, ou da criação de cestas de serviços.

Transparência de preços

- Publicidade ampla da tabela de preços, incluindo as regras de incidência e todas as normas de aplicação das tarifas.

Divulgação prévia

- Conhecer com bastante antecedência os preços antes de requisitar o serviço concede mais liberdade na escolha, reduzindo os efeitos do poder de mercado.

Rankings

- A partir da ordenação de preços pelo Regulador ou órgão externo, as empresas na posição inferior serão compelidas pelo mercado a se ajustarem.

Ferramentas simuladoras

- Calculadoras eletrônicas disponibilizadas nos sítios da Internet da empresa. Produzem orçamentos prévios.

FIGURA 16 – nstrumentos tarifários menos intervencionistas

Momentos do controle tarifário

A política regulatória pode ser flexível o suficiente para permitir que o Regulador escolha diferentes momentos de controle tarifário: prévio (*ex-ante*), concomitante (pari passu) e posterior (*ex-post*).

O *controle prévio* é mais propício às atividades monopolizadas ou onde existe grande receio de abuso de poder econômico. O *controle posterior* é o preferível na maioria das hipóteses, especialmente quando existe a possibilidade de negociação, em que ambos os lados possuem poder de barganha – geralmente, quando há competição. O *controle concomitante* é menos frequentemente associado às tarifas portuárias, mas se materializa por meio da submissão prévia da nova tabela de preços ao Regulador e, no silêncio das autoridades, o preço fica homologado (condição que difere da aprovação).

De toda maneira, devido à obrigação legal do órgão regulador informar ao Poder Concedente todas as revisões e reajustes tarifários, com antecedência mínima de quinze dias da aprovação, a Agência sempre exerce um controle prévio ou concomitante no aspecto tarifário, em diferentes graus de intensidade - o controle posterior ser subsidiário, quando tratamos de tarifas portuárias. A tarifa portuária que não exige um controle prévio ou concomintante do Regulador, é conhecida como *tarifa imprópria*.

Nada obstante, prevalesce, no Brasil, o capitalismo neoliberal. Nesse modelo o que se protege é a livre concorrência, pressupondo a autorização para os agentes econômicos ingressarem no mercado e agirem livremente na conquista da clientela, assim como a liberdade dos consumidores escolherem os produtos e serviços que são ofertados. A regulação de preços é exceção. Mas, sempre existe possibilidade de o Estado intervir para impor limites à atuação individual e reprimir condutas abusivas tendentes a dificultar ou eliminar a concorrência, geralmente de forma *ex-post*, sem censura prévia.

FIGURA 17 – Momentos de controle tarifário

Por qual razão: a maior parte desses serviços de interesse público, até pouco tempo atrás, era prestada diretamente pelo Estado, ficando "à margem do mercado, por se entender que a satisfação, nestas condições, de determinadas necessidades coletivas básicas é um pressuposto essencial para garantir a todos o próprio exercício dos direitos e liberdades fundamentais" (NUNES, 2007).[61] Atualmente, a titularidade dos serviços no Brasil continua sendo do Estado. Por isso, algum controle ainda é necessário.

61 NUNES, António José Avelãs. *A Constituição Europeia*: a Constitucionalização do Neoliberalismo. São Paulo/Coimbra: RT/Coimbra Editora, 2007. p. 95

Liberdade tarifária x liberdade de preços

De acordo com Carlos Ari Sundfeld (2000),[62] existem níveis de regulação dos preços dos serviços explorados por particulares, que podem ser controlados de forma mínima pelo Estado (situação na qual ocorre um simples "acompanhamento da evolução dos preços"), ou de forma máxima (na qual ocorre a própria fixação de valores). Tudo isso "passando por diferentes mecanismos de verificação da regularidade dos reajustes ou de repressão dos abusos". Via de regra, o controle máximo é empregado nas situações de monopólio puro, ante a ausência da concorrência durante a fase de execução do contrato, que colocaria limites nos valores das tarifas. O controle mínimo é o que se adota nos casos de serviços prestados sob regime concorrencial e serve para impedir, sobretudo, a predação entre prestadores.

O regime clássico de prestação de serviços de interesse público foi, durante muito tempo, o monopolístico. Novas concepções econômicas sobre diferentes formas de se prestar o serviço e o avanço tecnológico permitiram que ocorresse uma "desintegração vertical" ou *unbundling* das diferentes fases ou segmentos da execução desses serviços, nos casos possíveis de haver atividades competitivas. Passou a existir então espécies de serviços que podem ser prestados por operadores distintos em concorrência ao lado de atividades não competitivas (ORTIZ, 2004).[63]

Com isso, serviços que antes se submetiam apenas à tutela tarifária do Estado passaram a possuir liberdade tarifária, com o deslocamento do controle das tarifas do Estado para o mercado. Porém, conforme alerta Fernando Vernalha Guimarães (2012),[64] não se pode confundir o "regime de liberdade tarifária" com o "regime de liberdade de preços" (que é próprio da iniciativa privada). Ambos existem no campo dos serviços públicos, porém com diferenças significativas entre eles.

No "regime de liberdade tarifária", há um determinado grau de liberdade de fixação do valor da tarifa pelo concessionário a ser exercido na esfera do seu território. Na situação de "liberdade de preços", o regime é basicamente o privado. É o caso, por simetria, do art. 43 da

---

[62] SUNDFELD, Carlos Ari. A regulação de preços e tarifas dos serviços de telecomunicações. *In*: SUNDFELD, Carlos Ari (coord.). *Direito administrativo econômico*. São Paulo: Malheiros, 2000. p. 317-328.

[63] ORTIZ, Gaspar Arino. *Principios de derecho* público económico. Lima: Ara Editores, 2004. p. 623.

[64] GUIMARÃES, Fernando Vernalha. *Concessão de serviço público*. São Paulo: Saraiva, 2012. p. 175.

Lei nº 10.233, de 2001, o qual determina o regime de preços livres para as autorizações.

Contudo, o surgimento da concorrência na prestação dos serviços não eliminou a necessidade de algumas atividades continuarem a ser desempenhadas através de monopólios naturais. Geralmente, tais atividades dizem respeito a operações que requerem um "sistema de infraestrutura por rede, cuja duplicação se retrata inviável pelos altíssimos custos envolvidos", conforme observa Fernando Guimarães. Agregue-se a isso a situação em que a concorrência não é possível por inviabilidade fática de multiplicação da infraestrutura ou de compartilhamento da única infraestrutura existente.

No primeiro caso, de barreira à concorrência por custo de infraestrutura, os custos fixos que envolvem a execução do serviço possuem forte prevalência sobre os custos variáveis, o que permite a ocorrência de economias em escala, aumentando-se a quantidade produzida. É o que acontece, por exemplo, com o transporte ferroviário. Os custos que envolvem a construção de linhas férreas alternativas que possibilitariam a concorrência são altos demais e inviabilizam a entrada de novas empresas na prestação do serviço para concorrer com a já atuante no setor. A causa de necessidade de existência de monopólios são "retornos crescentes em escala": em algumas situações, o maior número de usuários possibilita "maior utilidade do produto para o usuário seguinte e, portanto, maiores a probabilidade e lucratividade da venda sucessiva" (SALOMÃO, 1998).[65]

Existem, portanto, dois regimes tarifários no Brasil no que se refere à prestação de serviços portuários: o *regime de monopólios naturais* (em que deve existir um certo controle administrativo do valor das tarifas) e o *regime de concorrência* (que viabiliza *liberdade tarifária* e, em alguns casos, *liberdade de preços* (própria da iniciativa privada), sendo que, nessa última, a função do Poder Público será a de fiscalizar para evitar abusos, utilizando-se, para tanto, dos órgãos responsáveis pela proteção da concorrência).

Ao que tudo parece, não é compatível o regime de plena liberdade de preços para as autoridades portuárias, embora possa existir, em certo grau, uma liberdade tarifária.

---

[65] SALOMÃO, Calixto. *Direito concorrencial*: as estruturas. São Paulo: Malheiros, 1998. p. 192-194.

Métodos mais usados no setor portuário

Sabemos agora da existência de diversos métodos de regulação de preços. Vamos nos concentrar agora em abordar dois deles, nos capítulos posteriores:

- Regulação por taxa de retorno (tarifação pelo custo); e
- Regulação por preço-teto (price cap).

Há também algumas formas classificadas como híbridas, que mesclam um pouco das duas formas, mas não são observadas com tanta frequência no setor portuário como as duas primeiras. Está em desenvolvimento o modelo para as futuras concessões no setor portuário, e a expectativa é que o modelo regulado pelos contratos seja uma variante dos métodos supracitados, ou mesmo algo híbrido.

Veremos que a *Regulação por Taxa de Retorno* é uma forma de regulação de preço, adotada recorrentemente pelos Estados Unidos, e tida como de risco baixo para o investidor, uma vez que se caracteriza pelo fato de o órgão regulador assegurar a taxa de retorno para a firma regulada, ou seja, seus custos (contemplando suas eficiências e suas ineficiências) são repassados para o consumidor. Há poucos riscos para a empresa prestadora de serviço e o incentivo por ser eficiente só existe caso ela esteja inserida em um mercado competitivo, como é o caso da experiência de mercado norte-americana.

A segunda forma de regulação de preços, a *Regulação por Preço-Teto*, é adotada recorrentemente pelo Reino Unido, Argentina, Chile e Brasil, entre outros países, por sua vez, e tida como de maior risco para os investidores, haja vista que nessa forma, os preços são confeccionados com incentivos de produtividade embutidos, o chamado Fator X,[66] que fazem com que as ineficiências operacionais da concessionária não sejam repassadas ao consumidor.

Ambas têm uma característica marcante, dado o desenvolvimento da moderna teoria econômica do bem-estar, a partir do final dos anos 1960 e início dos anos 1970. Reconhecem a necessidade de o setor público (e estatais) de equilíbrio das contas. O objetivo agora é assegurar a minimização das perdas de eficiência em face da restrição adicional imposta sobre a firma.

---

[66] Veremos adiante esse conceito.

REAJUSTE X REVISÃO

Reajuste tarifário é um esquema de alteração do valor tarifário, nas situações em que se destina a corrigir a alteração dos valores da moeda, por conta de inflação ou deflação. O reajuste, por lei, não pode ser realizado em prazo inferior a um ano. Além disso, a legislação não estipula qual o índice adequado. A Administração, portanto, pode selecionar algum índice preferencial (no setor portuário, é o IPCA, do IBGE).

Reajuste é um mecanismo de recomposição de valores para que estes acompanhem o nível dos preços do restante da economia, sendo aplicado geralmente de forma anual, com base em índices gerais de preços pré-acordados (índices de inflação, como IGPM ou IPCA, por exemplo). É de aplicação vinculada por parte do Regulador, cabendo ao concessionário apresentar anualmente sua proposta de reajuste para apreciação, e cabendo à agência auditar os cálculos da empresa e homologar os resultados finais, autorizando as novas tarifas.

Importante é que o índice empregado ou construído tenha relação com os insumos. Nesse tipo de recomposição do equilíbrio econômico-financeiro, não há alterações substanciais na tarifa, pois os fatores inicialmente levados em consideração para se fixar o seu valor inicial continuam os mesmos, tendo sido alterado apenas o preço que a exprime, de forma a acompanhar mudanças do preço dos insumos (BANDEIRA DE MELLO, 2010).[67]

Reajustes podem ser definidos em cláusulas contratuais ou nas normas da Agência. A experiência internacional norte-americana sugere que os preços públicos sejam reajustados periodicamente (a Lei do Plano Real indica um prazo mínimo de 12 meses) considerando a variação e o contexto socioeconômico e que essas revisões sejam baseadas em critérios objetivos. Após sua alteração, os preços devem ser registrados em ato administrativo e publicados, de forma a atender aos princípios da transparência e da publicidade.

Por outro lado, **Revisão Tarifária** é um procedimento que visa a reavaliar e examinar todos os custos e receitas do concessionário, podendo inclusive repactuar novo nível de rentabilidade para os futuros investimentos, sem quaisquer índices prévios, com o objetivo de garantir o equilíbrio econômico-financeiro do contrato (ou seja, a saúde das contas do concessionário, de modo que os custos com a prestação do serviço não superem a arrecadação que deriva da tarifa).

---

[67] BANDEIRA DE MELLO, Celso Antonio. *O conteúdo jurídico do princípio da igualdade*. 3. ed. São Paulo: Editora Malheiros, 1995.

Pode ter periodicidade regular ou não (quatro em quatro anos, por exemplo), a depender do modelo de contrato de concessão.

Ainda sobre a Revisão, há dois tipos: i) se existe previsão de ocorrer de forma regular (de quatro em anos, por exemplo), será chamada de **Revisão Tarifária Ordinária**; se existe desequilíbrio econômico-financeiro, desde que solicitada e comprovada pela concessionária ou por iniciativa do Poder Concedente, será chamada de **Revisão Tarifária Extraordinária.**

Importante: não basta o risco de desequilíbrio para solicitar revisão tarifária extraordinária; o fato deve ter ocorrido, ou seja, o contrato já deve estar desequilibrado. Portanto, a revisão tarifária extraordinária não ocorre a qualquer tempo, somente depois de um desequilíbrio.

Trataremos desses mecanismos de forma aplicada ao setor portuário.

CAPÍTULO 7

REGULAÇÃO POR TAXA DE RETORNO

Remuneração de custos e garantia de lucros

Historicamente, a regra mais antiga e mais difundida é a chamada a custo de serviço, a custo contábil, a custo histórico ou também taxa de retorno fixa. Nesse procedimento, fixa-se a taxa de remuneração do capital investido e as tarifas são calculadas de modo a satisfazer essa taxa para um nível de consumo previsto.

Até o início dos anos 1980, o método mais empregado na maioria dos países era a regulação tarifária de acordo com o custo do serviço, também denominada regulação por taxa interna de retorno. Esse mecanismo visa a garantir, para a firma regulada, preços que remunerem os custos totais e contenham uma margem de lucro que proporcione uma taxa interna de retorno adequada à continuidade da produção dos bens e/ou serviços.

O princípio da tarifação pelo custo do serviço generalizou-se a partir da experiência norte-americana iniciada no final do século passado, com a regulação de monopólios privados de serviço público. Nos demais países, não existia a tradição de regulação explícita, pois as operadoras dos serviços eram, em sua maioria, de propriedade pública, sendo o lucro de monopólio apropriado pelo Estado.

Vejamos as seguintes fórmulas, simplificando para o caso em que a empresa vende somente um produto:[68]

---

[68] Veremos que a situação da Administração Portuária é bem mais complexa, pois é uma empresa multiproduto, isto é, as equações tradicionais não podem ser usadas sem uma mediação.

$$R_T = P \times Q$$

$$R_T = C_V + D_C + L_S + \text{Impostos}$$

A equação, simplificada para o nosso estudo, nos diz que a receita total da empresa (R_T, que é a multiplicação da quantidade *Q* de produtos vendidos pelo preço unitário *P* desse produto, isto é, tarifa x consumo), deve ser igual ao custo operacional (despesas) C_V da empresa, mais a depreciação/amortização do capital investido D_C e ainda sobrar uma taxa de lucro *Ls* sobre o capital empregado.

Uma empresa concessionária de estrada federal é autorizada a fixar tarifa de pedágio de maneira i) que cubra os custos de operação (que inclui o pagamento de funcionários, combustível de carros, aluguel de máquinas, despesas com água e energia elétrica, manutenção de equipamentos e do asfalto, etc.), ii) que pague os empréstimos necessários para as aquisições destinadas à expansão da infraestrutura e iii) ainda sustente uma taxa de lucro razoável sobre os investimentos e despesas.

Assim, todo o custo da empresa é repassado ao consumidor, acrescido de uma taxa de retorno financeiro (ou simplesmente lucro sobre o capital investido) arbitrada pelo Regulador. Assim:

$$L_S = R_T - (C_V + D_C + \text{Impostos})$$

ou, na forma de uma proporção entre as parcelas:

$$TIR = R_T \div (C_V + D_C + \text{Impostos})$$

ou ainda:

$$R_T - (C_V + D_C + \text{Impostos}) = S \times \text{Base de Capital}$$

em que *S* é a taxa de retorno especificada por lei ou pelo órgão regulador e a *Base de Capital*[69] é igual ao total de Investimentos (em funcionamento efetivo) ainda não depreciados.

---

69 Uma característica central desse procedimento é que a Base de Capital inclui apenas investimentos efetivamente realizados no passado, de onde o nome "custo histórico". Normalmente, somente instalações em funcionamento efetivo são consideradas para manter o princípio de paga quem usa. Assim, investimentos em reposição podem ser incluídos na base, mas não investimentos em expansão, em princípio. Presume-se que investimentos para expansão serão cobertos por financiamentos externos e pela depreciação (que pode ser acelerada para estimular esses investimentos). No entanto, se o crescimento do mercado exige acelerar os investimentos, podem haver rubricas especiais para viabilizá-los, adicionadas à tarifa.

Nesse modelo, cinco são os principais problemas enfrentados pelo Regulador:

I. dimensão do capital investido, comumente denominado de base de remuneração dos ativos. Quais são os ativos que formam a base de cálculo do valor da empresa;
II. taxa interna de retorno que remunere adequadamente a firma conforme os investimentos realizados;
III. assimetria de informação, pois a avaliação das despesas operacionais requer uma boa contabilidade regulatória e um alto conhecimento técnico do processo produtivo do setor regulado;[70]
IV. necessidade de estimação correta da demanda por parte do Regulador. Isso ocorre porque a agência reguladora, ao determinar o preço que compense os custos operacionais mais a remuneração do capital investido, culmina por estabelecer, indiretamente, as quantidades vendidas;
V. garantir uma taxa interna de retorno mínima não induz as empresas à busca da eficiência produtiva.

O procedimento é mais complexo quando existem vários bens ou serviços fornecidos pela firma. Nesse caso, a definição dos diversos níveis tarifários exige rateio dos custos comuns (despesas e investimentos incorridos independentemente do mix de bens e serviços), de modo a obter preços relativos consistentes.

O lucro do empresário não será tão grande de modo que o consumidor se sinta lesado, mas não será tão pequeno que o empresário se sinta desconfortável (ou desincentivado) em aplicar elevados recursos na concessão. A TIR deve ser no nível adequado a facilitar a tomada de empréstimos. Logo, tem que ser maior que os juros de mercado, ou, ao contrário, o empréstimo deverá ser subsidiado – contudo, preferencialmente, a tarifa deve ser sustentada pelo próprio usuário do serviço, não por subsídios governamentais.

Para evitar os lucros arbitrários, o Regulador, em geral, determina a taxa de retorno através de um processo de negociação com a prestadora do serviço ou com representantes do setor, ouvido o grupo de usuários afetados. Na verdade, a autoridade regulatória precisa ficar atenta ao mercado, isto é, a taxa que o empresariado está esperando.

---

[70] A importância da contabilidade regulatória ganhou ênfase recentemente, tendo em vista que os regimes de regulação por incentivo – métodos de regulação que buscam aumento da eficiência produtiva – não solucionaram alguns dos problemas identificados na regulação tradicional pelo custo do serviço.

Uma taxa abaixo do esperado gera pouca atratividade aos investimentos e leilões com poucas ofertas e baixa competitividade na disputa para tornar-se concessionária. O investidor requererá um prêmio de risco para compensar a incerteza. A importância da incerteza se deve ao comportamento do próprio órgão regulador, por exemplo, ao fixar taxas de modo não previsível – o custo de capital próprio será maior do que o necessário (VISCUSI, 2000).[71]

Há vantagens e desvantagens no uso desse método, como na figura seguinte.

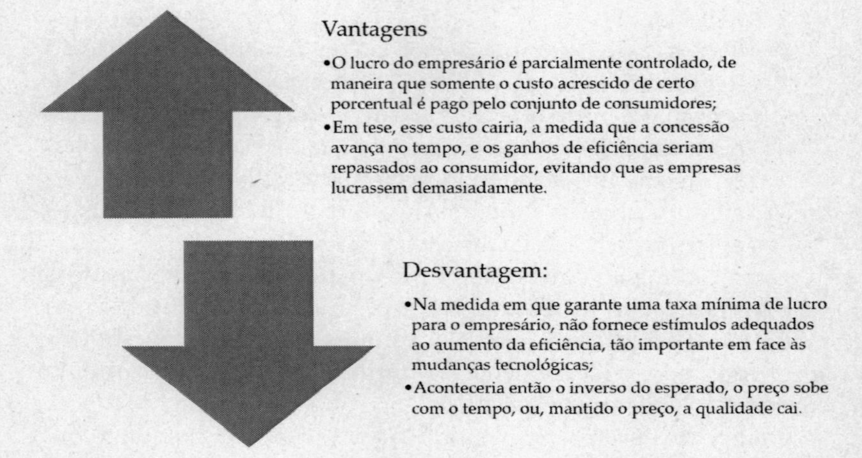

FIGURA 18 – Vantagens e desvantagens da regulação pelo custo do serviço

Todavia, aplicar o método de taxa de retorno é bem difícil para as agências governamentais. De fato, o método de regulação por taxa de retorno, dada a complexidade de sua operacionalização, é um método adequado apenas quando as condições de custo e demanda não variam de forma significativa em curtos períodos de tempo, isto é, quando os custos e a demanda são relativamente estáveis.

Quando os custos e a demanda mudam com rapidez, devido às mudanças tecnológicas ou nos hábitos ou ainda na renda dos consumidores, esse processo torna-se muito mais lento para dar conta dessas mudanças. Nessa condição, fica prejudicada a estimativa de custo e de

[71] VISCUSI, W. Kip, VERNON, John M., HARRINGTON, JR., Joseph E. *Economics of Regulation and Antitrust.* Mass.: Cambridge, The MIT Press, 2000.

demanda por um período de médio de prazo, digamos quatro ou cinco anos à frente, dificultando o encontro de um ponto de equilíbrio para a equação, ou seja, qual será a Receita Total (preço vezes a quantidade demandada) e qual será o Custo Total da firma (lembrando ainda que o monopólio natural tem aquela característica de custo subativo: quanto mais produz, menor o custo por unidade produzida).[72]

Portanto, a regulação por taxa de retorno não incentiva a firma a buscar eficiência, na medida em que todos os custos são repassados aos consumidores, e na medida em que os esforços das empresas para reduzir custos não aumentam seus lucros (já garantidos pelo Regulador).

Além disso, a regulação por taxa de retorno requer muita informação por parte da agência reguladora para estabelecer o que realmente pode entrar na fórmula de custo e de demanda.

Mas como existe considerável assimetria de informação, o Regulador estará sempre em desvantagem de informação em relação ao regulado, que poderá enviar informações que os beneficiem. Tal nível de assimetria pode aumentar o risco de captura da agência.

Todavia, ainda persiste no Brasil o modelo de Tarifação pelo Custo do Serviço, pela sua robustez, principalmente quando observamos a presença de estatais como prestadoras do serviço. Ademais, a garantia constitucional do equilíbrio econômico-financeiro dos contratos, também presente na Lei das Licitações e no art. 9º da Lei nº 8.987, de 1995, dificulta uma saída regulatória não convencional.

Efeito Averch-Johnson[73]

Existe sempre uma assimetria essencial de informação entre o Regulador e as firmas reguladas, isto é, uma situação que vai além do conhecimento técnico dos servidores públicos. Não há como o Regulador conhecer todas as atividades de uma firma, por isso os técnicos tentam hipoteticamente reproduzi-las por meio de firmas-sombras. O Regulador tem assim a tarefa de fazer a firma cumprir objetivos sociais, distintos dos objetivos da própria firma, sem ter controle e conhecimento pleno de suas atividades.

Umas das situações enfrentadas é o problema conhecido na literatura como Problema do Principal (Regulador) e do Agente (firma).

---

[72] Os custos são minimizados quando uma única firma atua no mercado.

[73] Também conhecido como efeito Sobreinvestimento.

Para minorar o problema, muitas vezes se fazem auditorias periódicas das firmas. Entretanto, essas auditorias apenas atenuam, não eliminam a assimetria. Em consequência dessa assimetria, as ações do Regulador podem ter consequências distintas das previstas.

Outro caso célebre é o chamado efeito Averch-Johnson: se uma firma que maximiza lucros está sujeita à regulação por custo de serviço (isto é, sua taxa de retorno sobre o investimento é fixa e, portanto, seus lucros são proporcionais à Base de Capital), ela tenderá a usar tecnologias mais capital-intensivas do que seria socialmente ótimo, para aumentar a Base de Capital (desde, é claro, que a taxa de retorno permitida seja superior à taxa de juros do mercado, o que é a hipótese implícita).

Observe que não se trata de fazer o Regulador aprovar investimentos inúteis ou excessivos (o que seria um caso de risco moral). A firma tem apenas uma estratégia tecnológica mais capital-intensiva do que seria socialmente desejável (seleção adversa). A firma pode ser eficiente em termos técnicos, mas não em termos sociais. Isso pode ser um problema quando há escassez de capital para investimentos. Por outro lado, o Regulador terá mais facilidade para impor padrões de qualidade; com efeito, a melhor qualidade pode ser um argumento usado pela firma para justificar investimentos e sua estratégia tecnológica.

É interessante notar que empresas públicas que tenham preocupação com o nível de emprego (talvez por pressão política) e estão sujeitas à regulação por custo de serviço teriam um efeito simétrico ao Averch-Johnson, com uma estratégia tecnológica mais intensiva em mão de obra do que seria socialmente ótimo. Estudos empíricos parecem indicar que este é efetivamente o caso: firmas privadas tendem a serem mais intensivas em capital, firmas públicas, em mão de obra.

Postas essas considerações iniciais de caráter geral, deve então o Regulador buscar métodos adequados para determinar o nível de custos a serem reconhecidos na tarifa ou receita a que terá direito o concessionário de um serviço ou infraestrutura.

Nesse contexto, existem basicamente duas abordagens atualmente utilizadas para o cálculo dos custos operacionais admitidos nos processos tarifários:

TABELA 10

Abordagens de custos na regulação de preços

Modelo	Atributos
Top-Down	Toma-se os custos realizados pela empresa no último exercício, anterior ao novo período tarifário, eliminam-se todos aqueles custos que não correspondem ao negócio regulado e efetua-se uma análise de eficiência histórica e comparativa com outras empresas mediante o uso de indicadores parciais e, em alguns casos, funções de custos. Adicionalmente, efetuam-se adaptações por maiores exigências de qualidade.
Bottom-Up	Corresponde à metodologia da Empresa de Referência. Os custos reconhecidos são obtidos a partir da construção de uma empresa eficiente, hipotética, operando na área da empresa real e sujeita às restrições que enfrenta a empresa verdadeira.

A abordagem *Top-Down* tem sido utilizada mais frequentemente como complementar às estimativas do modelo *Bottom-Up* e está baseada nos custos atuais da empresa e dos equipamentos tal como detalhados nas contas financeiras e registros de ativos. Esses custos e ativos são alocados aos serviços providos pela empresa de acordo com as regras de alocação e processos. A abordagem *Bottom-Up* é desenvolvida através da construção de uma estrutura, capaz de atender à demanda pelos serviços para os quais é desenhada e dimensionada. Os custos dessa estrutura (incluindo operação e manutenção, além de custos de ativos não elétricos) são estimados e alocados através de todos os serviços.

CAPÍTULO 8

REGULAÇÃO POR PREÇO TETO

Simulação de efeitos da concorrência

A regulação por preço-teto, mais conhecido como *price cap,* corresponde à definição de um limite máximo aos preços médios da firma, corrigidos de acordo com a evolução de um índice de preços ao consumidor, menos um percentual equivalente a um fator de produtividade (Fator X), para um período prefixado de anos. O mecanismo pode envolver também um Fator Y de repasse de custos para os consumidores, formando a seguinte equação genérica:

$$\text{Preço}_{\text{novo}} = \text{Preço}_{\text{antigo}} \times (\text{Índice}_{\text{de preços}} - \text{Fator}_{X} + \text{Fator}_{Y})$$

Note que partimos do princípio de que já existe um preço praticado pela firma, que esse preço está defasado, e que a firma solicita reajuste para um preço novo. A premissa é a seguinte: o contrato fixa o preço antecedente e uma fórmula para reajustes periódicos (geralmente anuais) durante o período contratual (mais precisamente, entre revisões efetuadas a intervalos de vários anos), a qual incorpora a inflação e um termo exprimindo metas plurianuais de ganho de produtividade (*Fator X*) fixadas pelo Regulador, mais, eventualmente um termo representando choques (*Fator Y*) específicos à indústria.

Frequentemente, embora nem sempre, tal preço antecedente resulta de um processo de licitação com estudos prévios e concorrência entre vários candidatos. Logo, o preço resultante da licitação é tido como naturalmente eficiente, desde que exista efetiva competição pelo mercado.

Foi aplicado pela primeira vez para a British Telecom, em 1984, na Inglaterra, e depois acabou por se expandir para outras empresas e setores na Inglaterra (gás, aeroportos, água e distribuição de energia elétrica). O objetivo dos reguladores ingleses ao implementar a fórmula do preço teto era eliminar os riscos de captura e custos da ação regulatória, dispensando as informações custosas como no caso do método da taxa de retorno.

Nesse modelo, o Regulador estuda a estrutura produtiva de uma firma sombra (ou espelho) e repassa as economias alcançadas pela empresa fictícia para a concessionária real, de maneira que a concessionária precisa se tornar, a cada revisão de preços, eficiente para se adequar à estrutura de custos contemplada na tarifa e com isso obter ganhos e ser sustentável.

Os investidores, dessa forma, enxergam o modelo de regulação *price cap* como mais arriscado, pois o ganho é muito atrelado à capacidade gerencial das companhias reguladas e também porque nesse modelo uma eventual má apuração do Fator X, por parte do órgão Regulador, só pode, em princípio, ser reparada por ele na próxima janela de revisão tarifária prevista em lei, de modo que o "prejuízo" é arcado por todo o ciclo tarifário.

O objetivo do Fator X é, grosso modo, o de repassar antecipadamente hipotéticos ganhos de eficiência da firma ou setor para os consumidores, ou seja, o intuito fundamental é fixar antecipadamente para as empresas uma meta de transferência para os consumidores dos ganhos de produtividade. O Fator X deve refletir quanto o crescimento da produtividade de um determinado segmento industrial excede o crescimento da produtividade do restante da economia bem como deve refletir a comparação entre os preços dos insumos utilizados pelo setor regulado e os preços das firmas dos demais segmentos da economia.

O *price cap* ainda hoje é visto como um método de regra simples e transparente, que pode proporcionar o maior grau de liberdade de gestão possível para as empresas em regime de monopólio natural, além de estimular ganhos de produtividade e sua transferência para os consumidores. Embora mais fácil de aplicar que a regulação por taxa de retorno, o método de preço-teto requer do Regulador uma série de variáveis relevantes.

A ideia central é que, dado o preço contratado e as metas de produtividade fixadas para os próximos anos até a próxima revisão, qualquer redução real de custos mais acentuada que as metas poderá ser apropriada pela concessionária. Essa terá, pois, incentivos a reduzir custos. Frequentemente, embora nem sempre, o preço contratado resulta de um processo de licitação com estudos prévios e concorrência entre vários candidatos, o que, em princípio, pode reduzir ganhos extraordinários.

Em tese, esse esquema exige significativamente menos informação para o Regulador do que os métodos tradicionais. Com efeito, para aplicar a fórmula, ele precisaria apenas ter acesso aos preços praticados, que são de domínio público, mais informações específicas sobre choques externos, e realizar estudos sobre ganhos potenciais de produtividade. O efeito Averch-Johnson desaparece, e tudo pareceria estar no melhor dos mundos possíveis, com um mínimo de regulação (regulação leve).

A regulação de preços por *price cap*, ao permitir à empresa a apropriação dos benefícios da eficiência conseguida durante o período tarifário, gera os incentivos necessários para que as empresas façam um considerável esforço para atingir a maior eficiência possível.

Ademais, embora mais fácil de aplicar que o método a ser analisado no capítulo posterior, o método de preço-teto requer considerarmos uma série de dilemas e desafios.

Fator X

- Simula o efeito da concorrência, ou seja, a pressão competitiva por inovação e aumento da produtividade;
- Se for fixado em um nível muito baixo, então os preços serão muito elevados com relação aos custos, e isso irá criar uma usual perda para o consumidor;
- Se for fixado em um nível muito elevado, então os preços podem ser insuficientes para cobrir os custos e podem colocar a firma em dificuldades financeiras;
- Se as empresas dos setores regulados sofressem exatamente as mesmas pressões das empresas em setores competitivos, enfrentando a mesma pressão de aumento de custos e conseguissem os mesmos ganhos de produtividade, uma regulação que visa a emular ao máximo as situações de mercados competitivos fixaria, nesse caso, um fator X igual a zero.

Fator Y

- Possibilidade de repasse para os consumidores dos custos variáveis sobre os quais as firmas não têm controle (encargos setoriais, por exemplo) durante o intervalo de revisão de tarifas;
- Quanto maior for o valor de Y, maior será a proteção das firmas reguladas e menor será o benefício momentâneo dos consumidores.

Índice de Preços

- A escolha do índice de preços deve ser pautada pela transparência e previsibilidade para os consumidores, que não seja alvo de manipulação, tendo em vista os problemas de assimetria de informação e de captura;
- Se o índice escolhido fosse específico, refletindo a evolução apenas dos custos setoriais, dependeriam das informações controladas pelas empresas, com retroalimentação das ineficiências.

FIGURA 19 – Dilemas e desafios de promoção de eficiência no modelo de preço-teto

Comparando as vantagens e desvantagens do modelo de preço-teto, temos o seguinte quadro:

Vantagens

- A empresa pode se apropriar integralmente dos ganhos da diferença entre o reajuste em função do aumento do índice de preços e o crescimento inferior de seus custos. Como toda a redução de custos é apropriada pela empresa, estimula a eficiência e promove a inovação tecnológica e gerencial;
- O aparato regulatório é mais baixo, pois se resume aos cálculos de índices de preços, sem envolver o levantamento de dados contábeis, custeio ou demanda;
- Dada a simplicidade, há maior transparência e menor risco de obter falsa prestação de informações;
- Parte do aumento da eficiência pode ser repassada aos consumidores por meio do Fator X. Logo os preços tendem a ser mais baixos do que seriam na regulação pela taxa de retorno, sem que as firmas fiquem em uma situação pior.

Desvantagens

- Se o Fator X não for ideal, causará o subinvestimento ou baixa qualidade, impondo riscos ao equilíbrio econômico-financeiro do contrato de concessão. Logo, precisa ser repetidamente recalculado para garantir uma taxa de retorno razoável, evitando surgir desalinhamentos dos preços com os custos;
- O maior objetivo das firmas será a redução dos custos para, assim, aumentar os lucros. Na prática, isso só é possível na presença de um crescimento da produtividade ou redução da qualidade do serviço. Quando não existe, de fato, muita concorrência, é provável que a segunda hipótese prevaleça;
- Dada a necessidade de determinar o Fator X e o Fator Y, o método é tão complexo e vulnerável às assimetrias de informação quanto o método da taxa de retorno nos períodos de Revisão Tarifária (método visto adiante).

FIGURA 20 – Vantagens e desvantagens da regulação pelo preço-teto

Não obstante os questionamentos acima, faz-se necessário enfatizar o porquê da disseminação da regulação via preço-teto e destacar as significativas diferenças com relação à regulação por taxa interna de retorno. Em primeiro lugar, o regime de preço-teto, ao fixar prazos determinados para a revisão tarifária, transfere o risco inerente à atividade para as empresas reguladas. Pode-se reparar que tal fato não ocorre quando se especifica uma taxa interna de retorno "razoável" para o setor ou empresa regulada, pois quaisquer alterações que impactem a referida taxa são justificativas para a solicitação de uma revisão das tarifas praticadas.

Em segundo lugar, o regime de preço-teto propicia maior flexibilidade na fixação das tarifas, visto que, dado o limite máximo de preços, esses podem variar conforme as condições de mercado. Em contrapartida, o regime de taxa interna de retorno requer que cada preço de um bem ou serviço seja aprovado exigindo, portanto, maior informação por parte do regulado.

Em terceiro lugar, o regime de preço-teto é preponderantemente *forward-looking*, isto é, o Fator X é estimado com base em projeções futuras sobre a melhoria na produtividade. De fato, essa característica é uma das mais importantes, pois cabe ao Regulador um papel crucial na indução dos aumentos de produtividade de um determinado setor.

Segundo Bernstein e Sappington (1999):[74]

> Se a regulação por preço-teto for aplicada procedendo-se primeiro a mensuração de mudanças reais nos preços dos insumos das firmas reguladas e da produtividade e, então, regulando adequadamente o preço do bem ou serviço, a regulação via preço-teto funcionaria tal como a regulação por taxa interna de retorno. Em particular, a firma regulada teria incentivo financeiro limitado para melhorar a sua produtividade, pois, quaisquer ganhos de produtividade geram reduções de preços equivalentes. Para oferecer incentivos para ganhos de produtividade, a regulação por preço-teto deveria requerer que os preços da firma regulada variassem conforme as projeções na produtividade da firma e nos preços dos insumos. Sob tal política tarifária, a firma ganhará financeiramente se ela atingir crescimento de produtividade que exceda as expectativas, e sofrerá financeiramente se o seu crescimento de produtividade for abaixo das expectativas. Conseqüentemente, a firma possuirá fortes incentivos a operar diligentemente e assegurar ganhos de produtividade.

Finalmente, uma variante do modelo de reajuste pelo *price-cap* é o esquema *price cap with cost pass through*, em que os custos que estão fora do controle da concessionária (custos não gerenciáveis) são repassados integralmente na tarifa anualmente entre os períodos tarifários, independente de índice de preços ou Fator X. O setor portuário nacional ainda não o adota, por ora.

Ademais, a regulação do preço tem seus próprios efeitos colaterais. É verdade que ela não distorce as proporções de fatores na redução de custos como faz o efeito Averch-Johnson. No entanto, não se pode dizer que a eficiência alocativa (ou social) esteja preservada. Embora haja pouca evidência empírica, os estudos existentes mostram que esse esquema tende a prejudicar a qualidade do bem ou serviço se qualidade e custos são conflitantes (o que não é raro), o que não ocorre com os esquemas tradicionais. Isso exige que níveis de qualidade sejam bem definidos e monitorados ou que a regulação do preço seja combinada com outros esquemas, visando à regulação da qualidade.

---

[74] BERNSTEIN, Jeffrey I.; SAPPINGTON, David E. M. Setting the X Factor in Price-Cap Regulation Plans. *Journal of Regulatory Economics*, Springer, vo. 16, n 1, p. 5-25, jul. 1999.

Não obstante os questionamentos acima, ocorreu ampla disseminação da regulação por preço-teto nas agências.

Escolha do índice de reajuste de preços

Ainda que formalmente uma regra de preço-teto tenha alguma semelhança com uma regra de indexação, ela não decorre de uma lógica macroeconômica de adaptação da economia a um ambiente de inflação e/ou a uma lógica de reposição automática de custos. A lógica que justifica a utilização de regras de preço-teto é estritamente de incentivos para ganhos de eficiência microeconômicos em uma dada indústria e justamente por isso embute sempre, além de um índice de reajuste, um fator de produtividade.

Sob o argumento de reduzir os riscos para a empresa regulada, além dos índices gerais de preços no varejo, utilizam-se em alguns casos os chamados índices setoriais. O problema de índices que acompanham a evolução dos custos setoriais é que isso contraria o cerne da regulação por incentivos exposta acima. No Brasil, a escolha do indexador ganha contornos ainda maiores, pois à época da privatização, a opção recaiu sobre uma das versões do Índice Geral de Preço calculado pela Fundação Getúlio Vargas.

Grosso modo, três problemas podem ser identificados com o uso do IGPM ou índices setoriais como índice para o reajuste anual das tarifas reguladas:

I. diminui o incentivo à diminuição dos custos operacionais;
II. as variações de índices setoriais, quando comparadas com as variações dos outros índices de preços, no longo prazo, não se compensam. Pelo contrário, a evidência empírica indica que não há uma tendência para convergência para uma mesma trajetória ao longo do tempo. Por um lado, cria-se um alto risco de desvios em relação ao comportamento médio dos demais preços da economia e da renda dos consumidores; e
III. volatilidade com relação aos demais índices, notadamente em um regime de câmbio flutuante, nocivo não só do ponto de vista da implementação da regra de preço-teto em si, mas também do ponto de vista mais geral da economia como um todo.

Todas as dificuldades acima apontadas revelam que, assim como na experiência britânica, o indexador escolhido para o ambiente regulatório brasileiro pode ser um índice geral de preços no varejo como o *Índice de Preços ao Consumidor Amplo* (IPCA), ou algo semelhante. Parece ser mais razoável preservar a lógica original de incentivos à eficiência das regras de preço-teto utilizando um índice geral de preços no varejo (tal como IPCA, do IBGE), deixando para as revisões tarifárias a tarefa de correção de distorções decorrentes de mudanças mais significativas de custos. Todavia, essa ainda é uma questão em aberto dentro de alguns projetos.

CAPÍTULO 9

REGULAÇÃO POR CONTRATOS

Direitos ao equilíbrio econômico-financeiro

Veja-se que a própria Constituição Federal prestigia a necessidade da manutenção da equação financeira dos contratos:

> Art. 37 – (...)
> XXI – ressalvados os casos especificados na legislação, as obras, serviços, compras e alienações serão contratados mediante processo de licitação pública que assegure igualdade de condições a todos os concorrentes, com cláusulas que estabeleçam obrigações de pagamento, mantidas as condições efetivas da proposta, nos termos da lei, o qual somente permitirá as exigências de qualificação técnica e econômica indispensáveis à garantia do cumprimento das obrigações.

Na mesma linha, cabe citar os arts. 55 e 65, d, da Lei nº 8.666, de 1993:

> Art. 55. São cláusulas necessárias em todo contrato as que estabeleçam:
> (...).
> II – o preço e as condições de pagamento, os critérios, data-base e periodicidade do reajustamento de preços, os critérios de atualização monetária entre a data do adimplemento das obrigações e a do efetivo pagamento.
> (...)
> Art. 65. Os contratos regidos por esta Lei poderão ser alterados, com as devidas justificativas, nos seguintes casos:
> (...)

> d) para restabelecer a relação que as partes pactuaram inicialmente entre os encargos do contratado e a retribuição da administração para a justa remuneração da obra, serviço ou fornecimento, objetivando a manutenção do equilíbrio econômico-financeiro inicial do contrato, na hipótese de sobrevirem fatos imprevisíveis, ou previsíveis porém de conseqüências incalculáveis, retardadores ou impeditivos da execução do ajustado, ou, ainda, em caso de força maior, caso fortuito ou fato do príncipe, configurando álea econômica extraordinária e extracontratual.

De fato, é natural essa previsão legislativa, eis que a economia do país oscila constantemente, não sendo justo os contratantes arcarem com esse custo derivado de situação que lhe é alheia. Assim, essa possibilidade de reequilíbrio nada mais é do que a manutenção da equação financeira do contrato administrativo, prevista tanto na Carta Magna quanto na Lei de Licitações e Contratos. O princípio do equilíbrio econômico-financeiro, ao ser empregado em uma concessão, que é um tipo de contrato administrativo, objetiva restabelecer a equivalência entre os encargos e as vantagens inicialmente pactuadas nessa modalidade de contrato, entre o Poder Público e o concessionário.

O referido princípio fundamenta-se no pressuposto de que a relação entre encargos e vantagens estipulada inicialmente no contrato de concessão irá garantir a prestação de serviço adequado, conforme determina a Constituição Federal e a Lei Geral de Concessões, inclusive, como será visto adiante, quanto à modicidade tarifária. A base do acordo é a equivalência entre os direitos e os deveres atribuídos às partes envolvidas, tanto durante o momento de realização do contrato de concessão, quanto ao longo de sua execução.

O princípio teve origem no início do século XX na França, a partir do julgamento de alguns casos pelo Conselho de Estado. O *arrêt Compagnie Génerale Française de Tramways* é citado pela doutrina como um desses casos, no qual foi reconhecida a existência de aspectos econômico-financeiros nos contratos entre Administração Pública e particulares. Nele foi assegurada ao ente privado a manutenção da relação de equilíbrio entre os deveres e benefícios econômicos advindos da prestação do serviço. Essa garantia surgiu como resposta à possibilidade de modificação unilateral dos contratos por parte do Estado, que possuía essa faculdade no caso de alterações supervenientes na realidade da execução dos serviços, para melhor atender aos interesses públicos (MAROLLA, 2011).[75]

---

[75] MAROLLA, Eugenia Cristina Cleto. *Concessões de serviço público*: a equação econômico-financeira dos contratos. São Paulo: Verbatim, 2011. p. 40.

Há quem vislumbre também influências da jurisprudência norte-americana no surgimento do referido princípio. De acordo com Arnald Wald e Marina Gaensly[76] (2008), o equilíbrio econômico-financeiro em uma concessão "é noção que remonta à teoria francesa da imprevisão, bem como à jurisprudência norte-americana, que consagrou a razoabilidade e a lealdade que devem presidir a fixação de tarifas (*fair return, fairness in rate making power*)".

O objetivo é a busca de *equilíbrio no contrato*, tendo em vista que oscilações são naturais e podem ocorrer. A expressão "equilíbrio econômico-financeiro" quer dizer a "posição estável do projeto concessionário no que respeita à administração de seus recursos materiais (economia) e ao capital disponível para tanto (finanças)" (MOREIRA, 2010.[77]

O equilíbrio econômico-financeiro está mencionado em vários dispositivos infraconstitucionais. Consta expressamente da Lei nº 8.666, de 1993 (que, de acordo com seu art.124, se aplica às concessões de serviço público, naquilo que não conflita com a legislação específica), bem como no art. 35 da nº Lei nº 9.074, de 1995, que prevê que a estipulação, pelo poder concedente, de novos benefícios tarifários "fica condicionada à previsão, em lei, da origem dos recursos ou da simultânea revisão da estrutura tarifária do concessionário ou permissionário, de forma a preservar o equilíbrio econômico-financeiro do contrato".

Consta expressamente também da Lei Geral de Concessões. A Lei nº 8.987, de 1995, versa sobre o equilíbrio econômico-financeiro no art. 9º, §2º ("os contratos poderão prever mecanismos de revisão das tarifas a fim de se manter o equilíbrio econômico-financeiro"), no art. 9º, §4º ("em havendo alteração unilateral do contrato que afete seu inicial equilíbrio econômico-financeiro, o poder concedente deverá restabelecê-lo concomitantemente à alteração") e no art. 10, que adota como vetor para tal caracterização as condições do contrato: "sempre que forem atendidas as condições do contrato, considera-se mantido seu equilíbrio econômico-financeiro".

Para a correta compreensão dessa equação em casos concretos e a recomposição do equilíbrio em situações de instabilidade, é necessário examinar as condições originárias em que o concessionário assumiu o serviço ou obra, ou seja, as "condições do contrato", expressão utilizada

---

76 WALD, Arnoldo. GAENSLY, Marina. Concessão de rodovias e os princípios da supremacia do interesse público, da modicidade tarifária e do equilíbrio econômico-financeiro do contrato. *Revista dos Tribunais*, São Paulo, v. 877, p. 11, nov. 2008. p

77 MOREIRA, Egon Bockmann. *Direito das Concessões de Serviço Público*: Inteligência da Lei 8.987/95 (Parte Geral). São Paulo: Malheiros, 2010. p. 388.

pela lei e que indica "As circunstâncias institucionais que determinam a existência daquele específico negócio jurídico (e de mais nenhum outro) e a respectiva natureza funcional do pacto". As "condições do contrato" referem-se também à "boa-fé objetiva e à confiança recíproca, o seu estatuto, a sua natureza e respectivas qualidades" (MOREIRA, 2010).

Assim, a preservação do equilíbrio econômico-financeiro depende de vários fatores que devem ser analisados caso a caso. Nos contratos de empreitada, por exemplo, os riscos recaem integralmente sobre a Administração Pública, diferentemente das concessões comuns e das parcerias público-privadas. Nas concessões comuns, os riscos ordinários do empreendimento são da empresa concessionária, que obtém sua remuneração, por sua vez, da exploração do serviço. Fatos imprevisíveis ou alterações unilaterais para melhor atender ao interesse público devem ser compensados pelo Estado, para se restabelecer o equilíbrio econômico-financeiro (MARQUES-NETO, 2003).[78]

Sobre essa matéria, é interessante colacionar conceitos proferidos por ilustres doutrinadores.

Celso Antônio Bandeira De Mello (2007)[79] assim afirma:

> O equilíbrio econômico financeiro é a relação de igualdade formada, de um lado, pelas obrigações assumidas pelo contratante no momento do ajuste e, de outro lado, pela compensação econômica que lhe corresponderá.

Na mesma linha, Hely Lopes Meirelles (1996)[80] menciona:

> O equilíbrio financeiro ou equilíbrio econômico, ou equação econômica, ou ainda equação financeira do contrato administrativo é a relação estabelecida inicialmente pelas partes entre os encargos do contratado e a retribuição da Administração para a justa remuneração do objeto do ajuste. Essa relação encargo-remuneração deve ser mantida durante toda a execução do contrato, a fim de que o contratado não venha a sofrer indevida redução nos lucros normais do empreendimento.

---

[78] MARQUES-NETO, Floriano de Azevedo. Breves considerações sobre o equilíbrio econômico-financeiro nas concessões de serviços públicos. *Revista de Informação Legislativa*, Brasília, v. 40. n. 159, p. 196, jul./set. de 2003.

[79] BANDEIRA DE MELLO, Celso Antônio. *Curso de direito administrativo*. 32. ed. São Paulo: Saraiva, 2015. p. 640.

[80] MEIRELLES, Hely Lopes. *Licitação e Contrato Administrativo*. 11. ed. Atualizada por Eurico de Andrade Azevedo. São Paulo: Malheiros, 1996. p.165.

Acerca da mesma matéria, Marçal JUSTEN-FILHO (1996)[81] expõe:

> Uma vez verificado o rompimento do equilíbrio econômico-financeiro, o particular deve provocar a Administração para adoção das providências adequadas. Inexiste discricionariedade (...) Deverá examinar-se a situação originária (à época da apresentação das propostas e a posterior. Verificar-se-á se a relação original entre encargos e remuneração foi afetada. Em caso positivo, deverá alterar-se a remuneração do contratado proporcionalmente à modificação dos encargos." (...) "Existe direito do contratado de exigir o restabelecimento do equilíbrio econômico-financeiro do contrato, se e quando vier a ser rompido. Se os encargos forem ampliados quantitativamente ou tornados mais onerosos qualitativamente, a situação inicial estará modificada. (...) Significa que a administração tem o dever de ampliar a remuneração devida ao particular proporcionalmente à majoração dos encargos verificada. Devendo-se restaurar a situação originária, de molde que o particular não arque com encargos mais onerosos e perceba a remuneração originalmente prevista. Ampliado os encargos, deve-se ampliar proporcionalmente a remuneração. A regra foi expressamente consagrada no art. 58,§2º, a propósito de modificação unilateral do contrato, mas se aplica a qualquer evento que afete a equação econômico-financeira.

Registra-se aqui o julgado do Tribunal de Contas da União pertinente ao equilíbrio econômico-financeiro do contrato:

> Equilíbrio econômico-financeiro. Contrato. Teoria da Imprevisão. Alteração Contratual. A ocorrência de variáveis que tornam excessivamente onerosos os encargos do contratado, quando claramente demonstradas, autorizam a alteração do contrato, visando ao restabelecimento inicial do equilíbrio econômico financeiro, com fundamento na teoria da imprevisão, acolhida pelo Decreto-Lei 2.300/86 e pela atual Lei n.º 8.666/93. (TCU, TC-500.125/92-9, Min. Bento José Bugarin, 27/10/94, BDA n.º 12/96, Dez/96, p. 834).

A regra ora discutida é que a relação encargo – remuneração que deve ser mantida durante toda a execução do contrato, assegurando-se ao contratado o direito da relação inicialmente estabelecida. O *equilíbrio econômico financeiro* é a relação que se estabelece entre o conjunto de encargos impostos ao particular (entrega, recebimento provisório, recebimento definitivo, tecnologia, pessoal, frete, encargos fiscais etc.)

---

[81] JUSTEN-FILHO, Marçal. *Comentários à Lei de Licitações e Contratos Administrativos*. 4. ed. Rio de Janeiro: Aide Editora, oo1996, p. 402.

e a remuneração pelo objeto contratado, devendo ser mantido durante toda execução contratual o percentual de lucro ou perda definido pelo licitante, quando da apresentação de sua proposta na licitação.

É importante esclarecer que, para que exista o direito ao restabelecimento de referido equilíbrio, faz-se necessário que ocorra algum fato, posterior à proposta, que venha a agravar qualquer uma das partes contratantes, nos exatos termos do art. 65 da Lei de Licitações e Contratos.

Nesse sentido, a proposta inexequível não seria razão para ocorrer à promoção do restabelecimento, da mesma maneira, não poderá dar ensejo ao restabelecimento a omissão de encargos incidentes sobre o objeto contratado, quando da proposta.

A manutenção do equilíbrio econômico-financeiro da relação contratual é um direito das partes, uma vez que, sempre quando os encargos do contratado forem ampliados ou diminuídos, a situação original constante na proposta estará modificada, cabendo o restabelecimento do contrato por meio de aditamento.

O restabelecimento do equilíbrio não é ato discricionário da Administração, essa somente poderá recusar-lhe deferimento diante de uma das seguintes situações:

- ausência de elevação dos encargos;
- ocorrência do evento anterior à formulação da proposta;
- ausência de nexo causal[82] entre o evento ocorrido e a majoração dos encargos;
- culpa do contratado pela majoração de seus encargos.

Cumpre dizer ainda que a ausência de previsão contratual ou editalícia não prejudica a aplicação do restabelecimento do equilíbrio, pois sua origem não é contratual, e sim constitucional.

Destarte, o contrato administrativo pode ser alterado, por acordo entre as partes, para restabelecer equilíbrio econômico-financeiro inicial do contrato, no caso de sobrevirem fatos imprevisíveis, ou previsíveis, mas de consequências incalculáveis, retardadores ou impeditivos da execução do ajustado, conhecida como "teoria da imprevisão".

Nesse sentido, torna-se prudente a conceituação dessa teoria, na visão de Fernanda Marinela (2010):[83]

---

[82] Trataremos do nexo causal em capítulo apartado.

[83] MARINELA, Fernanda. *Direito Administrativo*. 4. edo. Niterói: Editora Impetus, 2010. p. 429.

> Consiste no reconhecimento de que eventos novos, imprevistos e imprevisíveis pelas partes e a elas não imputados, alteram o equilíbrio econômico-financeiro refletindo na economia ou na execução do contrato, autorizam sua revisão para ajustá-lo à situação superveniente, equilibrando novamente a relação contratual. Portanto a ocorrência deve ser superveniente, imprevista (porque as partes não imaginaram), imprevisível (porque ninguém no lugar delas conseguiria imaginar – algo impensável) e que onera demais o contrato para uma das partes, exigindo-se a recomposição. São hipóteses de teoria da imprevisão: a) força maior e caso fortuito (...); b) fato do príncipe (...); c) fato da administração.

Alinhado a esse entendimento, confira-se a Orientação Normativa da Advocacia Geral da União nº 22/2009:

> O reequilíbrio econômico-financeiro pode ser concedido a qualquer tempo, independentemente de previsão contratual, desde que verificadas as circunstâncias elencadas na letra "D" do inciso II do art. 65, da Lei nº 8.666, de 1993.

Os riscos ensejadores

A Administração Portuária está submetida a diferentes tipos de riscos que podem comprometer seu equilíbrio econômico financeiro. Existem determinados riscos que são inerentes à atividade empresarial. Tais riscos são conhecidos como ordinários (os próprios de cada negócio). Enquadram-se na álea ordinária do contrato de concessão. Porém, existem determinadas exceções que são protegidas pelos dispositivos legais que preveem a manutenção do equilíbrio econômico-financeiro. Essa outra categoria de riscos diz respeito a desequilíbrios que são ocasionados por fatos supervenientes, imprevisíveis (ou previsíveis, mas de consequências incalculáveis) e extraordinários.

A primeira categoria de riscos mencionada (ou seja, os ordinários) equipara-se aos riscos inerentes às atividades que os particulares desempenham no ambiente de mercado. São os riscos que qualquer empresário está disposto a enfrentar quando decide competir em um determinado mercado, sendo, por esse motivo, também conhecidos como provenientes da "álea empresarial" (todo empresário sofre, devido à flutuação normal do mercado).

Essa álea conhecida como "ordinária" do negócio (ou seja, fatos supervenientes que podem ocasionar desequilíbrio, mas que não são extraordinários e nem imprevisíveis) é composta por riscos tais como:

ganhos ou perdas de produtividade; aumento ou redução de custos que não decorram de "fato da administração", "fato do príncipe" ou da "teoria da imprevisão"; diminuição da demanda (quando não houver garantia de demanda mínima no contrato); mudanças nos cenários econômicos; elevação dos custos de financiamento de crédito; insolvência por conta de má gerenciamento ou ineficiência etc.

A segunda categoria de riscos é composta pela álea extraordinária, ensejadora da incidência das normas referentes à proteção da manutenção do equilíbrio econômico-financeiro, e pode advir dos três fatores acima mencionados, ou seja, "fato da administração", "fato do príncipe" e "teoria da imprevisão".

A álea extraordinária, de acordo com as lições francesas, pode ser dividida em *econômica* (quando provém de circunstâncias externas ao contrato, que causam grande desequilíbrio, provenientes da teoria da imprevisão) e *administrativa* (quando resulta de alteração unilateral, fato do príncipe e/ou fato da administração). Essa divisão na França é importante, pois na primeira (econômica), a Administração fica incumbida sozinha pela recomposição do equilíbrio, e na segunda (administrativa), os prejuízos são repartidos. Porém, no Brasil, pode-se falar unicamente em álea extraordinária, pois seja na administrativa ou na econômica, por força do art. 37, inciso XXI, o concessionário tem direito à recomposição da equação econômico-financeira.

Revisão contratual

A revisão é a outra modalidade de alteração no valor da tarifa portuária. É o procedimento adotado durante toda a duração do contrato de concessão com a finalidade de se proceder a uma correção do valor real da tarifa, tendo como pressuposto a manutenção do equilíbrio econômico-financeiro de forma substancial, ou seja, procedendo-se a um reexame e a reestruturação dos dados utilizados na configuração da tarifa (MOREIRA, 2010).[84]

O contrato será revisado se o impacto do evento for significativo e desde que, contratualmente, o risco não tenha sido assumido pelo contratado. Há aqui a ocorrência de fatos imprevisíveis, característica principal que diferencia a presente modalidade da anterior (reajuste). Enquanto no reajuste é de praxe constar nos contratos mecanismos

---

[84] MOREIRA, Egon Bockmann. *Direito das Concessões de Serviço Público*: Inteligência da Lei 8.987/95 (Parte Geral). São Paulo: Malheiros, 2010. p. 360.

de recomposição automática do equilíbrio econômico-financeiro, em situações excepcionais, como é o caso da modalidade de revisão, proceder-se-á à alteração do valor inicial da tarifa, que foi comprometido com a ocorrência de eventos não previstos, que turbaram a equação econômico-financeira inicial do contrato (CÂMARA, 2009).[85]

É importante destacar que, nas hipóteses de revisão da tarifa, não se estará diante de situação que comporta um simples ato de homologação do órgão competente, como ocorre nos casos de reajuste. Requer-se um ato de aprovação que, por sua vez, possui elevada carga de discricionariedade, principalmente quando se trata da revisão extraordinária. Quando não ocorrer de comum acordo com a concessionária, necessitar-se-á lavrar um termo aditivo ao contrato, feito de acordo com as conclusões de comissões técnicas especialmente convocadas para isso (MOREIRA, 2010).

Existem ainda outras formas de recomposição do equilíbrio econômico-financeiro, que não implicam alterações no valor da tarifa. Esses outros mecanismos de recomposição também são conhecidos como mecanismos "não-tarifários". Operacionalizam-se através do processo de revisão e devem constar expressamente nos contratos e nas minutas anexas ao ato convocatório, para propiciar maior segurança jurídica às partes. No caso de não terem sido devidamente pactuados no contrato (hipótese de revisões motivadas por evento extraordinário), a parte prejudicada terá que recorrer ao judiciário, quando não se conseguir resolver a questão através de um acordo.

Em resumo: a revisão ou recomposição de preços é uma forma de manutenção do equilíbrio econômico-financeiro de um contrato quando ocorrerem as situações enumeradas no art. 65, d, e §6º da Lei nº 8.666, de 1993. Decorre de álea econômica extraordinária e extracontratual e sua aplicação independe de previsão no edital ou no contrato, ou, ainda, de periodicidade mínima para ser implementada. O reajuste em sentido estrito é uma mera atualização do poder aquisitivo da moeda. Assim, o reajuste de preços é destinado exclusivamente ao restabelecimento da equação econômico-financeira, rompida pelas variações inflacionárias. Por fim, a repactuação se caracteriza como uma espécie de reajuste contratual aplicável aos contratos de prestação de serviço de execução continuada, com dedicação exclusiva de mão de obra. Tem por objetivo a recomposição dos preços decorrente de uma análise efetiva da variação dos diversos custos presentes em uma planilha.

---

[85] CÂMARA, Jacintho Arruda. *Tarifa nas Concessões.* São Paulo: Malheiros, 2009. p. 175.

COMPARAÇÃO ENTRE OS DOIS MODELOS

É útil compararmos os modelos clássicos, para escolha adequada a cada situação. Do ponto de vista do Regulador, podemos colocar notas positivas (+) ou negativas (–).

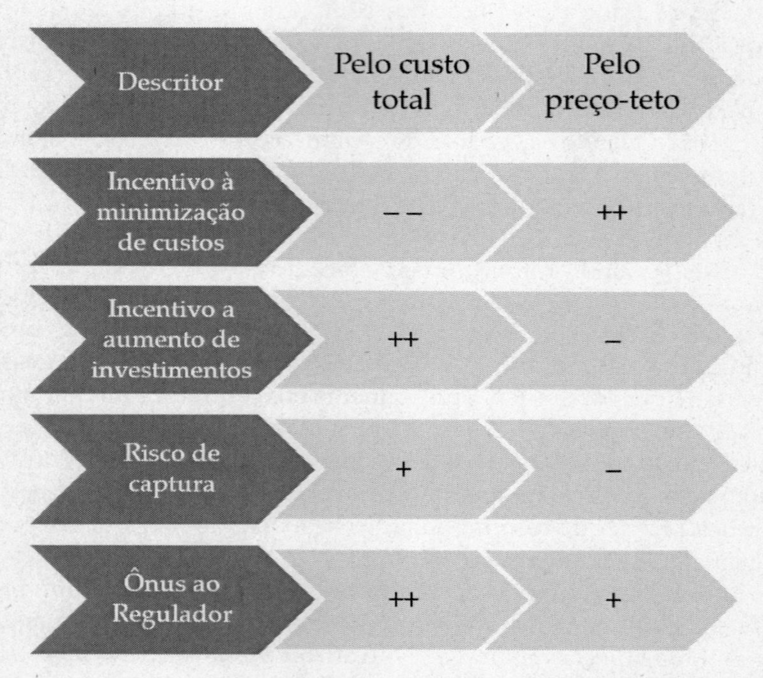

FIGURA 21 – Comparação entre os modelos, do ponto de vista do Regulador

É interessante observar que uma regulação de preços, por mais que mimetize o processo competitivo, não elimina as vantagens competitivas detidas pelos operadores, públicos ou privados. De fato, elas são acumuladas ao longo do tempo, tais como o conhecimento da demanda e da rede de infraestrutura, além do porte financeiro e condições melhores de financiamento etc. Logo, nenhum deles será ótimo o suficiente, e daí muitas vezes serem utilizados em conjunto.

De maneira mais geral, é importante considerar que a regulação tarifária requer, acima de tudo, transparência e consistência na metodologia empregada. Não cabe improvisos.

QUESTÕES PARA REVISÃO

11. O que é regulação de preços? Qual o seu objetivo?

12. O que é uma Empresa Espelho? Como é utilizada?

13. Cite os instrumentos de incentivo à eficiência em tarifas portuárias. Explique um deles. Depois, liste os mecanismos não tarifários de reequilíbrio.

14. Qual a diferença entre Reajuste e Revisão Tarifária?

15. Explique como a transparência de preços melhora a situação dos usuários.

16. A tarifa portuária relaciona-se a qual momento de controle?

17. *Rate of Return* ou *Price Cap*? Qual é o melhor? Quais as vantagens e desvantagens? Qual representa maior ônus ao Regulador?

18. Por qual razão a tarifa portuária não pode ser adotada no mesmo nível do Custo Marginal?

19. O que é efeito Averch-Johnson? Como afeta as estatais?

20. Qual a diferença entre Fator X e Fator Y?

PARTE III

TARIFAS E PROMOÇÃO DA EFICIÊNCIA

CAPÍTULO 10

MODICIDADE DE TARIFAS

Conceito geral

Constituições brasileiras anteriores faziam referências indiretas à modicidade das tarifas, como foi o caso da Constituição Federal de 1946 que, em seu art. 151, parágrafo único, determinava que fossem obrigatórias "a fiscalização e a revisão das tarifas dos serviços explorados por concessão, a fim de que os lucros dos concessionários, não excedendo a justa remuneração do capital, lhes permitam atender às necessidades de melhoramentos e expansão desses serviços".

Na atual Carta Maior, diante da impossibilidade de se vislumbrar de antemão todas as situações do caso prático e assim incorporá-las na lei, segundo o autor, o legislador trouxe princípios norteadores básicos a orientar a aplicação da norma.

A Lei nº 12.815, de 2013, consagrou a necessidade da modicidade no seu art. 3º, II na exploração portuária:

> Art. 3º A exploração dos portos organizados e instalações portuárias, com o objetivo de aumentar a competitividade e o desenvolvimento do País, deve seguir as seguintes diretrizes:
>
> (...)
>
> II – garantia da modicidade e da publicidade das tarifas e preços praticados no setor, da qualidade da atividade prestada e da efetividade dos direitos dos usuários;

Dada a sua importância estratégica, o conceito aparece em várias partes do marco regulatório, como veremos.

Uma primeira categoria de conceituações doutrinárias do princípio possível de ser vislumbrada se aproxima do sentido literal das palavras "módico" e "modicidade". Segundo essa linha de raciocínio, o *princípio da modicidade* pode ser conceituado como a determinação da lei para que as tarifas pagas pelos usuários apresentem valores reduzidos ou baixos que possibilitem que todos os usuários, independentemente de possuírem ou não uma condição financeira favorável, possam usufruir os mais variados tipos de serviços públicos. Nesse sentido, o princípio da modicidade das tarifas seria uma consequência lógica do princípio da generalidade e da questão da universalização dos serviços públicos (SOUZA, 2016).[86]

Celso Antônio Bandeira De Mello (2010)[87] apresenta entendimento nesse sentido. Para o autor, o princípio impede que os usuários do serviço paguem importâncias elevadas ao ponto de os tornarem marginais à sua prestação. Destaca o fato de a maior parte da população do país viver em estado de pobreza e que, em razão disso, os serviços devem ser remunerados com valores baixos ou subsidiados para o cumprimento de sua "função jurídica natural".

Também assim caminha a explicação de Diogo de Figueiredo Moreira Neto (2009).[88] Para ele, o princípio da modicidade configura um corolário do princípio da generalidade e se presta a garantir que o maior número de pessoas tenha acesso ao serviço. Dessa forma, os valores cobrados pelos "serviços públicos devem ser administrados de modo a atender, concomitantemente, às exigências do mercado e à capacidade econômica de seus usuários, devendo, por isso, ser módicos". A modicidade se prestaria a beneficiar os usuários, que devem garantir o custeio da execução dos serviços públicos, seja através do pagamento de taxas (no caso de prestação direta) ou de tarifas (no caso de concessões). Para o autor, não é apenas o custo dos serviços que deve ser levado em consideração para a fixação de seu valor, pois o "legislador constitucional (...) previu a prática de uma política tarifária (art. 175, parágrafo único, III), que acena para a consideração política de fatores não apenas econômicos, como sociais".

---

86 SOUZA, André Luiz de. *A modicidade tarifária nas concessões de serviços públicos*. 2016. 200 f. Dissertação (Mestrado em Ciências) – Faculdade de Direito de Ribeirão Preto, Universidade de São Paulo – USP, Ribeirão Preto, 2016.

87 BANDEIRA DE MELLO, Celso Antonio. *Curso de Direito Administrativo*. São Paulo: Editora Malheiros, 2010. p. 679.

88 MOREIRA-NETO, Diogo de Figueiredo. Mito e realidade do serviço público. *Revista de Direito da Procuradoria Geral do Estado do Rio de Janeiro*, Rio de Janeiro, v. 53, p. 138-147, 2000.

Corrobora desse entendimento também o autor José dos Santos Carvalho Filho (2014),[89] que afirma que o princípio significa "que os serviços devem ser remunerados a preços módicos, devendo o Poder Público avaliar o poder aquisitivo do usuário para que, por dificuldades financeiras, não seja ele alijado do universo de beneficiários do serviço".

Irene Patrícia Nohara (2011, p. 448),[90] na mesma linha, define o princípio da modicidade das tarifas através da acepção literal da palavra. Inicia sua exposição advertindo que o mesmo é um "corolário prático da generalidade" e que pode ser conceituado como "aquele segundo o qual os serviços públicos devem ser remunerados a preços módicos, pois se forem pagos com valores elevados muitos usuários serão alijados do universo de beneficiários do serviço ofertado". Adverte quanto à possibilidade de, conforme previsto no art. 11 da Lei nº 8.987, de 1995, o poder concedente prevê na licitação para favorecer a modicidade das tarifas "a possibilidade de outras fontes provenientes de receitas alternativas, complementares, acessórias ou de projetos associados, com ou sem exclusividade".

As definições até aqui expostas têm em comum pautarem-se no significado mais literal do termo modicidade, de que as tarifas têm que ser obrigatoriamente baixas para se garantir a generalidade e a universalização do acesso aos serviços públicos. No entanto, afirmar que uma tarifa deve ser baixa não é suficiente para garantir esses objetivos. Os posicionamentos apresentados, de validade inquestionável, necessitam de operacionalidade no caso concreto nos estudos prévios, na elaboração do edital, na escolha das propostas, na confecção do contrato e, por fim, na execução dos serviços. Se o princípio da modicidade tarifária determina que as tarifas de serviços públicos devam apresentar valor baixo em prol da generalidade ou universalidade, o faz com relação a algo, uma vez que só se pode verificar se uma tarifa é baixa ou acessível caso existam parâmetros de comparação para tal análise.

Dinorá Adelaide Musetti Grotti (2003),[91] recorrendo às lições de Benedicto Porto Neto, apesar de vincular a modicidade das tarifas ao princípio da generalidade e à universalização dos serviços públicos,

---

[89] CARVALHO-FILHO, José dos Santos. *Manual de Direito Administrativo*. 27. ed. São Paulo: Atlas, 2014. p. 344.

[90] NOHARA, Irene Patrícia. *Direito Administrativo*. esq. compl. atual. São Paulo: Editora Atlas, 2011. p. 448.

[91] GROTTI, Dinorá Adelaide Musetti. *O serviço público e a Constituição brasileira de 1988*. 2001. 439 f. Tese (Doutorado em Direito) – Pontifícia Universidade Católica de São Paulo, São Paulo, 2001. p. 291.

afirma que grande parte da doutrina entende a modicidade como um requisito que incide na "contraprestação devida pelos usuários na fruição dos serviços públicos, de modo a não onerá-los excessivamente ou marginalizá-los no acesso ao serviço público." A autora utiliza o termo "excessivamente" com relação aos valores a serem pagos pelos usuários, fugindo da sistemática das definições apresentadas anteriormente, ao não afirmar categoricamente que a tarifa deve ser baixa para atender ao princípio da modicidade.

Aline Paola Correa Braga Camara de Almeida (2009)[92] expõe que o sentido da palavra "módico" não deve ser considerado isoladamente quando se referir à prestação de serviços públicos. Outros fatores devem compor o princípio. Um deles, segundo a autora, seria a necessidade da modicidade, quando referir-se a tarifas, decorrer de forma direta do conteúdo e da aplicação ao caso concreto de todos os demais princípios de adequação do serviço (regularidade, continuidade, eficiência, segurança, atualidade, generalidade e cortesia), sendo um resultado do "grau de concreção conferido a cada um deles". Tais princípios devem ser aplicados com a máxima influência possível no regime dos serviços públicos, porém dentro de uma margem de possibilidade real que não os onere além da reserva do possível estabelecida pela modicidade tarifária. Segundo Almeida, os princípios devem adequar-se em prol da modicidade e, em razão disso, por exemplo, não deve haver "serviço de alto padrão" se os usuários não conseguem pagar o valor da tarifa.

Outro fator apontado por Almeida é o fato de a modicidade ter que se vincular aos custos do contrato. Dessa forma, a "tarifa módica não seria sinônimo de preço vil ou desprezível, o que se confrontaria com o conceito de serviço público adequado" (ALMEIDA, 2009). A autora, para explicar isso, introduz a ideia de que a modicidade deve vincular-se ao que chama de "tarifa justa", explicando que a modicidade tarifária seria uma expressão do conceito de "tarifa justa, tanto sob o foco do concessionário – valor suficiente para a remuneração do serviço, sem que importe lucros exacerbados – como do usuário – quantia que possa ser desembolsada sem sacrifício excepcional". Assim, para se alcançar a tarifa módica, devem ser observadas a "justa remuneração e a capacidade econômica do usuário".[75]

Nesse sentido de apontar fatores extras componentes do conceito e que permitiriam uma maior concretude na aplicação do princípio

---

[92] ALMEIDA, Aline Paola Correa Braga Camara de. *As tarifas e as demais formas de remuneração dos serviços públicos*. Rio de Janeiro: Lumenen Juris, 2009. p. 150-152.

da modicidade, Egon Bockmann Moreira (2010)[93] afirma que, em tese, a "adequação do serviço vive em aparente tensão com a modicidade tarifária (...) devido à má compreensão do que vem a ser 'adequação e modicidade' – como se fosse possível a definição apriorística (ou subjetiva) de tais atributos". A modicidade, segundo o autor, deve relacionar-se aos deveres e obrigações estabelecidos no regime estatutário e no contrato, assim o devendo também os demais princípios de adequação. Segundo Moreira, "serviço adequado" e "modicidade tarifária" são termos "relacionais e objetivos". Explica sua ideia da seguinte forma:

> Relacionais devido ao fato de que resultam da comparação de dois ou mais objetos de análise: a prestação a ser executada; a obra a ser construída; o perfil socioeconômico dos usuários que serão beneficiados; o custo do dinheiro para as inversões; o prazo do contrato; a taxa de retorno viável etc. Por outro lado, são conceitos objetivos, pois as informações que permitem chegar a esta ou àquela conclusão são definidas no estatuto da concessão, na proposta e no respectivo contrato. Não dizem respeito apenas à pretensão lucrativa do concessionário, nem tampouco às exigências individuais de todos e de cada um dos usuários. Mais que isso: a relação "serviço adequado" e "tarifa módica" tem estreito vínculo com o equilíbrio econômico-financeiro do contrato.

Após os entendimentos até aqui apresentados, é possível destacar a presença dos seguintes elementos componentes do conceito de modicidade tarifária: (i) corolário do princípio da generalidade e da universalização dos serviços públicos, pois determina que os valores cobrados pelos serviços sejam "módicos" ou reduzidos a ponto de serem financeiramente acessíveis ao maior número possível de pessoas; (ii) resultado do sopesamento da aplicação concreta de todos os princípios de adequação, que necessitam ser empregados em grau máximo sem oneração que inviabilize o acesso ao serviço; (iii) representação de valor relacional ou da "tarifa justa", em cuja elaboração deve ser levadas em conta a remuneração do serviço sem lucros exacerbados, de um lado, e a possibilidade de despender quantia sem importar em sacrifício pessoal por parte dos usuários, de outro. Passa-se à análise de cada um desses componentes a seguir.

---

[93] MOREIRA, Egon Bockmann. *Direito das Concessões de Serviço Público*: inteligência da Lei 8.987/1995 (Parte Geral). São Paulo: Malheiros, 2010. p. 262.

A busca concreta da adequação gera, portanto, variações de custo na prestação dos serviços públicos. A modicidade vincula-se diretamente a esse custo. Segundo Fernanda Stracke Moor (2002):[94]

> "A modicidade não significa valor reduzido, mas corresponde à ideia de menor tarifa em face do custo e do menor custo em face da adequação do serviço". Para que seja possível definir a modicidade, "devem ser seguidos critérios jurídicos que levam em conta a situação concreta, observando a espécie do serviço, amplitude, características da necessidade pública, custos da execução do serviço".

Moor apresenta, na citação do parágrafo anterior, referências à necessidade de compatibilizar a modicidade com os demais custos de adequação. Porém, refere-se, também, a um novo elemento: na situação concreta, a modicidade da tarifa deve ser verificada atentando-se aos demais custos que incidem na execução do serviço (e não somente aos que se originam da implementação dos princípios de adequação). Essa abordagem conduz à análise do próximo elemento que compõe o conceito de modicidade. Trata-se efetivamente da necessidade de a modicidade tarifária representar um valor não necessariamente "baixo" (como o termo módico sugere), mas comparativo ou relacional (o menor possível em face de todos os custos incidentes na prestação do serviço, incluídos nisso o lucro do concessionário e a capacidade de garantir a manutenção do equilíbrio econômico-financeiro do contrato).

O conceito relacional de modicidade traduz a ideia de que é necessário atentar-se às características peculiares de cada serviço, de cada edital de licitação e contrato, das fórmulas de fixação das tarifas e dos critérios para avaliar as propostas na licitação, dentre outros aspectos que serão analisados em detalhes adiante, para então verificar a composição dessa e, assim, perquirir o menor valor possível que garanta a remuneração da concessão, o acesso indiscriminado dos usuários ao serviço e que mantenha incólume a relação de equilíbrio econômico-financeiro do contrato.

Outro aspecto relevante, inclusive citado por Marques Neto, é que a modicidade não deve(ria) gerar déficits. Atender à modicidade das tarifas é um dos requisitos de adequação, que deve ser equilibrado com os demais e, assim, compor um valor tarifário (o menor possível) que preserve o equilíbrio econômico-financeiro. A necessidade de

---

[94] MOOR, Fernanda Stracke. *O regime da delegação da prestação de serviços públicos*. Porto Alegre: Livraria do Advogado, 2002. p. 57.

subsídios ou outros tipos de pagamentos por parte do Estado deveria restringir-se às hipóteses em que gratuidades e tarifas sociais são estabelecidas, e não para garantir a modicidade, que possui outros meios para ser alcançada.

É possível deduzir também que a estipulação de tarifas socialmente diferenciadas ou gratuidades (isenções) pode, inclusive, comprometer de forma direta a modicidade das tarifas. Para o custeio do déficit são criados subsídios cruzados entre os usuários, elevando-se a tarifa para uns em detrimento de outros. O Regulador deve ficar atento a qualquer diferenciação de tarifas ou isenções, pois, se os preceitos do princípio da modicidade fossem realmente atendidos em todas as situações, talvez não houvesse a necessidade de estipulação de tantas tarifas diferenciadas e de serviços gratuitos para grupos específicos de usuários.

PREÇOS ABUSIVOS

De acordo EVANS e PADILLA (2004),[95] em interpretação convergente com a tese doutrinária, distinguem-se duas modalidades diferentes de imposição de preços abusivos:

- **preços abusivos excessivos**, ou "exploratórios" (*exploitative prices*), decorrentes do poder de mercado ou da posição dominante; e
- **preços abusivos "excludentes"** (*exclusionary abuse*), praticados com o intuito de excluir competidor do mercado, isto é, de efeitos anticompetitivos.

O **preço abusivo excessivo** é aquele que não tem relação razoável com o valor econômico do produto fornecido. A ideia da relação entre preço e valor econômico do bem é reiterada na doutrina. O Regulador deve apurar se, em razão do poder econômico do agente investigado, determinado bem teve seu preço substancialmente elevado, de modo que a oferta do bem se encontra substancialmente reduzida, mesmo existindo interesse público na ampliação de seu acesso. É a ótica da modicidade.

O **preço abusivo excludente** é conduta anticoncorrencial, logo, independentemente do valor, podendo caracterizar infração à ordem econômica. O Regulador deve apurar efeitos líquidos e danos ao mercado, além de considerar justificativas e eficiências para a prática. É a ótica da defesa da concorrência.

---

95 EVANS, David S.; PADILLA, A Jorge. Excessive prices: using economics to define administrable legal rules. *CEPR Discussion Paper, Londres,* n 4626, set. 2004.

Em ambas as situações, é necessária uma estrutura de mercado propícia ao abuso, isto é, restrição de oferta no mercado relevante e poucas escolhas ao usuário no curto prazo. A maioria dos agentes não têm histórico de preços abusivos excludentes, até mesmo pela sua natureza.

Em certos setores nos quais o conceito de consumidor é algo bem distante daquele tradicionalmente presente nos setores elétrico e de telefonia, nem mesmo os preços abusivos excessivos saltam aos olhos. Os órgãos de defesa do consumidor não precisam ser tão atuantes quando os usuários também têm poder de mercado ou quando o usuário "do mercado *spot*" é residual (ou seja, quando as transações são frequentes, sucessivas, com pouco déficit informacional).

As técnicas de apuração de preços abusivos excessivos avaliam a conformidade com cláusulas contratuais ou demonstram evidências de reajuste acima dos índices de inflação oficiais, entre outras situações concretas. As técnicas a serem utilizadas podem envolver o *benchmarking* de mercado, fazendo também comparação com o histórico da média do mercado relevante ou de outros mercados geográficos vizinhos.

Devem ser consideradas a natureza e a gravidade da conduta, os danos dela resultantes para o serviço e para os usuários, as circunstâncias agravantes e atenuantes, os antecedentes e a reincidência.

Na aplicação de uma medida corretiva, o Regulador deve avaliar se os danos já foram consumados e a sua irreversibilidade. Além da correção, podem ser aplicadas medidas sancionatórias ou pactuados termos de ajustes de conduta, assinando prazo para conformação. Nas situações muito mais extremas, o Regulador trata de impedir a aplicação de reajustes de preços, da alteração de métricas, de condições de pagamento ou do início da cobrança de novos serviços, promovendo a alteração de tabelas de preços, para fins de adequação normativa.

Defesa da modicidade

A defesa da modicidade não é um fim em si mesmo, é um meio pelo qual se busca criar uma economia eficiente, ou seja, guias de análise editados por autoridades econômicas em quase todos os países que possuem uma lei antitruste empregam modelos de equilíbrio parcial para sopesar eficiências e efeitos.

Nesse âmbito, a aceitação ou rejeição do poder de mercado dependerá da maneira como é exercido pelas empresas. Quando se dá através de ações mais eficientes – lícitas do ponto de vista da concorrência – de empresas que se destacam frente às rivais no processo competitivo, esse poder é considerado legal e até mesmo desejável do ponto de vista econômico e social porque eleva o nível de bem-estar no mercado.

Nesse caso, seu combate inibiria o progresso técnico e o desenvolvimento econômico sustentado. No entanto, quando é exercido através de algum comportamento ou posição vantajosa nociva(s) à concorrência, caracterizando situações anticompetitivas, esse poder será gerador de ineficiências, e a intervenção antitruste pode ser necessária.

O papel do Regulador é justamente diferenciar as condutas razoáveis (que trazem benefícios partilháveis, a despeito da mitigação da concorrência) das concentrações desarrazoadas (aquelas que só frustram uma estrutura competitiva e não trazem benefícios partilháveis na mesma proporção).

Mas, condutas abusivas, ainda que provoquem redução de bem-estar para determinado grupo, podem também promover ganhos gerais de eficiência ao consumidor.

Tais ganhos resultam das eventuais vantagens competitivas para as empresas, como a redução de custos associados às economias de escala e escopo, sinergias, aumento da produtividade e qualidade, inovações tecnológicas, economias de custos de transação, apropriação de externalidades positivas ou eliminação de externalidades negativas etc. e dos possíveis ganhos de eficiência para os consumidores, seja por eliminação de uma parte desnecessária (ou superada) da cadeia produtiva ou de uma diminuição de preços – através de um repasse, ainda que não integral, das economias geradas pelas empresas –, seja pela oferta de uma maior novidade, variedade e/ou qualidade dos produtos.

Receitas não tarifárias para fins de modicidade

As *receitas alternativas*, conforme preceitua o art. 11 da Lei Geral das Concessões, têm papel importantíssimo frente à promoção de eficiência, conforme abaixo:

> Art. 11. No atendimento às peculiaridades de cada serviço público, poderá o poder concedente prever, em favor da concessionária, no edital de licitação, a possibilidade de outras fontes provenientes de receitas alternativas, complementares, acessórias ou de projetos associados, com ou sem exclusividade, com vistas a favorecer a modicidade das tarifas, observado o disposto no art. 17 desta Lei.
>
> Parágrafo único. As fontes de receita previstas neste artigo serão obrigatoriamente consideradas para a aferição do inicial equilíbrio econômico-financeiro do contrato.

Na Lei nº 12.815, de 2013, temos a seguinte previsão:

> Art. 3º A exploração dos portos organizados e instalações portuárias, com o objetivo de aumentar a competitividade e o desenvolvimento do País, deve seguir as seguintes diretrizes:
> (...)
> II – garantia da modicidade e da publicidade das tarifas e preços praticados no setor, da qualidade da atividade prestada e da efetividade dos direitos dos usuários;

Na Lei nº 10.233, de 2001, temos também:

> Art. 35. O contrato de concessão deverá refletir fielmente as condições do edital e da proposta vencedora e terá como cláusulas essenciais, ressalvado o disposto em legislação específica, as relativas a:
> (...)
> VII – tarifas;
> VIII – critérios para reajuste e revisão das tarifas;
> IX – receitas complementares ou acessórias e receitas provenientes de projetos associados;

O marco regulatório não deixa dúvida referente à possibilidade: correto o emprego de tais receitas para fins de reequilíbrio. Mas sua utilização está vinculada de forma exclusiva a favorecer a modicidade tarifária? Ou é possível o emprego também para compor a remuneração normal do serviço, sem qualquer vínculo com a modicidade, em conjunto ou não com as tarifas, fazendo parte do lucro do concessionário, e eventualmente diminuindo subsídios cruzados ou valores pagos pelo Poder Público?

Por conta dessa constatação, caberia inclusive um novo conceito de modicidade das tarifas: "o princípio que permite, ao longo do prazo de execução de um contrato, que os usuários possam compartilhar com as concessionárias os ganhos econômicos, de produtividade, bem como aumentos adicionais de receitas obtidos pelos empreendimentos em concessão". Assim, a modicidade das tarifas passa a ser definida pelo lado da receita (as receitas adicionais às previstas e os ganhos econômicos devem ser compartilhados com os usuários).

Ora, existe uma interação entre os dois conceitos: as demais receitas protegem as concessionárias quanto aos impactos nos custos e a modicidade tarifária beneficia os usuários pelo compartilhamento de ganhos econômicos, de produtividade e de receitas adicionais não previstas.

A implementação dessa possibilidade de composição de receitas sugere alternativas ligadas ao conceito de modicidade tarifária:

I. repassar à tarifa parte dos ganhos de produtividade da concessionária oriundos da redução de custos de manutenção e operação;
II. compartilhar o risco do fluxo de veículos entre a concessionária e os usuários para que as variações da demanda sejam refletidas nas tarifas;
III. compartilhar receitas alternativas, complementares, acessórias ou projetos associados entre concessionárias e usuários; e
IV. repassar à tarifa parte dos ganhos econômicos oriundos da redução do risco de crédito.

Cabe destacar que o conceito de modicidade das tarifas ora descrito não apresenta risco de redução da taxa interna de retorno do empreendimento. Pelo contrário, ao prever o compartilhamento de receitas adicionais, admite a possibilidade de elevação da rentabilidade ao longo do tempo.

Delimitar o papel das receitas alternativas é fator essencial para diminuir os riscos de fracasso do negócio, pois, como farão parte da remuneração do serviço, vinculadas ou não à modicidade, participarão da composição do equilíbrio econômico-financeiro do contrato.

Essa delimitação é importante também para deixar claro quem se beneficiará com o uso de tais receitas: os usuários (com a redução do valor das tarifas), os concessionários (com seus rendimentos aumentados) ou o poder concedente (com a possível diminuição de subsídios ou pagamentos). À luz dos posicionamentos diversos apresentados com relação à interpretação do art. 11 da Lei nº 8.987, de 1995, surge certa liberdade para as partes na concessão optarem pela solução que acharem mais conveniente ao caso concreto. Marcos Augusto Perez (2006)[96] afirma ser necessária uma

> "delimitação completa e compatível do regime de remuneração", explicando que:(...) não é incomum encontrar-se casos em que o concedente, ao planejar a realização da concessão ou celebrar o contrato, não tenha se importado em descrever com minúcia todas as fontes e formas de remuneração exploráveis pelo concessionário, olvidando-se, por exemplo, de considerar o impacto das receitas alternativas, que sejam importantes

[96] PEREZ, Marcos Augusto. *O risco no contrato de concessão de serviço público*. Belo Horizonte: Fórum, 2006. p. 173.

para a formação do equilíbrio econômico-financeiro do contrato ou se esquecendo de delimitar o critério de repartição de eventuais ganhos de produtividade (especialmente em concessões cujo modelo tarifário tenha seguido o sistema *price cap*), dando azo à prática de um regime de remuneração do concessionário, que acabe por se tornar incompatível com a natureza do modelo de concessão adotado.

Os entendimentos apontam no sentido de que deveria haver uma vinculação entre as receitas alternativas e a modicidade são os que se apresentam em consonância com o conteúdo jurídico do princípio da modicidade. Em que pese o legislador não ter se prolongado a respeito do assunto, ficou claro que o uso de tais receitas, atendendo às peculiaridades de cada caso, deveria atentar-se à modicidade das tarifas. Todavia, em atenção às características singulares de cada situação, a porcentagem da vinculação pode variar, proporcionalmente aos estudos que avaliassem a situação da modicidade tarifária naquela situação.

Ainda com relação à necessidade de vinculação das receitas alternativas à modicidade das tarifas, é importante observar que o uso de tais receitas em prol do princípio deve conter certa margem de flexibilidade, para estimular que as concessionárias tenham interesse na exploração desse tipo de negócio. Trata-se mais de uma questão de modelagem do projeto, ou mesmo de política pública e das diretrizes determinadas pelo Poder Concedente.

É provável que, se no edital de licitação e nos contratos de concessão portuária houver determinação rígida que toda a receita extra gerada por essas fontes seja convertida a favor da modicidade, talvez não exista interesse das empresas em explorar tais serviços, ou seja, diante do caso concreto, o poder concedente deve avaliar qual a porcentagem mais apropriada de tais receitas deve ser utilizada para redução do valor tarifário e qual deve ser destinada aos ganhos da concessionária, para que ambos os objetivos sejam alcançados: favorecer a modicidade e estimular o interesse das empresas na exploração das mesmas.

CAPÍTULO 11

TARIFA SELO E TARIFA NODAL

Proporcionalidade tarifária

Segundo o Novo Dicionário Aurélio da Língua Portuguesa, o verbete "proporcional" tem o seguinte significado: "Diz-se uma variável matemática cujo quociente por outra é constante". Semelhantemente, o verbete "proporção" diz ser "uma relação entre coisas".

Veja agora a seguinte função matemática:

$$P = k + y \times Q$$

É uma função linear. Nela, o valor da grandeza P será igual à soma de um valor constante k com a proporção y em Q.

Do cálculo diferencial, a derivada da função $P(Q)$ em Q representa a razão proporcional y. Assim, na derivada parcial:

$$dP \div dQ = y$$

Portanto, mais proporcional a Q em relação à grandeza P quanto menor for o valor da constante k. *Proporcionalidade* representa, consequentemente, uma correlação fixa bem determinada, linear, contínua. Um resultado proporcional, nesse ponto de vista matemático, é aquele dependente inteiramente dos dados de entrada (o valor de

Q, no exemplo anterior), ou seja, aquele não resolvido somente com o valor de k.

Grandezas diretamente proporcionais

O termo proporcionalidade remete às "grandezas diretamente proporcionais". Duas grandezas são diretamente proporcionais quando é fixo o quociente entre os valores correspondentes, isto é, quando a variação de uma implica na variação da outra, na mesma proporção, na mesma direção e no mesmo sentido. Se uma cresce, a outra também cresce, proporcionalmente.

Para as grandezas diretamente proporcionais, se $Q = 0$, então $P = 0$.

Para $Q \neq 0$, temos $P \neq 0$, e o quociente $P \div Q$ entre os dois valores correspondentes é um número fixo. Esse número fixo é a razão da proporcionalidade direta.

A razão de proporcionalidade direta chamamos, por analogia, de forma de incidência da tarifa portuária. A lógica matemática é a seguinte: quanto mais navios movimentam mais carga dentro da infraestrutura, maior será a cobrança total, em uma razão de proporcionalidade determinada pela tarifa, expressa em R$ por unidade de carga.

Nesse sentido, proporcionalidade máxima significaria variabilidade completamente linear. A variabilidade tarifária linear transforma-se na realidade tarifária, plenamente verificada quando da fiel correspondência entre o que se cobra e o que é prestado e consumido pelo usuário, sem taxa alguma de disponibilidade ou de faturamento mínimo.

O que é tarifa selo

Por outro lado, das formas de incidências tradicionais, sabemos que o valor unitário de tarifa portuária cobrada pelo acesso aquaviário, em todos os portos brasileiros, independe do ponto de atracação dentro do porto: é a chamada Tarifa Selo.[97]

Na *Tarifa Selo*, o usuário do trem metropolitano, por exemplo, pode subir em qualquer estação, e descer em qualquer parada do trajeto, sem preocupar-se quanto pagará a mais ou a menos por isso, pois a

---

[97] O conceito nasceu dos Correios: comprando um selo, a carta pode chegar a vários lugares. Não existe um selo para cada destino específico.

tarifa será sempre a mesma. Não há como ele solicitar pagar somente pela quota da infraestrutura de trilhos que utilizou. O passageiro de ônibus pode ficar de pé pela viagem inteira, apertar-se e transpirar, que não obterá desconto algum por não ter se utilizado de parte da infraestrutura, isto é, os confortáveis assentos. Se o ônibus estiver equipado com ar-condicionado, não poderá requerer um "abatimento proporcional" alegando que não estava com calor naquele momento. A tarifa selo, de fato, é típica do setor de transportes de carga e de passageiros, e vem sendo aplicada com sucesso na aviação, em ferrovias, nos ônibus urbanos e nos portos.

Nos portos, o valor unitário da Tarifa Selo é único para cada serviço, independentemente da posição (física) prévia ou futura do usuário. Ela reconhece que diferentes usuários da infraestrutura trazem diferentes ônus ao prestador do serviço, entretanto, o rateio de custos será no agregado, pela média, compreendendo as despesas de exploração, depreciação, amortização e remuneração do investimento reconhecido.

Mas, e se aplicássemos uma *Tarifa Nodal*, modelo alternativo? Por efeito, considerando que dentro de um mesmo porto há vários terminais, o armador de uma embarcação receberia a fatura da administração do porto correspondente ao trecho do canal de acesso que efetivamente percorreu, desde a área de fundeio (onde a embarcação aguarda liberação para entrada) até a atracação (no cais). Se percorresse menos do canal, ou parte dele, menos pagaria.

A Tarifa Nodal é aquela que varia conforme a posição em relação a um nó central (a chamada barra principal). É típica das redes elétricas, como o setor de telefonia e o de energia elétrica. No Setor Elétrico brasileiro, por exemplo, é usada para cobrar a Tarifa de Uso dos Sistemas de Transmissão dos geradores de energia elétrica, a chamada TUST. A TUST é calculada conforme a posição da Usina dentro da configuração da Rede, e está prevista no art. 15 da Lei nº 9.074, de 1995. Em termos relativos, em R$/MWh, é menor a tarifa de uso de sistemas de transmissão a ser cobrada das Usinas Hidroelétricas situadas mais longes dos centros consumidores.

A redução, no setor elétrico, existe com várias intenções, e uma delas é promover um sinal locacional para a expansão, incentivando a construção de usinas distantes dos centros de carga,[98] ou seja, um

---

[98] Os consumidores preferem que as usinas hidroelétricas não estejam perto do seu "quintal" – *Not in my back Yard* (NIMBY).

mecanismo compensatório de uma condição desvantajosa em relação à concorrência estabelecida. Visa a compensar uma desvantagem, isto é, não fornece uma nova vantagem.

O modelo de Tarifa Nodal mostra-se simplesmente um instrumento alternativo da política tarifária. Mudam-se apenas os critérios de proporcionalidade, de modo a permitir que a tarifa, ao perder sua neutralidade, compense distorções na competição introduzida pela escassez de boas posições em relação ao consumidor. Como política pública, está declarada na legislação federal e nos regulamentos da agência reguladora.

Utilidade marginal

Dentro do setor portuário, há vários terminais privados instalados contiguamente ou adjacentes ao porto público, de forma que os usuários que atracam no terminal podem se valer de boa parte dessa infraestrutura comum de acesso aquaviário e de acesso terrestre.

Tipicamente, nos Contrato de Adesão, firmados entre os autorizatários e a União, temos a seguinte previsão:

> A AUTORIZADA estará obrigada a remunerar a Administração do Porto Organizado, quando for o caso, pela utilização da infraestrutura fornecida e mantida pela Administração Portuária, de forma proporcional à sua utilização.

A interpretação a respeito dos verbetes "proporcional" e "utilização" é controversa, termos que não foram bem detalhados nos contratos, sujeitando o caso, portanto, ao debate técnico, principalmente para esclarecer os direitos e as obrigações envolvidas.

Há quem defenda que essa "proporcionalidade pela utilização" nos contratos traduz-se em alguma espécie de tarifa pelo custo marginal no atendimento particular ao usuário relacionado. Esse usuário é o armador de embarcações, requisitante de acesso à infraestrutura do porto público para não atracar em instalação portuária pública ou arrendada – irá atracar no porto privado. Assim, a cobrança pelo uso da infraestrutura do porto público, feita à integralidade das tabelas tarifárias vigentes, estaria, supostamente, em desacordo com a proporcionalidade estabelecida no Contrato de Adesão. Por esse ponto de vista, os usuários que se dirigem ao terminal privado por meio do uso da infraestrutura pública não estariam sujeitos ao regime tarifário idêntico que é imposto aos demais agentes setoriais. A incidência seria diferenciada.

Por outro lado, esse nível de tarifa dado por um custo marginal resultado do atendimento ao usuário individualizado não é tipicamente aprovado pelo órgão regulador e nem praticado pelas autoridades portuárias brasileiras.

Nesse contexto, é possível encontrar alguns usuários dos portos organizados que não se utilizam de alguma parte da infraestrutura de acesso aquaviário. Essa parte não é útil a eles, isto é, desprovida de utilidade marginal. Por exemplo: usuários de terminais privados contíguos aos portos organizados arcam com os custos de dragagem de manutenção da parte do canal que não apresenta utilidade a ela, isto é, do trecho que não percorre, não poderia participar do rateio de custos.

Sendo assim, a questão envolve não somente o critério de proporcionalidade ora utilizado pelos portos como está também associado à utilidade total da infraestrutura para o conjunto dos consumidores. Vamos explorar esse conceito.

Voltemos à previsão contratual genérica:

> A AUTORIZADA estará obrigada a remunerar a Administração do Porto Organizado, quando for o caso, pela utilização da infraestrutura fornecida e mantida pela Administração Portuária, de forma proporcional à sua utilização.

Extraímos dela o seguinte: só será cobrada a infraestrutura: i) fornecida e ii) mantida pela Administração Portuária.

Fornecido e mantido é aquele produto ofertado, providenciado pelo fornecedor e entregue para o consumidor. Fornecer e utilizar, pela redação contratual, são fatos distintos. Não basta ser fornecido, deve ser utilizado, aproveitado, útil de alguma forma ao consumidor. Previsão até óbvia, pois a tarifa é um preço público, só pode ser cobrada pelo uso efetivo, não pelo uso potencial (característica da taxa).

Na verdade, o termo "proporcional à utilização", nas tarifas, foi usado originalmente por Marcelo Alexandrino e Vicente Paulo (2004),[99] com o objetivo de estabelecer um contraste com as taxas de serviços públicos, que por sua vez não precisam ser proporcionais à utilização, pois a cobrança de taxa nem depende da utilização, basta ser específica

---

[99] ALEXANDRINO, Marcelo; PAULO, Vicente. *Direito tributário na Constituição e no STF*: teoria e jurisprudência. Niterói: Editora Impetus, 2004.

e divisível (art. 145, II da CF88) e o serviço posto à disposição e em funcionamento.

Aos moldes dos doutrinadores, possivelmente quis a União, nos contratos, informar que a tarifa devida aos usuários do TUP não teria a característica de taxa, isto é, não bastaria existir a infraestrutura, seria, sim, necessário o usufruto dela. Quanto maior o usufruto, maior seria a remuneração devida. Não seria fixo o valor, pois, se fosse fixo, seria uma espécie de taxa.

SUJEITO PASSIVO E ATIVO DA TARIFA

Da tributação, emprestam-se os conceitos de sujeito ativo (a Administração Portuária), sujeito passivo (é o transportador marítimo, operador portuário ou requisitante do serviço); e o sujeito passivo responsável (um terceiro).

Em alguns modelos de negócios privados, certos terminais atuam como responsável do sujeito passivo, responsabilidade derivada do vínculo privado entre as partes (terminal e outrem). A obrigação principal é do outro, que paga ao terminal, que por sua vez para a Administração Portuária, na quantia que consta da tabela tarifária.

Vejamos o Código Tributário Nacional:

> Art. 121. Sujeito passivo da obrigação principal é a pessoa obrigada ao pagamento de tributo ou penalidade pecuniária.
> Parágrafo único. O sujeito passivo da obrigação principal diz-se:
> I - contribuinte, quando tenha relação pessoal e direta com a situação que constitua o respectivo fato gerador;
> II - responsável, quando, sem revestir a condição de contribuinte, sua obrigação decorra de disposição expressa de lei.
> Art. 122. Sujeito passivo da obrigação acessória é a pessoa obrigada às prestações que constituam o seu objeto.
> Art. 123. Salvo disposições de lei em contrário, as convenções particulares, relativas à responsabilidade pelo pagamento de tributos, não podem ser opostas à Fazenda Pública, para modificar a definição legal do sujeito passivo das obrigações tributárias correspondentes.

Incidência análoga do art. 123 do Código Tributário Nacional, ao conceituar as "convenções particulares", que não podem ser opor à arrecadação de receitas da Administração Portuária.

De fato, a receita tarifária da Administração Portuária deve ser diretamente proporcional à utilização pelo usuário. Do ponto de vista das ciências econômicas, diretamente proporcional à utilidade, isto é, ao nível de satisfação, ao bem-estar obtido pelo consumidor (usuário, no nosso caso) na transação econômica.

A *Utilidade* é conceito-chave na Teoria do Consumidor, ramo da Microeconomia. Parte do pressuposto que os consumidores são seres racionais e somente irão adquirir uma cesta de bens caso ela maximize seu bem-estar individual, de acordo com as suas próprias preferências e necessidades. Traduzindo: o consumidor é sempre um otimizador, e se um produto não satisfaz preferência alguma, não terá utilidade alguma e não será utilizado. Se for utilizado, é porque tem utilidade máxima. Caso contrário, teria feito outra opção mais racional. Naturalmente, a utilidade das coisas é sempre subjetiva, e, além disso, o consumidor sempre irá desejar que o preço seja pela sua utilidade marginal, e não pela utilidade total do conjunto de consumidores.

Por esse conceito, o fornecimento de infraestrutura portuária admite duas "dimensões de utilidade total" percebidas pelos usuários, afetando a grandeza e os critérios de proporcionalidade dos preços tarifados, particularmente no acesso aquaviário. São elas: i) a qualidade entregue; e ii) a ocupação.

Estudando o trabalho de Neto e Brito (2012),[100] podemos concluir sobre alguns parâmetros dessas duas dimensões:

TABELA 11
Algumas grandezas de proporcionalidade tarifária

(continua)

PARA A QUALIDADE	PARA A OCUPAÇÃO
As características operacionais, observando a quantidade de restrições ao dado perfil de tráfego, em termos de densidade em largura, a fim de reduzir a possibilidade de cruzamentos, e em termos de profundidade, a fim de permitir navios com maiores calados.	A quantidade de carga movimentada.
	O porte bruto da embarcação recepcionada.

[100] FERREIRA-NETO, João; BRITO, Thiago Barros. *Avaliação da capacidade do canal de acesso do porto de Santos por simulação de eventos discretos*. São Paulo, 2012. Disponível em: http://www.usp.br/cilip/wpcntent/uplads/2012/01/59-Btter-Ferreira-net-Pereira-y-Barrs-Brit-COMPLETBrasil1.pdf. Acesso em: 12 maio 2022.

(conclusão)

PARA A QUALIDADE	PARA A OCUPAÇÃO
A velocidade permitida na bacia de evolução para as embarcações dadas.	Os tempos médios de operação dentro do canal.
O nível de serviço, em termos de disponibilidade a um dado perfil de tráfego, em horas por semana ou em horas por dia.	O tipo de carga atendida.
A manobrabilidade de navios do porte requerido.	A consignação média.
A mitigação de riscos, dispositivos de segurança e de abrigo.	Temporais, tais como horas por dia, horário do dia, dia não útil ou fora de temporada.

Quanto melhor esses parâmetros objetivos, isto é, mais eles se encaixem nas preferências do consumidor, maior é o nível de utilidade marginal de um dado usuário ao consumir uma dada cesta de serviços portuários.

Identificam-se facilmente tais elementos de utilidade total na composição das tarifas portuárias em todos os portos organizados, pois melhorá-los (ou mesmo mantê-los) significa incremento significativo de custos e despesas. Há uma correlação. Assim, vários critérios de proporcionalidade foram criados visando a satisfazer ambas as dimensões.

Os resultados dessa análise indicam que não é proporcionalidade tarifária adotar as seguintes cobranças:

- fracionando em trechos ou separando partes da infraestrutura aquaviária ou a infraestrutura terrestre com a finalidade de abater preços;
- considerando como pertinente a posição física inicial ou final do usuário;
- atribuindo débitos ao agente que se utilize de parte alguma da infraestrutura ou do serviço, na forma de taxa de disponibilidade.

Nada obstante, fatalmente, qualquer critério de proporcionalidade exige certo grau de arbitrariedade. Em geral, os critérios e as grandezas de proporcionalidade em vigor buscam aumentar a eficiência geral, em termos de perdas e benefícios, e não uma condição perfeita, isto é, de plena equidade, em termos da utilidade marginal. Eficiência e Equidade, sabemos, não caminham juntas na microeconomia. Ao contrário, ao sermos incitados a impor um critério distinto para algum tipo de usuário em particular, o que fazemos é melhorar a condição (utilidade marginal) de um agente em prejuízo da condição de muitos – certamente tornando-se um critério ineficiente, pois não maximiza (ou não otimiza) o bem-estar geral, apenas redistribuiu as perdas.

Destarte, as decisões sobre critérios de proporcionalidade seguem apenas satisfatórias. Não pretendem atender, corresponder, ou mesmo compensar plenamente todos os interesses individuais, marginalmente. Refletem, sim, um ponto na trajetória setorial, e a impossibilidade de avaliarmos exaustivamente todas as alternativas, dadas as restrições de tempo e de custo para tal estudo.[101]

Igualmente, os critérios de proporcionalidade vigente nas tarifas são de caráter histórico, pois as atividades portuárias são repetitivas, seculares, de forma alguma são novas. Tais critérios consideram (pressupõem) uma variabilidade linear da curva de custo médio, o que é raramente verdadeiro no ponto de operação da empresa, como veremos. Geralmente, trabalha-se na média, não no mínimo ou no máximo, em algum intervalo relevante (área de significância – onde os custos fixos são fixos e custos variáveis variam). Há um intervalo de precisão (confiança) pouco conhecido, portanto complexo de ser considerado e modificado (ou descontado).

Esses critérios, na verdade, estão congelados, e qualquer tentativa de modificação é onerosa, geralmente esbarrando no intangível e no ônus das grandes mudanças, sempre de dimensão imprevisível dentro de um contexto econômico complexo como o nosso. Desse modo, não há de se condenar os critérios estabelecidos no passado, pois certamente refletem a melhor decisão possível à época.[102]

Entretanto, concordo, há muito espaço para aprimoramentos nesse campo, desde que cientificamente embasados, avaliados, mormente sobre os impactos setoriais da nova leitura dos elementos que compõem uma tarifa portuária. Por outro lado, novas decisões regulatórias sobre critérios de proporcionalidade tendem a ser incrementais,[103] pela facilidade da aceitação.

---

[101] Herbert Simon, versando sobre o comportamento nas organizações, apregoa haver uma racionalidade limitada, isto é, as decisões empresariais são condicionadas pelas informações disponíveis, pelas instituições preexistentes, pelo contexto, pressões e pelo próprio sujeito decisor.

[102] Vide teoria do *patch dependence*.

[103] Estamos a atender Charles Lindblom. Para ele, as decisões sobre política públicas, dada a racionalidade limitada, são tomadas no volume marginal da mudança, pois mudanças radicais envolvem demoradas negociações sobre interesses contraditórios.

CAPÍTULO 12

PERFIL DE CUSTOS DAS ADMINISTRAÇÕES PORTUÁRIAS BRASILEIRAS

A disponibilidade de informações exatas

Debate-se, no meio de regulatório portuário, a respeito da impossibilidade da disponibilização de informações exatas, no nível de discriminação desejado, sobre os custos para o atendimento de um usuário em particular. Cabe então uma explicação sobre essa hipótese.

Primeiramente, o resultado da *Contabilidade de Custos*, nos portos brasileiros, pressupõe-se sempre presumido. Além da evidente assimetria de informação entre os envolvidos, a Contabilidade não tem como base uma ciência exata. Não que exista uma dicotomia entre as ciências sociais e as ciências exatas a respeito do rigor dos resultados de seus artifícios (pois ambas se utilizam de métodos quantitativos), porém, como ciência social, ao lado da Administração e da Economia, o elemento humano é indissociável dos fenômenos e das análises, em contínua retroalimentação, moto perpétuo. O relevante e o inútil dependem sempre de quem os percebe. O contexto é o fator chave, estando ele em oscilação, outras vezes em evolução.

Verifica-se ainda que as autoridades portuárias não detêm os processos contábeis gerenciais e os padrões de governança inteiramente normatizados (que permitiriam comparar os custos ao longo do tempo), e nem sempre é possível o controle de curto prazo, pois o custo do controle pode ser maior que o próprio custo a ser controlado.

Nos portos públicos, o custo total médio é sempre conhecido a posteriori, ao final do balanço do exercício, pois a autoridade portuária, diferente dos monopolistas tradicionais, não controla a quantidade de serviço produzido, o que ela faz é atender a demanda, sendo, na verdade, um grande instrumento de uma intrincada rede de política macroeconômica imprescindível ao comércio internacional e à logística nacional.

Em outras palavras, no setor portuário, o valor da tarifa sempre reflete uma estimativa de custos futuros, caso contrário a cobrança pelo custo real exigiria um mecanismo de liquidação de diferenças, transformando a tarifa de algo que é determinado *ex-ante* para algo definido *ex-post*.

Em muitos casos, o custo operacional real torna-se bem maior que aquele indicado pela tarifa definida *ex-ante*, e daí o desequilíbrio econômico-financeiro frequente de algumas autoridades portuárias, e a dependência dessas empresas em relação aos recursos da União.

A estratificação máxima para apuração precisa dos custos portuários é por grupo tarifário. Para além disso, no ponto de operação da empresa, a inexatidão é grande nos dados obtidos nos rateios dos Custos Indiretos e Despesas Administrativas. Não é possível apontar, na figura a seguir, com rigor, mês a mês, em que ponto da curva de Custo Total Médio (CT_{Me}) opera a empresa. Somente ao final de um período de estudo poderemos assegurar que a autoridade portuária operou na zona decrescente, no ponto de inflexão, ou na zona crescente da curva azul clara da figura a seguir.

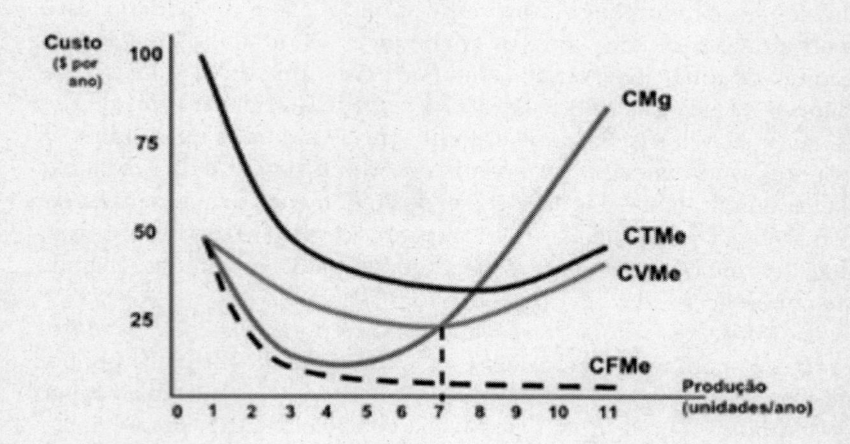

FIGURA 22 – Curva de Custo Médio de uma típica empresa monopolista estatal

Devemos considerar ainda que os Custos Fixos são constantes apenas em dado intervalo de tempo, e dependem do nível de atividade e da capacidade produtiva. Há, por conseguinte, um risco inerente ao negócio da autoridade portuária, um intervalo relevante, de atividade e de custo, para o estudo do equilíbrio econômico da tarifa. Do mesmo modo, aumentar a capacidade da infraestrutura implica aumentar o custo fixo, e as pressões econômicas são invariavelmente conflitantes: reduzir o custo fixo, porém a partir de aumento da qualidade e da capacidade.

Não só isso. Indiscutivelmente, a ausência eventual de custos, ocasional, não implica ausência (ou redução) de tarifa, ou mesmo indica falta de proporcionalidade da tarifa. A tal ausência, se houver, é meramente conjuntural, retrato pontual, momentâneo, do nível de risco financeiro gerenciado pela Autoridade Portuária. Por exemplo, os custos poderiam crescer rapidamente quando de um acidente com uma embarcação qualquer dentro do acesso aquaviário, próximo ao terminal da requerente, e nem por isso tal custo específico seria repassado para o terminal de uso privado. Da mesma forma, se crescerem os custos com o Imposto de Renda, com as taxas de juros e de câmbio, com os riscos de crédito e financiamento, ou mesmo com greves prolongadas, tal custo específico não será repassado para a tarifa do acesso aquaviário. É uma via de mão dupla.

Sinergias em custo

Vimos, pela figura anterior, que os portos organizados exibem *Retornos Crescentes de Escala*, isto é, o: i) Custo Fixo Total é elevado, dada a presença de grandes "custos afundados"; ii) Custo Fixo Médio [CF_{Me}] é elevado para pequena quantidade, mas reduzido para as quantidades normais; iii) Custo Variável Total é pequeno frente ao Custo Fixo Total, como em geral nos monopólios estatais; iv) Custo Marginal [C_{Mg}], na zona eficiente da curva, é bem abaixo do Custo Médio Total.

As empresas racionais, na verdade, buscam esses Retornos Crescentes de Escala. Quanto mais produzem e entregam, menor será o custo médio de produção.

Buscam também *Economia de Escopo*. Quanto maior a variabilidade de produtos, maior a possibilidade de economia de escopo. O custo médio de produção de dois produtos produzidos em conjunto será menor que o custo de produção dos produtos produzidos separadamente, isto é, presencia-se uma redução do custo médio em função do aumento da cesta de serviços.[104]

Como fazem isso? As Economias de Escopo são obtidas por: a) sinergias e adaptações de técnicas; b) alocação melhorada de todos os recursos; c) compartilhamento interno de atividades, de bens de produção (ativos) ou de insumos; d) diversificação dos produtos com diferentes riscos de demanda (oscilações); e) pelo fato dos custos fixos não crescerem tanto com a introdução de novos produtos ou do atendimento de um grupo de consumidores; e) curva de aprendizagem: integração no fluxo de informações e do uso das competências humanas. As autoridades portuárias, via de regra, apresentam bom volume de Economia de Escopo.

Como consequência da Economia de Escopo e dos *Retornos Crescentes de Escala*, considerando que elas não escolhem quanto produzir ou quanto entregar de cada produto (pois estão expostos ao mercado), há um alto grau de inseparabilidade e de indissolubilidade dos custos de produção. Traduzindo:

- O Custo Total Médio é conhecido, mas, apenas de observação *ex-post*;
- O Custo Marginal (o custo de atender um usuário específico) de cada produto ou serviço é uma incógnita. Nem é constante.

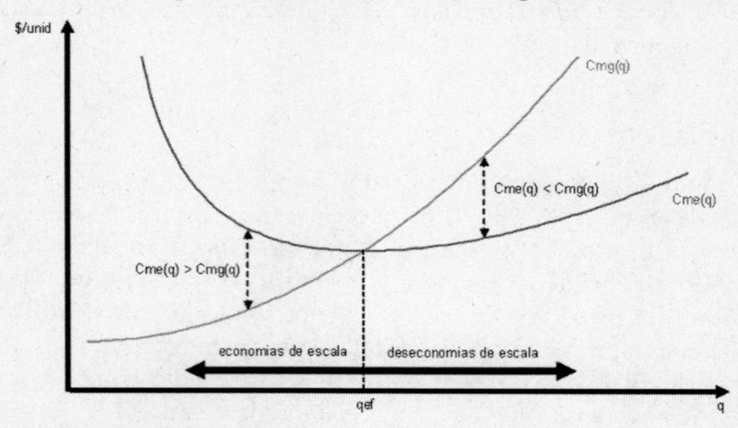

FIGURA 23 – Economias de Escala e Deseconomias de Escala

[104] Na Economia Industrial contemporânea, a Economia do Escopo tornou-se o coração da rentabilidade das empresas que procuram sustentabilidade financeira. Essas economias de escopo são marcadas pela irreversibilidade, não há trajetória de volta. Ao contrário, aumentam cada vez mais.

Dadas as economias de escala e de escopo, a curva de Custo Médio Total torna-se ainda mais não linear (vide figura a seguir, como a curva ECA é menos linear que a curva ECB), e assim o custo específico para atender um usuário fica cada vez mais longe de uma propriedade básica esperada: ser referência do custo médio total ou mesmo do preço a ser praticado. Ao contrário do custo total, o custo real de cada produto ou serviço torna-se cada vez mais ignorado à medida que aumenta a economia de escopo. O custo de produção, na verdade, é apenas uma expectativa, só poderá ser medido após a execução do serviço.

Consequentemente, descontar qualquer preço sobre um custo médio ou marginal será sempre precipitado sem um estudo aprofundado, pois um gasto afeta o outro em uma economia de escopo, e não se sabe em que ponto da curva a empresa opera exatamente (em um trecho mais linear ou trecho menos linear). Na figura a seguir, a Curva A possui mais economia de escopo que B:

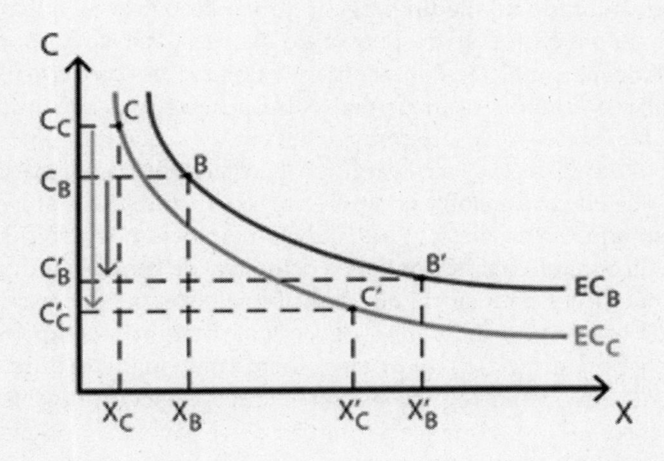

FIGURA 24 – Curva de Custo Médio em uma Economia de Escopo

Tarifação pela utilidade total e pelo agregado médio

Vimos anteriormente que uma grandeza de proporcionalidade, para fins tarifários, seria o Custo Marginal. É a chamada *first best solution*, ou seja, preço igual ao custo marginal, amplamente presente na doutrina, porém pouco utilizado na prática. A tarifação pelo custo marginal procura transferir ao consumidor os custos incrementais necessários ao sistema para o seu atendimento.

A partir dos dados e características que compõem a demanda, modelar as curvas de Custo x Quantidade, caracterizando os usos e hábitos de consumo e prever a evolução do comportamento da demanda total de acordo com as categorias de consumidores.

Porém, a grande dificuldade de aplicação do princípio do custo marginal na tarifação dos setores de infraestrutura deve-se ao fato de que esses serviços envolvem vultosos investimentos em capital fixo e, em geral, apresentam economias crescentes de escala e economias de escopo (custos marginais decrescentes e não lineares, como vimos, reduzindo e distorcendo em muito o custo marginal). Isso significa que a tarifação pura e simples pelos custos marginais gera o risco de não se remunerar nem mesmo a parcela de capital variável utilizada para o atendimento ao consumidor.

De outro lado, vimos que o modelo tarifário do setor portuário reflete sempre o agregado médio, a utilidade total, no espaço e no tempo, equilibrado no médio prazo, reforçando o fato de que o setor portuário adota o Modelo de Tarifa Selo – ou seja, não se fundamenta na utilidade marginal. Descontar algum valor de uma média espacial e temporal, para atender o curto prazo e uma única firma, não apresenta rigor matemático e microeconômico, devendo ser evitado.

A alternativa do Custo Marginal da infraestrutura portuária para cada tipo de usuário encontra outras e várias dificuldades. Para a tarifa do acesso aquaviário, listo: i) a distância percorrida dentro do canal não é determinante na proporção da ocupação da infraestrutura, pois o canal não pode, na maioria dos casos brasileiros, ser expandido em extensão,[105] só em profundidade – logo, o custo marginal de expansão da extensão é prejudicado; ii) o equacionamento matemático é dificultoso, geralmente envolvendo equações não lineares, de segunda ou terceira ordem, extensos polinômios e a inserção de variáveis temporais; iii) o setor portuário nacional não convive com uma tarifação em regime de custo *stricto sensu*.

De fato, as tarifas portuárias vigentes têm contornos históricos, e a regulação setorial não condiciona, inequivocamente, a tarifa ao custo. Vigora um mix de regime de tarifação pelo preço (a que outrem está disposto a pagar, dada a competição entre portos), pelo valor

---

[105] A extensão é determinada no projeto de engenharia horizontal, e muitas vezes guarda relação com a geografia natural.

agregado (percebido e agregado no negócio do outro) e pelo custo.[106] Há ainda políticas tarifárias que visam a desonerar embarcações de apoio portuário, de recreio, a pequena lavoura, pequenos pescadores e os navios de guerra.

Não colabora em favor do regime de tarifação pelo custo marginal a presença da Administração Pública prestando o serviço diretamente por meio de suas empresas estatais ou mesmo de suas autarquias – confundindo-se o prestador do serviço com o próprio Poder Concedente. Aliás, conviveu-se com boas doses de subsídio governamental na expansão e na manutenção da infraestrutura (investimentos diretos da União), e a tarifa tende a refletir essas nuances. Descontar alguma parcela de custo será sempre duvidoso, impreciso, pois não estaríamos considerando todas as sutilezas.

[106] Veremos essas três dimensões quando tratarmos da Estratégia Comercial.

CAPÍTULO 13

SEGMENTAÇÃO DE PREÇOS E O PRINCÍPIO DA GENERALIDADE

Não sem motivo, a Agência Reguladora assim determinou em sua norma de tarifas:

> Art. 18. A Administração Portuária poderá segmentar o seu mercado, visando a:
>
> I – adotar tarifas distintas de acordo com o valor agregado ou a competitividade de seus produtos; ou
>
> II – maximizar sua receita e também os benefícios econômicos aos usuários.
>
> §1º É vedada a discriminação de preços entre usuários que se apresentem na mesma situação, ou tenham as mesmas condições ou qualificações.
>
> §2º A política comercial de segmentação de mercado não poderá viabilizar condutas anticoncorrenciais ou que tenham por objetivo o abuso de posição e o domínio de mercado.

Os contratos de concessão portuária aproveitam-se dessas diretrizes. Logo, vamos compreender esse trecho acima.

Discriminação de preços

O monopólio natural tem como prática recorrente e legítima a discriminação de preços, ou seja, cobrar diferentemente pelo mesmo produto, de acordo com o tipo de consumidor (segmentando o mercado), como sua renda, antiguidade no relacionamento, momento da compra, ou mesmo de acordo com a quantidade de lote da compra. Para que haja de fato a *discriminação de preços*, o mesmo produto deve ser vendido a diferentes preços para diferentes compradores. O custo de produção é o do monopolista, isto é, o mesmo para todos os produtos vendidos. E a oferta também é idêntica: os consumidores não percebem qualquer diferença nos produtos vendidos.

O grau de discriminação de preços vai depender das preferências do consumidor, da localização e da facilidade de encontrar substitutos para o produto. O vendedor vai procurar segmentar a sua *curva de demanda*, em diferentes elasticidades, para criar mercados distintos para o seu único produto. O preço será mais elevado onde a elasticidade preço é menor e mais baixo onde é maior.

Em geral, quase sempre o preço é maior que o Custo Marginal (ou o Custo Médio, pois o monopolista detém poder de mercado). Mas, ao discriminar, vai procurar vender bem abaixo do Custo Médio para certos consumidores. O monopolista vai justificar que a renda total obtida é mesma, pois com a redução do preço, aumenta-se a quantidade vendida para alguns, embora diminua para outros. Porém, é evidente a possibilidade de aumento nos lucros por meio dessa prática e, portanto, há muitos incentivos para que os produtores tentem discriminar preços em diferentes graus. Todavia, a exacerbação dessa técnica pode acarretar ineficiências alocativas, embora possa ser uma técnica reveladora de preferências (é o que faz o supermercado, ao criar as promoções de levar três pelo preço de dois, por exemplo).

É necessário cuidado com a técnica. Ao prestarem um serviço de interesse coletivo, que deveria ser o mais geral e universal possível, estabelecem uma espécie de segmentação do mercado, segmentação essa que pode ser ou não ser compatível o suficiente com a natureza do serviço, a depender de como é empregada.

A técnica de *subsídios cruzados* entre os preços também é um método comum dos monopolistas e oligopolistas. Aproveitando-se da sua economia de escopo, operam em déficit (preço bem abaixo do custo médio) na venda de certos produtos nos quais a elasticidade-preço do consumidor é maior, e operam com excessivo superávit (preço bem acima do custo médio) na venda de produtos nos quais a elasticidade-preços do consumidor é irrisória.

As leis de Rolland

Nesse contexto, o art. 28, I da Lei nº 10.233, de 2001, declara objetivos da regulação portuária no controle das outorgas:

> Art. 28. A ANTT e a ANTAQ, em suas respectivas esferas de atuação, adotarão as normas e os procedimentos estabelecidos nesta Lei para as diferentes formas de outorga previstos nos arts. 13 e 14, visando a que:
> I – a exploração da infra-estrutura e a prestação de serviços de transporte se exerçam de forma adequada, satisfazendo as condições de regularidade, eficiência, segurança, atualidade, generalidade, cortesia na prestação do serviço, e modicidade nas tarifas;

Ainda que a atividade portuária não seja serviço público, a existência desses princípios gerais é inerente a esse regime jurídico peculiar de serviços de interesse público, e impõem direitos e deveres diferenciados dos demais institutos, impregnando a Administração Pública com prerrogativas extraordinárias.

Di Pietro (2014)[107] é uma das autoras que segue as lições francesas e enumera como princípios cernes do regime jurídico geral dos serviços públicos os seguintes: (i) continuidade; (ii) mutabilidade do regime jurídico; e (iii) igualdade dos usuários.

Destaque neste momento para a condição de generalidade dos serviços no art. 28, I da Lei nº 10.233, de 2001, equivalente portuário para o princípio da igualdade.

Nesse sentido, Louis Rolland (discípulo de Duguit e também representante da Escola do Serviço Público) ensinava, no começo do século XX, que existem quatro importantes características ou princípios comuns a todo serviço público: (i) o fato de corresponderem "a uma obrigação imposta aos governos de prover o bem comum"; (ii) devido à sua grande importância para a população, serem "empreendimentos regulares e contínuos"; (iii) poderem ser suas regras de organização e funcionamento "modificadas a qualquer momento pela autoridade competente"; e (iv) o fato de todos os particulares serem iguais perante todos os serviços públicos. Essa lição ficou conhecida como as quatro "Leis de Rolland": vínculo estatal, continuidade, adaptabilidade e igualdade. Em que pese existir no campo doutrinário e acadêmico discordância quanto ao número, nomenclatura, conteúdo e valor jurídico dos princípios referentes ao regime jurídico dos serviços públicos.

Nosso ordenamento jurídico positivou as denominadas "Leis de Rolland" no art. 175, IV, da Constituição da República de 1988, consagrando o dever constitucional de manter serviço adequado, independentemente de sua forma de prestação, sendo certo que, sua

---

[107] DI PIETRO, Maria Sylvia Zanella. *Direito Administrativo*. 27. ed. São Paulo: Editora Atlas, 2014. p. 112.

regulamentação infraconstitucional constante do art. 6º, §1º, da Lei 8.987, de 1995, ao definir esse modo de prestação do serviço acabou por veicular alguns dos princípios jurídicos aplicáveis aos serviços públicos como a regularidade, continuidade, eficiência, segurança, atualidade, generalidade, cortesia na sua prestação e modicidade das tarifas (HARB, 2017).[108]

A igualdade dos usuários (quarta lei de Rolland aqui mencionada) é consequência da aplicação do princípio da igualdade no regime de prestação dos serviços públicos. O princípio da igualdade (também conhecido como princípio da isonomia) aplica-se, de forma geral, a diversos institutos do direito administrativo, e assim não o poderia deixar de ser com relação aos serviços públicos. A igualdade dos usuários (quarta lei de Rolland aqui mencionada) é consequência da aplicação do princípio da igualdade presentes nas cartas constitucionais. O princípio aplica-se, de forma geral, a diversos institutos do direito administrativo, e assim não o poderia deixar de ser com relação à atividade portuária que existe por delegação do Aparelho do Estado.

Uma vez satisfeitas as condições, o usuário fará jus à prestação do serviço, sem distinções pessoais (igualdade formal). Há ainda outro aspecto do princípio, que é o da igualdade material, mediante o qual a lei deve prever a possibilidade de serem criadas situações de prestação de serviços de forma diferenciada para determinados grupos de usuários que apresentem características específicas que justifiquem essa exceção no tratamento.

Como exemplo, podem ser citadas as gratuidades e tarifas socialmente diferenciadas para grupos de usuários de comprovada hipossuficiência econômica. Um exemplo de atendimento a tal princípio sob sua faceta material é permitir "isenção de tarifa para idosos ou tarifas reduzidas para os usuários de menor poder aquisitivo" (DI PIETRO, 2014).[109]

Assim, sob um viés formal, a criação e a cobrança não podem ser realizadas com tratamentos diferenciados entre os usuários. Obedecer ao princípio da isonomia, no entanto, vai além dessa característica. Requer que se imponha um tratamento igualitário entre os iguais, e

---

[108] HARB, Karina Houat. *Princípio da continuidade do serviço público e interrupção*. Enciclopédia jurídica da PUC-SP. Celso Fernandes Campilongo, Alvaro de Azevedo Gonzaga e André Luiz Freire (coords.). Tomo: Direito Administrativo e Constitucional. Vidal Serrano Nunes Jr., Maurício Zockun, Carolina Zancaner Zockun, André Luiz Freire (coord. de tomo). 1. ed. São Paulo: Pontifícia Universidade Católica de São Paulo, 2017.

[109] DI PIETRO, Maria Sylvia Zanella. *Direito Administrativo*. 27. ed. São Paulo: Editora Atlas, 2014. p. 112.

diferente quanto aos que apresentem diferenças que justifiquem as exceções (BANDEIRA DE MELLO, 1995).[110]

Logo, a observância ao princípio da isonomia (ou da igualdade) configura mais como uma regra geral. Não sem razão, estabelece o art. 13 da Lei nº 8.987, de 1995, que "as tarifas poderão ser diferenciadas em função das características técnicas e dos custos específicos provenientes do atendimento aos distintos segmentos de usuários".

Vale lembrar também que, dada a previsão genérica do art. 13 da Lei Geral de Concessões, a Lei nº 8.987, de 1995, aplicável subsidiariamente à Lei nº 12.815, de 2013, cada ente detentor da titularidade do serviço (via contratos, basicamente), bem como as Agências Reguladoras (pela via normativa ou no caso concreto, essencialmente), possuem margem de liberdade para definir critérios, não baseados apenas em fatores técnicos ou econômicos, mas visando a preservar a igualdade material entre os usuários, que justifiquem a estipulação de um tratamento diferenciado em uma determinada política tarifária. No final das contas, o assunto está intrinsecamente vinculado à implementação de uma determinada política pública, resultado de opções políticas.

Pode-se citar como exemplos de tratamentos diferenciados que se vinculam a uma finalidade pública específica a implementação de regimes tarifários específicos para o incentivo à educação, à proteção ao idoso e para a busca do pleno emprego. Estabelecer diferenciação tarifária para essas categorias de usuários não macula o princípio da isonomia, pois objetiva reconhecer as diferenças existentes entre eles e os demais usuários, que justificam a forma excepcional de tratá-los e que, normalmente, estão associadas a uma determinada política pública (CÂMARA, 2009).[111] No final das contas, a população em geral se beneficia desse trato especial.

A regra do art. 13 da Lei Geral de Concessões e o atendimento ao princípio da igualdade justificam, portanto, a fixação de gratuidades e das chamadas tarifas diferenciadas.

No ordenamento jurídico brasileiro, a gratuidade ou não de um serviço consiste, em primeiro lugar, em uma opção política. Assim, fica estabelecido na Constituição Federal e em leis infraconstitucionais que determinados serviços são prestados de forma gratuita a todos os usuários ou, em situações específicas, a um determinado grupo de

---

[110] BANDEIRA DE MELLO, Celso Antonio. *O conteúdo jurídico do princípio da igualdade*. 3. ed. São Paulo, Editora Malheiros, 1995.

[111] CÂMARA, Jacintho Arruda. *Tarifa nas Concessões*. São Paulo: Malheiros, 2009. p. 78.

pessoas que não teria como pagar por eles, sem comprometer a própria subsistência (GROTTI, 2003). Por vezes, a gratuidade surge no texto constitucional (educação). Em outros momentos, aparece em lei ordinária (saúde) e, mesmo quando estiver ausente do texto, poderá surgir por decisão administrativa expressa em edital de licitação e lastreada em estudo de viabilidade (por exemplo, na área de transporte coletivo).

Em vez de determinar a gratuidade geral, é possível trabalhar com técnicas de cobrança personalizada. Surgem assim as tarifas diferenciadas, que se dividem em dois grupos: as tarifas extrafiscais e as *tarifas sociais*. Natália de Aquino Cesário (2014),[112] em estudo sobre a discriminação na cobrança de tarifas de energia e telefonia, sobre as duas categorias de tarifas diferenciadas, explica que: a primeira diz respeito à tarifa que "visa à socialização e à universalização do serviço público, chamada de tarifa social". A segunda categoria refere-se às "tarifas extrafiscais, que visam à preservação dos bens escassos envolvidos com a utilização do serviço público na concessão, que são as tarifas de cunho meramente regulatório".

Note que poderá haver, licitamente, diferentes tarifas para diferentes tipos de usuários, ou diferentes classes de consumo, a depender das características técnicas particulares. É o que nos informa o art. 13 da Lei nº 8.987, de 1995:

> Art. 13. As tarifas poderão ser diferenciadas em função das características técnicas e dos custos específicos provenientes do atendimento aos distintos segmentos de usuários.

Importante ressaltar que, apenas quando existir "características técnicas e custos específicos diferenciados entre segmentos de usuário" é que a lei autoriza, a priori, a adoção de diferença no regime tarifário. Ainda que nem todos os agentes regulados estejam dentro desse regime, aplica-se *in casu* o seguinte entendimento: o tratamento diferenciado nessas hipóteses não fere o princípio da isonomia. Ocorre justamente o contrário: a favor dele que se estabelece a diferença nas situações diferentes (CÂMARA, 2009).[113]

---

[112] CESÁRIO, Natália de Aquino. *A discriminação na cobrança de tarifas de energia e telefonia como estratégia de Administração Pública Inclusiva*. 2014. 141 f. Trabalho de Conclusão de Curso (Graduação em Direito) – Faculdade de Direito de Ribeirão Preto da Universidade de São Paulo, Ribeirão Preto, 2014. p. 56.

[113] CÂMARA, Jacintho Arruda. *Tarifa nas Concessões*. São Paulo: Malheiros, 2009. p. 77.

Vejamos um exemplo no setor elétrico. O consumidor de alta tensão e elevado montante de carga elétrica, como as indústrias, pagam uma tarifa de energia elétrica, por kWh, menor que os demais consumidores residenciais. Isso ocorre por vários motivos, inclusive para incentivar a indústria a produzir, mas também porque entregar energia elétrica em grandes blocos para poucos consumidores é mais barato que entregar pouca energia para milhões de consumidores individuais.

Tipologias

O processo de dividir mercados em grupos de consumidores potenciais com necessidades e(ou) características semelhantes e que provavelmente terão comportamentos de compra semelhantes é denominado segmentação de mercado.

A produção é considerada eficiente quando o consumidor paga por uma unidade extra do produto exatamente o custo de produzi-la. O ofertante estaria disposto a vender uma unidade adicional a um preço mais baixo, se não fosse preciso diminuir o preço de todas as unidades que estivessem à venda. Para isso, ele vai adotar política de discriminação de preços.

O vendedor vai procurar segmentar a sua curva de demanda, em diferentes elasticidades, para criar mercados distintos para o seu produto. O produtor, para discriminar preços, tem que decidir a quantidade total que irá produzir, quanto vender em cada mercado e que preço para maximizar o lucro.

Para tanto, basicamente o produtor vai poder empregar três tipos de discriminação de preços:

TABELA 12

Tipos de discriminação de preços empregados nos portos

Tipo	Características	Preço	Visão do Regulador
Discriminação de 1º grau (perfeita)	Cobrar o preço de reserva de cada consumidor, ou seja, o máximo que cada consumidor, individualmente, está disposto a pagar naquele momento. Cada consumidor paga o máximo que estaria disposto a pagar. Em geral, a produção aumenta e o preço cai, mas ocorre aumento dos lucros do produtor, que é o desejo final dele.	O monopolista vende cada unidade do produto a preços diferentes.	Deve ser combatida
Discriminação de 2º grau (não linear)	O monopolista vende diferentes unidades dos produtos a preços diferentes para quantidades consumidas diferentes. Porém, todos os compradores que adquirem a mesma quantidade pagam o mesmo preço. O preço por produto não é constante, depende da quantidade que o consumidor compra.	Cada quantidade *Q* gera um preço *P*.	É tolerada
Discriminação de 3º grau (espacial)	O preço é mais elevado onde a elasticidade-preço é menor e mais baixo onde é maior. É o tipo mais comum de discriminação, sendo viável quando a empresa consegue dividir bem seus consumidores de acordo com o perfil de demanda (exemplo: longo curso x cabotagem). Cobra-se o preço mais elevado do grupo com elasticidade da demanda mais baixa (ou seja, do consumidor que pode reagir menos, que tem opções de escolha ou de negar a compra).	Cada unidade vendida para um grupo de consumidores é vendida ao mesmo preço.	É incentivada

Na ausência de discriminação de preços, a produção é *Q* e o preço praticado é *P*. A situação de discriminação do primeiro grau, também conhecida como discriminação perfeita, é relativamente pouco frequente na realidade. No entanto, trata-se de um ponto de referência importante para a análise de outras situações, principalmente porque as normas da Agência Reguladora vedam essa prática, não obstante não enxergarem óbices nas demais tipologias.

Por isso tudo, a Agência Reguladora combate a discriminação de preços entre usuários que se apresentem na mesma situação ou tenham as mesmas condições ou qualificações. A política comercial de segmentação de mercado não poderá também viabilizar condutas anticoncorrenciais ou que tenham por objetivo o abuso de posição e o domínio de mercado.

Descontos tarifários x discriminação de preços

Vimos que a segmentação de mercado implica tarifas diferenciadas para o mesmo serviço, de acordo com a descriminação do usuário previamente identificada e caracterizada. A Administração Portuária, embora atue em ambiente oligopolizado, porém competitivo, a partir de recursos limitados e escassos, estará autorizada a segmentar seu mercado, desde que o faça respeitando alguns princípios, sempre atentando ao princípio da isonomia.

Essa medida vai ao encontro da eficiência operacional, principalmente ao praticar tarifas reduzidas para aquelas embarcações de maior interesse comercial, ou majoradas quando a ocupação da infraestrutura por determinada carga atípica ou fora de temporada significa uma potencial perda ao coletivo ou à receita total do porto organizado. É introduzir os elementos de custo de oportunidade ou de custo de transação.

Nesse aspecto, a segmentação de mercado assemelha-se a desconto tarifário. Pode a autoridade portuária segmentar pela técnica do desconto, dada a consagração do modelo preço-teto da tarifa, ou pela criação de uma nova tarifa, por meio da discriminação do último nível da estrutura padronizada.

O desconto é de caráter geral, uma reação ao passado, uma decisão excepcional do gestor quando há pouco além disso a fazer, ou quando não se pode conhecer a fundo a demanda do seu mercado, agindo, portanto, na base da tentativa. É promocional. A renda total da sociedade tende a diminuir com o desconto, pois a amplitude desse feito alcança até quem não se almeja; o número de transações permanece o mesmo, porém transacionado com um preço menor.

A discriminação de terceiro grau, por outro lado, é o inverso: quanto mais o gestor conhece seu mercado, mais será segmentada a sua estrutura tarifária, produzindo efeito contrário – onde o porto público for mais competitivo, onde ele agregar mais valor ao negócio do armador, estará manifestada as condições de diferenciar a sua tarifa. É proativa. O Peso Morto, termo técnico da microeconomia, é reduzido ao máximo quando da discriminação nesse grau. É a oportunidade para a Administração Portuária encontrar a tarifa voltada mais à utilidade marginal de cada usuário, e menos pela utilidade total do conjunto de seus usuários.

As franquias podem ser livremente adotadas pela Autoridade Portuária, dada a imperativa flexibilidade para definir a sua política comercial, desde que respeitadas as condicionantes normativas. De fato, o custo marginal do porto é reduzido, e o impacto das franquias é igualmente reduzido, um benefício aumentativo da competitividade da infraestrutura. Bastará as franquias, uma vez estabelecidas, serem aplicadas a todos os usuários, indiscriminadamente.

Regra de Ramsey e a justiça tarifária

Vimos que a Administração Portuária poderá segmentar o seu mercado, visando a: i) adotar tarifas distintas de acordo com o valor agregado ou a competitividade de seus produtos; ou ii) maximizar sua receita e também os benefícios econômicos aos usuários. A Regra de Ramsey é útil para esse intento.

Uma estrutura ótima de tarifação de mercadorias deve ser uma que minimiza a perda de eficiência que necessariamente ocorre com a precificação distorciva de bens e serviços, assim como também deve na alocação de fatores produtivos.

Visando a evitar perdas econômicas para as concessionárias, riscos de subfaturamento e consequentemente perda de bem-estar para os consumidores, a regra de Frank Ramsey estabelece que a distribuição dos custos fixos entre os vários produtos deve ser feita por *mark-ups* sobre os custos marginais, na proporção inversa das elasticidades das demandas dos consumidores.

$$\frac{P_i - Cmg_i}{P_i} = \frac{-K}{\varepsilon_i}$$

Onde:

P = é o preço do produto

i = é o produto a ser avaliado

Cmg = é o custo marginal de produção do produto i

K = é um índice que varia de 1 até 0, sendo 1 para o monopolista

ε = é elasticidade-preço da demanda do produto i

O Preço de Ramsey visa a adotar um mecanismo de cobertura dos custos fixos, mas aumentar-se-ia o número de transações das commodities. Está intimamente ligado ao conceito do segundo ótimo (*second best*) em mercados de retornos crescentes de escala. Como não é possível cobrar dos consumidores os custos marginais de cada produto (caso contrário não haveria equilíbrio econômico-financeiro), o resultado encontrado por Ramsey consiste em aplicar preços maiores a produtos de baixa elasticidade.

Geralmente é um critério adotado nos serviços em que a demanda é sensível ao preço (a demanda pode reduzir com preços mais altos). Pode ser empregado de forma conjunta com o método do custo médio, para permitir melhor distribuição dos custos fixos. Mas, assim como ocorre com o método do custo médio, a adoção da regra de Ramsey não beneficia, espontaneamente, a modicidade tarifária.

Além disso, a regra de Ramsey, se mal aplicada, tende a beneficiar mais os usuários que dispõem de um poder aquisitivo maior, o que também agrava o prejuízo à aplicação do princípio da modicidade, pois nesse método, o usuário que desloca sua demanda com maior rapidez consegue tarifas melhores, já que a distribuição dos custos fixos entre os vários produtos é feita por mark-ups sobre os custos médios, na proporção inversa da flexibilidade da demanda dos usuários, para tentar impedir perdas econômicas para as concessionárias.

O cenário de menor risco de perda de receitas para as autoridades portuárias seria a seguinte: aqueles usuários menos elásticos arcariam com uma parcela igual e maior dos custos fixos da operação da infraestrutura via uma tarifa baseada em custos médios. Por essa regra, todos os usuários que destinam aos terminais de container de um mesmo porto organizado, por exemplo, supostamente apresentando a mesma elasticidade, deveriam ser cobrados pela mesma tarifa. Mas, os usuários de carga geral, podem pagar outras tarifas, menores até, dada a sua elasticidade ser maior, pois a carga geral é menos especializada, e o usuário tem mais opções de portos.

A Regra de Ramsey ainda não é utilizada de forma generalizada pelas autoridades portuárias, embora seja utilizada de maneira empírica. Provavelmente, isso ocorre i) pela dificuldade e pelo desafio de a autoridade portuária estimar sua curva de custos em função da demanda, e apresentar os custos marginais e as elasticidades de seus consumidores perante a Agência Reguladora; e ii) pelo receio de seu emprego contrariar paradigmas relacionados ao princípio da isonomia.

DISPERSÃO TARIFÁRIA

O Regulador pode buscar, como técnica de controle de abusividade ou mesmo de incentivo à alocação eficiente, um limite para a dispersão tarifária, especialmente em monopolistas multiprodutos. Esses limites referem-se a valores máximos ou mínimos autorizados para a prática de tarifas. É uma técnica também de discriminação de preços aceita pelos reguladores.

A concessionária poderá praticar as tarifas de seu interesse comercial, desde que os valores exigidos aos usuários respeitem limites superiores e inferiores, além de uma dispersão entre esses limites.

Existirão Tarifas Mínimas, Tarifas Médias e Tarifas Máximas, além de uma Tarifa de Referência. A dispersão das tarifas médias (μ) realmente práticas em relação à tarifa de referência é avaliada periodicamente (geralmente, de forma anual), permitindo-se um desvio padrão populacional (σ).

Tem sido utilizada na regulação de preços em ferrovias. O contrato define uma inequação, semelhante a esta:

$$(\mu_{i,t} - \sigma_{i,t}) \leq x_{i,t} \leq (\mu_{i,t} + \sigma_{i,t})$$

Como medida de *enforcement* contratual, o despeito aos limites implica penalidades. Quanto maior o desvio padrão aceito, mais tênue é a regulação de preços.

Por enquanto, aiinda não existem evidências de que essa técnica, sozinha, combata efetivamente o problema de tratamento não isonômico no setor portuário, já que aumenta a possibilidade de discriminação de primeiro grau. O controle regulatório é deslocado temporalmente para um ano à frente dos fatos tarifários, prejudicando o acompanhamento efetivo. Assim, o mais prudente é associar essa técnica com outras, nunca isoladamente.

QUESTÕES PARA REVISÃO

21. Sintetize o conceito de modicidade e faça um contraponto com o conceito leigo de "preço baixo".

22. Todo preço alto é abusivo? Argumente, defendendo o ponto de vista da Administração Portuária e do Regulador.

23. Como as receitas não tarifárias são revertidas para fins de modicidade?

24. No setor portuário, temos a Tarifa Selo ou Nodal? Explique a diferença.

25. Qual é o grau máximo esperado de estratificação de custos pelas autoridades portuárias? Essas entidades conseguem conhecer seu custo médio a priori, com exatidão?

26. Que efeitos produzem as Economias de Escala e Economias de Escopo? Dificultam o trabalho do Regulador?

27. A tarifa portuária é proporcional? Explique.

28. Como funciona a Regra de Ramsey?

29. Quais as tipologias de discriminação de preços? Qual delas é incentivada pelo Regulador? Por qual razão?

30. Desconto tarifário é uma medida análoga à segmentação?

PARTE IV

VARIÁVEIS DE UM PROJETO TARIFÁRIO NOS PORTOS

CAPÍTULO 14

RECEITAS PORTUÁRIAS

Classificação das receitas

Em sentido estrito, do ponto de vista contábil,[114] Receita é "o ingresso bruto de benefícios econômicos durante o período proveniente das atividades ordinárias da entidade que resultam no aumento do seu Patrimônio Líquido, exceto as integralizações dos proprietários". Do ponto de vista comercial, é a remuneração das empresas pela prestação de serviços.

De partida, é necessário estabelecer conceitos e parâmetros mínimos acerca de determinados fatores relacionados à remuneração dos serviços e à política tarifária adotada nessas. Tais elucidações prévias precisam ser realizadas para que seja possível entender a forma como esses fatores impactam na composição do valor tarifário.

A remuneração do serviço portuário configura um grande desafio, pois objetiva-se buscar o equilíbrio entre duas forças que, a princípio, parecem inconciliáveis: de um lado, existem os interesses dos portos em obterem o maior lucro possível ao desempenhar a atividade no lugar do Estado; o outro é preenchido pelos interesses públicos que advêm dessa atividade, e que requerem o maior acesso possível de todos aos serviços, com tarifas que universalizem a prestação e atendam a esse propósito.

A remuneração opera-se, basicamente, pelo recebimento de tarifas, de exploração de áreas e através do recebimento de receitas

[114] Vide Pronunciamento Técnico CPC 30.

alternativas, complementares ou acessórias relativas ao próprio negócio ou provenientes de projetos associados. Pode coexistir também com esses meios a existência de subsídios e subvenções, inclusive com a participação direta do Poder Público com o repasse de valores.

Essa participação do Estado com pagamentos já acontecia nas concessões comuns que, pelas razões que serão estudadas a seguir, apresentavam déficit, mas ganhou impulso a partir do surgimento das parcerias público-privadas, como se houvesse ocorrido uma "exegese extensiva pela doutrina [do preceito do art. 11 da Lei Geral de Concessões], que passou a admitir não só o custeio do serviço também por receitas alternativas à receita tarifária, como ainda a hipótese de subsídios pelo poder público" (GUIMARÃES, 2012, p. 235).

O foco da remuneração dos serviços portuários prestados pelas estatais continua sendo a tarifa, que deve assegurar a correta remuneração do delegatário (que, por sua vez, envolve inúmeros fatores, como a recuperação de capitais investidos, os custos com a prestação do serviço, investimentos futuros etc.) e a adequada prestação do serviço.

A justa remuneração, ao atentar-se a essas duas posições de interesses diferentes (delegatário *versus* usuários), presta-se também a garantir o equilíbrio econômico-financeiro do contrato, sobre o qual repousa, conforme também será visto mais adiante, todo o sucesso do projeto em se manter operante no sentido de atender aos propósitos previamente estabelecidos para o desempenho da atividade em grau máximo da execução do serviço público adequado ao longo da duração do contrato.

Não só a receita ordinária, aquela da tarifa comum, por exemplo, aquela paga normalmente para a Administração Portuária quando atraca a embarcação, a título de taxas de acostagem, são computadas para o cálculo da receita total da concessionária. Para fins de modicidade, isto é, para reduzir o preço da tarifa, outras receitas devem ser consideradas para equilibrar o custo da concessionária, as ditas alternativas, complementares ou acessórias.

Para o setor portuário, há duas grandes parcelas, A e B: Receita Operacional e Receita Não Operacional.

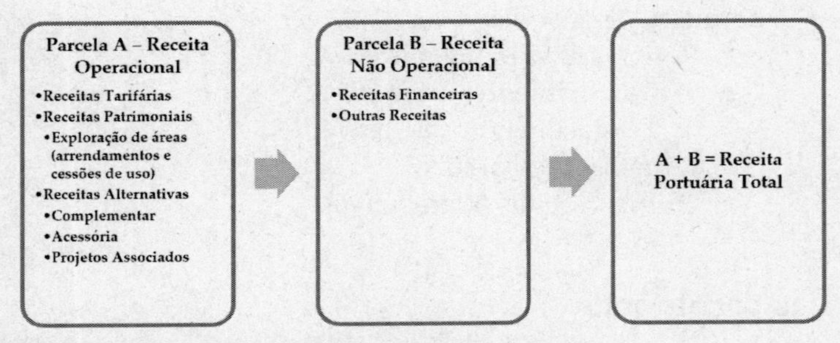

FIGURA 25 – Composição das Receitas Portuárias

A *Receita Operacional* é aquela obtida com as atividades comerciais normais e regulares da entidade com a sua atividade fim. São decorrentes do objeto de exploração da pessoa jurídica.

A *Receita Não Operacional* é obtida com atividades secundárias, não essenciais. Geralmente inclui aquelas obtidas com juros de aplicações financeiras.

A *Receita Operacional Bruta* é a *Receita Operacional Líquida* antes das deduções (devoluções, abatimentos e impostos).

As *Receitas Financeiras* são aqueles rendimentos decorrentes de aplicações bancárias ou de operações no mercado financeiro, incluindo juros recebidos, prêmios ou títulos, variações monetárias positivas em função do câmbio ou recebimento de outros direitos da mesma natureza. As receitas financeiras incluem os juros, os descontos e a atualização prefixada, além dos oriundos de aplicações temporárias em títulos.

O reconhecimento da receita proveniente de prestação de serviços é feito à medida que o serviço é prestado, utilizando relatórios de medições até o reconhecimento total. A receita bruta é reconhecida pelo regime de competência, com base na prestação dos serviços portuários e corresponde ao valor da quantidade vendida multiplicada pelo preço unitário das atividades da Autoridade Portuária.

A Receita Operacional Bruta é a soma das seguintes receitas:

- Receitas da Infraestrutura de Acesso Aquaviário;
- Receitas da Infraestrutura de Acostagem;
- Receitas da Infraestrutura Operacional ou Terrestre;
- Receitas por Movimentação de Cargas;
- Receitas de Armazenagem;
- Receitas por Utilização de Equipamentos;
- Receitas por Diversos Padronizados;
- Receitas com Contratos de Arrendamento;
- Receitas com Contratos de Uso Temporário ou Espelho D'água;

- Receitas Alternativas;
  - Receitas Complementares
    - Fornecimentos tarifados;
    - Fornecimentos não tarifados.
  - Receitas Acessórias;
  - Outras receitas operacionais.

Receitas patrimoniais

A receita obtida com serviços tarifados é a *Receita Tarifária*. A receita obtida com o arrendamento de áreas e institutos exploratórios semelhantes (cessão onerosa, autorização de uso, uso temporário etc.) são as *Receitas Patrimoniais*, tarifadas e não tarifadas.

Sem dúvidas, as receitas patrimoniais, aquelas resultantes da exploração de áreas como *Landlord*, também são receitas operacionais. Explorar áreas é da essência da Administração Portuária. Mas, antes do normativo da Agência, nem sempre eram consideradas assim – algumas vezes, eram utilizadas com fins específicos (para cobrir os gastos com investimentos, por exemplo), isto é, não eram utilizadas para fins de modicidade tarifária.

Assim, as receitas patrimoniais computam como uma espécie de custo negativo, abatendo os gastos operacionais em cada grupo tarifário. Esse abatimento é resultante de um rateio entre os grupos tarifários, proporcionalmente ao porcentual do método de custeio.

Nesse campo, as administrações portuárias possuem sob sua disposição um rol de opções para obter receitas com exploração de áreas. A principal e mais tradicional é o *Arrendamento* (cessão onerosa de áreas e instalações), mas o marco regulatório previu o *Contrato de Uso Temporário* (cessão de onerosa para *movimentar cargas não consolidadas)*, os *Contratos de Passagens* (espécie de servidão administrativa por dentro do porto), a Cessão Onerosa e as Autorizações de Uso (essas duas últimas em áreas não operacionais). Veja a figura seguinte:

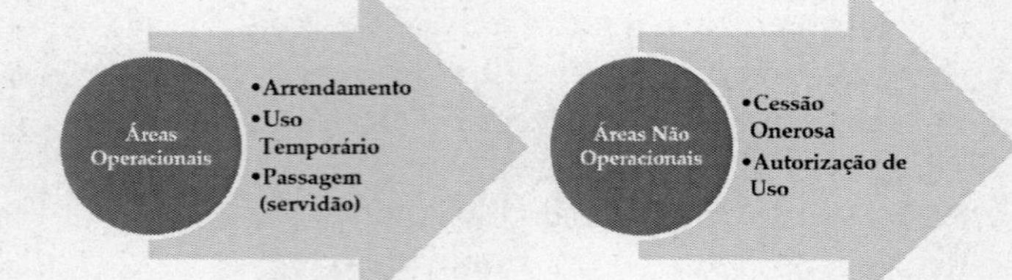

FIGURA 26 – Receitas com a Exploração de Áreas

EXERCÍCIO RESOLVIDO

Execute o rateio das Receitas Patrimoniais Anuais médias, no valor de R$50.000.000,00, em direção aos objetos de custo dos grupos tarifários padronizados pela agência reguladora. Considere, como referência, o método de custeio A, do Apêndice I.

Solução:

Veja a tabela a seguir. Basta multiplicar o Porcentual do Método de Custeio do Total do Grupo Tarifário pelo total das receitas patrimoniais atuais, em cada grupo tarifário. O resultado do rateio de receitas patrimoniais pode ser usado para abater os custos médios anuais de cada grupo tarifário.

TABELA 13

Exercício de aplicação de rateio das receitas patrimoniais, por grupo tarifário

Porcentuais do Método de Custeio A			Receitas Patrimoniais anuais médias	Rateio das Receitas Patrimoniais para fins de modicidade entre os grupos
Objetos de Custo	**Grupo Tarifário**	**% por Grupo Tarifário**		
Infraestrutura de Acesso Aquaviário	**1**	19,6%	R$ 50.000.000	R$9.800.000
Infraestrutura de Acostagem	**2**	13,9%		R$6.950.000
Infraestrutura Terrestre	**3**	35,3%		R$17.650.000
Movimentação de Cargas	**4**	0,0%		R$0,00
Utilização de Armazéns	**5**	0,9%		R$450.000
Utilização de Equipamentos	**6**	0,0%		R$0,00
Diversos Padronizados	**7**	1,2%		R$600.000
Contratos de Uso Temporário	**8**	14,4%		R$7.200.000
Complementares	**9**	14,7%		R$7.350.000
TOTAL		**100,00%**		**R$50.000.000**

Receitas alternativas

As *Receitas Alternativas*, em sentido amplo, são as que se apresentam como possível fonte de receita substitutiva à cobrança de tarifas. Segundo Justen Filho (2003),[115] referem-se às situações em que "mantido o mesmo objeto, aproveitam-se oportunidades no desempenho do serviço público para obtenção de receitas que substituem as tarifas. A receita é alternativa para a remuneração do concessionário".

No setor portuário, embora não exista serviço público, encontra guarida no art. 35, IX[116] da Lei nº 10.233, de 2001, e o seu uso na regulação de preços está prevista no art. 4º, IV[117] do Decreto nº 4.122, de 2002.

Existem diferentes modalidades de Receitas Alternativas: complementares, acessórias e de projeto associados. Entre os tipos de receitas alternativas, as complementares, acessórias e de projeto associados, elas possuem fatores geradores específicos, assim como finalidades próprias. Veja o quadro a seguir:

---

115 JUSTEN-FILHO, Marçal. *Teoria Geral das Concessões de Serviço Público*. São Paulo: Dialética, 2003. p. 373.

116 Art. 35. O contrato de concessão deverá refletir fielmente as condições do edital e da proposta vencedora e terá como cláusulas essenciais, ressalvado o disposto em legislação específica, as relativas a: (...) IX – receitas complementares ou acessórias e receitas provenientes de projetos associados;

117 Art. 4 No exercício de seu poder normativo caberá à ANTAQ disciplinar, dentre outros aspectos, a outorga, a prestação, a comercialização e o uso dos serviços, bem como: (...) IV – definir os termos em que serão compartilhados com os usuários os ganhos econômicos do concessionário decorrentes da modernização, expansão ou racionalização da prestação dos serviços, bem como de novas receitas alternativas;

TABELA 14

Atributos das Receitas Alternativas

Receita	Fatos geradores	Finalidade	Exemplo
Complementar	Serviços não exclusivos da cesta básica regulada, não inerentes à atividade portuária como *Landlord*. São arrecadadas juntamente com o recebimento das tarifas, mas não necessitam possuir vínculo direto com o serviço objeto da delegação. Relacionam-se de alguma maneira com o transporte aquaviário.	Gira em torno do serviço regulado, e ocorre porque houve previamente um serviço tarifado. Tem a finalidade de integrar, completar a remuneração.	Amarração de embarcações.
Acessórias	São serviços extras. A administração enfrenta competição. Podem ser relacionados ou não com o transporte aquaviário.	É livremente negociada entre as partes, permitidas pelo Regulador, pois é até melhor que a própria gestora do porto o faça, pois teremos garantida a segurança e a padronização das instalações.	Acompanhamento de grupo de fotógrafos dos operadores portuários e arrendatários para fotos da área comum (propaganda e marketing dos terminais).
Projetos Associados (outras)	Atividades econômicas desvinculadas da concessão. São empreendimentos paralelos, permitidos desde que não superem ou obstem o empreendimento principal. Não se relacionam ao transporte aquaviário.	São atividades comerciais que poderiam ser executadas de forma independente da existência do projeto principal, que seria a atividade portuária, no nosso caso.	Centro de Convenções dentro da área do porto.

Assim como as receitas patrimoniais, as receitas alternativas adentram ao modelo regulatório como abatimentos de gastos nos grupos tarifários, proporcionalmente aos porcentuais do método de custeio.

Até recentemente, no modelo de regulação anterior, as receitas patrimoniais se confundiam com as receitas acessórias. Com o tempo, as receitas patrimoniais foram obtendo o seu devido destaque como fonte de receitas de natureza distinta, típica do setor. Contudo, essas receitas são ainda reduzidas, quando comparadas com as receitas patrimoniais. Espera-se que com o tempo, o uso múltiplo dos portos, assim como o progresso contínuo da maturidade de uma gestão comercial, incremente significativamente essa fonte.

CAPÍTULO 15

ESTRUTURA TARIFÁRIA

Formas de incidência, tabelas e produtos

Tabela Tarifária é uma forma de organização de preços, consagrada pelo setor portuário. É uma lista de preços com peculiaridades e diversas informações.

Antes da normatização tarifária do órgão regulador, em 2019, tabelas tarifárias das autoridades portuárias tinham estrutura semelhante (por razões históricas e pela centralização resultante da extinta Portobrás), todavia demonstravam entre si marcantes diferenças com relação à quantidade de itens cobrados, formas de faturamento, abrangências, unidades, condições extraordinárias (isenção, franquias, lote mínimo, descontos, subsídios cruzados) e principalmente pelos valores cobrados. Além disso, havia sistemas de apropriação de custos diferentes. Ao mesmo tempo, existia uma natural dificuldade de projeção de fluxo de caixa (e de fatores adjacentes, como a demanda estimada e receitas).

A Administração Portuária brasileira possui em sua tabela diversas métricas, as quais chamamos de *formas de incidência*. O quadro a seguir demonstra a diversidade dessas formas típicas:

TABELA 15

Métricas típicas dos portos organizados

Grupo tarifário	Formas de incidências típicas nos portos organizados
Infraestrutura de Acesso Aquaviário	• Tonelada de carga; • Porte bruto da embarcação (DWT); • Unidades de contêiner de 20 pés (TEU); • Dia em fundeio.
Instalações de Acostagem	• m^2 linear, por hora de ocupação do cais.[118]
Infraestrutura Operacional ou Terrestre	• Toneladas; • Toneladas/hora; • Contêiner vazio; • Contêiner cheio; • Passageiro; • Animal vivo.
Utilização de Armazéns	• dia; • mês; • $m^{2;}$ • tonelada; • *Ad valorem* (pelo valor da carga);
Utilização de Equipamentos	• Tipo de equipamento, por hora ou dia.

Mas, para viabilizar a regulação por incentivos, era necessário padronizar os produtos de cada tabela tarifária, organizando inclusive os nomes, unificando-os.

Grande novidade é a transformação das métricas de acesso aquaviário para *deadweight tonnage* (DWT). Usualmente, era cobrada por toneladas de carga ou por unidades de contêineres embarcados ou descarregados no porto, uma métrica que não refletia adequadamente a ocupação da infraestrutura aquaviária.

[118] O cais, área onde estão localizados os berços de atracação e os equipamentos de movimentação de carga e descarga de mercadorias, é também utilizado para embarque e desembarque de passageiros.

A tonelagem DWT de um navio é uma medida do sistema inglês, tradicional da engenharia naval. É dada pela diferença entre o deslocamento desse navio quando inteiramente carregado e o seu deslocamento leve, e define a quantidade de carga que pode ser transportada em toneladas métricas, incluindo o peso dos combustíveis e outros suprimentos necessários para a operação.

Em outras palavras, o DWT reflete o porte bruto da embarcação, as dimensões do navio, justamente os elementos que refletem a rivalidade e a escassez do canal de acesso. Navios maiores pagam mais no total, independente se vazios ou cheios, pois representam não um só um custo maior (navios grandes necessitam de um calado mais profundo), como também um tempo despendido maior na operação manobra e de atracação, além dos riscos à navegação serem proporcionais ao porte da embarcação. Eventualmente, podem pagar menos unitariamente, como política de compensação e atração.

O DWT com forma de incidência na cobrança pelo acesso aquaviário é adotado nos portos de referência para o Brasil, como o Porto de Du Havre, Barcelona, Singapura, Sydney e Hamburgo.

A figura a seguir demonstra o DWT de certas embarcações típicas. A autoridade portuária deve ter o controle de quais embarcações trafegam pelo seu canal, e facilmente descobrirá qual é a frequência deles para que seja avaliada a previsão de demanda. Quando existem linhas de navegação (rotas fixas, periódicas), essa estimativa é mais exata.

FIGURA 27 – Tonelagem DWT típicas das embarcações

Produto é o bem ou serviço produzido e ofertado, para aquisição, satisfazendo um desejo ou necessidade do mercado, aumentando o bem-estar do consumidor. São trocados por uma remuneração, isto é, pela tarifa. Uma decorrência dessa definição é que a remuneração se impõe quando existe uma produção e uma troca, ou seja, uma contraprestação. Quem recebe algo deve pagar; quem não produz não deve receber.

A Administração Portuária é uma fornecedora multiprodutos, e alguns deles podem ser agregados em um portfólio. A resposta para essa agregação consta, da tabela a seguir, um espelho do normativo do Regulador.

TABELA 16

Produtos padronizados nos portos organizados

(continua)

Grupo	Nome do Grupo	Tabela	Produtos relacionados
1	Infraestrutura de Acesso Aquaviário	1	Aquavias, abrigos, áreas de fundeio, canais e bacias de evolução, balizamento, sinalização e gerenciamento do acesso.
2	Instalações de Acostagem	2	Terminais, cais e píeres, pontes de atracação e a infraestrutura acessória ou contígua.
3	Infraestrutura Operacional ou Terrestre	3	Estradas, rodovias e ferrovias, incluindo o arruamento, pavimentação, sinalização e iluminação, acessos e áreas de estacionamento.
4	Movimentação de Cargas	4	Transporte vertical ou horizontal de carga dentro da área do porto organizado, incluindo recebimento, conferência, condução interna, abertura de volumes para conferência aduaneira, manipulação, arrumação e entrega, bem como o carregamento ou descarga de embarcações.

(conclusão)

Grupo	Nome do Grupo	Tabela	Produtos relacionados
5	Utilização de Armazéns	5	Uso de áreas livres ou construídas para armazenagem, além dos serviços de guarda e conservação de mercadorias importadas, a exportar ou em trânsito, depositadas sob sua responsabilidade, incluindo o recebimento, abertura para conferência aduaneira, pesagem das mercadorias avariadas.
6	Utilização de Equipamentos	6	Aluguel ou requisição de uso de aparatos ou dispositivos operacionais.
7	Diversos Padronizados	7	Transações de natureza diversa não enquadráveis nas tabelas anteriores, padronizadas, ligadas à atividade portuária.
8	Uso Temporário	8	Tarifa devida pelos Contratos de Uso Temporário.
9	Complementares	9	Transações de natureza diversa não enquadráveis nas tabelas anteriores, não padronizadas pela ANTAQ, porém ligadas à atividade portuária.

Fonte: ANTAQ, 2019

EXERCÍCIO RESOLVIDO

Transforme a seguinte métrica de forma de incidência, de toneladas para DWT. O objetivo é manter as receitas tarifárias inalteradas, isto é, sem impacto tarifário ao armador. Dados:

Item	Forma de incidência	Tarifa atual ($)
1	Tarifa de acesso aquaviário por tonelada de carga embarcada	3,18

Para simplificar, considere que no porto só atracam navios Panamax, com 58.469,1 DWT. A demanda total anual é de 36.562.798 toneladas de carga dentro das embarcações que acessam o canal, mediante o uso de 909 embarcações.

Solução:

Começamos encontrandos a receita tarifária anual antes da transformação:

Receita Tarifária Anual (RAT) = 3,18 × 36.562.798 = $115.919.611,4

Dividindo a RAT pela quantidade de embarcações, saberemos o ticket médio por navio tipo:

RAT por embarcação = R$115.919.611,4 ÷ 909 = $127.524,33

Dividindo o ticket médio pelo porte do navio tipo, teremos a tarifa por DWT:

Ticket médio por DWT = $127.524,33 ÷ 58.469,1 = 2,18

A nova tabela tarifária transformada será:

Item	Forma de incidência	Nova tarifa ($)
1	Tarifa de acesso aquaviário por DWT	2,18

É necessário ressalvar que o exercício anterior se trata de um estudo sobre os valores médios. Um estudo mais detalhado envolve uma distribuição de frequências de probabilidades por intervalos de DWT. Nesse caso, o objetivo será obter um conjunto de segmentação tarifária que minimize o impacto da transformação para cada operação típica de interesse do porto. Alguns portos têm vocação para embarcações de menor porte ou com menor ocupação média – essas situações particulares devem ser tratadas para refletir não só o interesse comercial do porto, mas também para viabilizar a universidade do porto público.

Modalidades tarifárias e grupos tarifários

A *estrutura tarifária* é a forma organizada das tabelas, formas de incidência, tarifas e outras regras associadas. É montada em camadas, os chamados segmentos, do nível mais agregado ao mais analítico.

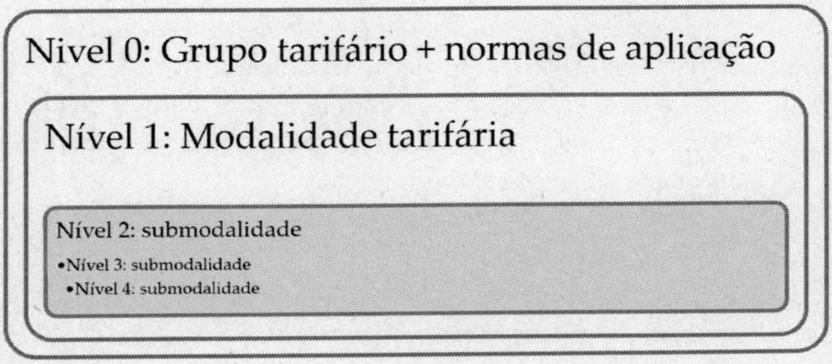

Nivel 0: Grupo tarifário + normas de aplicação

Nível 1: Modalidade tarifária

Nível 2: submodalidade

- Nível 3: submodalidade
  - Nível 4: submodalidade

FIGURA 28 – Níveis da estrutura tarifária padronizada

O nível inicial contempla a agregação maior, em termos do Grupo Tarifário e as Normas de Aplicação. É nível zero.

Modalidade tarifária representa os diversos produtos ou serviços públicos individualmente ofertados pela Administração Portuária, previamente regulados, na forma de tarifa, de modo específico e divisível.

Grupo Tarifário é agregação de distintas modalidades de cobrança tarifária que apresentam entre si elevado grau de afinidade a respeito dos produtos fornecidos ou dos usuários requisitantes.

Em 2019, as formas de incidência foram padronizadas e unificadas até determinado nível (a depender do grupo tarifário, no nível 1, 2 ou 3), ficando livre dos demais níveis subsequentes (geralmente se estendem até o quarto ou quinto nível, no máximo), desde que o último nível seja apenas uma segmentação do nível anterior, isto é, respeitando a métrica do nível acima (exemplo: toneladas por hora, por veículo, m^2 etc.). Salvo disposição contratual diversa, essa padronização alcança também os contratos de concessão. O último nível é onde estará o preço.

Esse esmiuçar de uma modalidade tarifária, detalhando as submodalidades em uma tarifa diferenciada para determinado tipo de carga ou embarcação, chamamos de segmentação de mercado.

EXERCÍCIO RESOLVIDO

Segmente a estrutura da estrutura tarifária da Tabela I, itens 2.1 (operações de longo curso) até o quarto nível, onde estará o preço. Adote como critério o próprio porte da embarcação, fazendo um escalonamento com degraus de 20 mil DWT. Use o quadro referencial do Apêndice.

Solução:

Veja a tabela seguinte. Devemos repetir o quarto nível a partir dos diversos terceiros níveis.

TABELA 17

Exercício de segmentação em Tabela I, itens 2.1, até o 4º nível

(continua)

GRUPO	TABELA	ITEM	FORMA DE INCIDÊNCIA
1	Tabela I	2	Tarifa variável, pela tonelagem de porto bruto da embarcação (TPB / DWT).
1	Tabela I	2.1	Para operações de longo curso.
1	Tabela I	2.1.1	De carga geral ou de projeto, solta.
1	Tabela I	2.1.1.1	Navios de 0 a 20 mil toneladas.
1	Tabela I	2.1.1.2	Navios de 20,1 a 40 mil toneladas.
1	Tabela I	2.1.1.3	Navios de 40,1 a 60 mil toneladas.
1	Tabela I	2.1.1.4	Navios de 60,1 a 80 mil toneladas.
1	Tabela I	2.1.1.5	Navios acima de 80 mil toneladas.
1	Tabela I	2.1.2	De carga geral, conteinerizada.
1	Tabela I	2.1.2.1	Navios de 0 a 20 mil toneladas.
1	Tabela I	2.1.2.2	Navios de 20,1 a 40 mil toneladas.
1	Tabela I	2.1.2.3	Navios de 40,1 a 60 mil toneladas.
1	Tabela I	2.1.2.4	Navios de 60,1 a 80 mil toneladas.
1	Tabela I	2.1.2.5	Navios acima de 80 mil toneladas.
1	Tabela I	2.1.3	De granéis sólidos.
1	Tabela I	2.1.3.1	Navios de 0 a 20 mil toneladas.
1	Tabela I	2.1.3.2	Navios de 20,1 a 40 mil toneladas.
1	Tabela I	2.1.3.3	Navios de 40,1 a 60 mil toneladas.
1	Tabela I	2.1.3.4	Navios de 60,1 a 80 mil toneladas.
1	Tabela I	2.1.3.5	Navios acima de 80 mil toneladas.

(conclusão)

GRUPO	TABELA	ITEM	FORMA DE INCIDÊNCIA
1	Tabela I	2.1.4	De granéis líquidos.
1	Tabela I	2.1.4.1	Navios de 0 a 20 mil toneladas.
1	Tabela I	2.1.4.2	Navios de 20,1 a 40 mil toneladas.
1	Tabela I	2.1.4.3	Navios de 40,1 a 60 mil toneladas.
1	Tabela I	2.1.4.4	Navios de 60,1 a 80 mil toneladas.
1	Tabela I	2.1.4.5	Navios acima de 80 mil toneladas.
1	Tabela I	2.1.5	De carga perigosa ou tóxica.
1	Tabela I	2.1.5.1	Navios de 0 a 20 mil toneladas.
1	Tabela I	2.1.5.2	Navios de 20,1 a 40 mil toneladas.
1	Tabela I	2.1.5.3	Navios de 40,1 a 60 mil toneladas.
1	Tabela I	2.1.5.4	Navios de 60,1 a 80 mil toneladas.
1	Tabela I	2.1.5.5	Navios acima de 80 mil toneladas.
1	Tabela I	2.1.6	Com outros fins ou que não movimentam carga, inclusive fundeio para abastecimento.
1	Tabela I	2.1.6.1	Navios de 0 a 20 mil toneladas.
1	Tabela I	2.1.6.2	Navios de 20,1 a 40 mil toneladas.
1	Tabela I	2.1.6.3	Navios de 40,1 a 60 mil toneladas.
1	Tabela I	2.1.6.4	Navios de 60,1 a 80 mil toneladas.
1	Tabela I	2.1.6.5	Navios acima de 80 mil toneladas.

Nesse caso do exemplo, a Administração Portuária pode propor um preço unitário menor para os navios de maior porte, já que o custo médio, dado o efeito de economia de escala, é *também menor. Pode propor ainda um preço progressivo, semelhante* à *tributação do imposto de renda (as "alíquotas" se somariam* à *medida que o porte avança). As diferentes destinações das embarcações também podem proporcionar preços distintos, a depender da vocação do porto.* É *tradicional que cargas a granel sejam diferenciadas em relação* às *cargas conteinerizadas.*

Normas de aplicação

As *normas de aplicação* são textos que acompanham as tabelas tarifárias, definindo critérios sobre como as modalidades tarifárias serão utilizadas no momento da cobrança e do faturamento pela Administração Portuária. Define critérios sobre como as modalidades tarifárias serão utilizadas no momento da cobrança e do faturamento pela Administração Portuária.

O normativo do órgão regulador deu especial atenção para essa matéria no art. 8º:

> Art. 8º As normas gerais de aplicação informam, para cada grupo tarifário:
> I – a abrangência, escopo ou amplitude de cobertura das modalidades tarifárias;
> II – as regras de manuseio; e
> III – as franquias ou isenções de cobrança.

A Administração Portuária não está livre para emitir suas regras de aplicação sem o controle do órgão regulador, devendo ainda respeitar as Regras de Aplicação Padronizadas, já constante do normativo.

Contudo, podem ser emitidos Complementos, ou mesmo detalhamentos para cada porto organizado, desde que exista uma aprovação ou comunicação prévia, a depender da situação. Livre, porém, é um detalhamento ainda maior das regras de aplicação aprovadas pelo Regulador, desde que não contrariem o já estabelecido. A figura a seguir demonstra o que os Complementos podem contemplar:

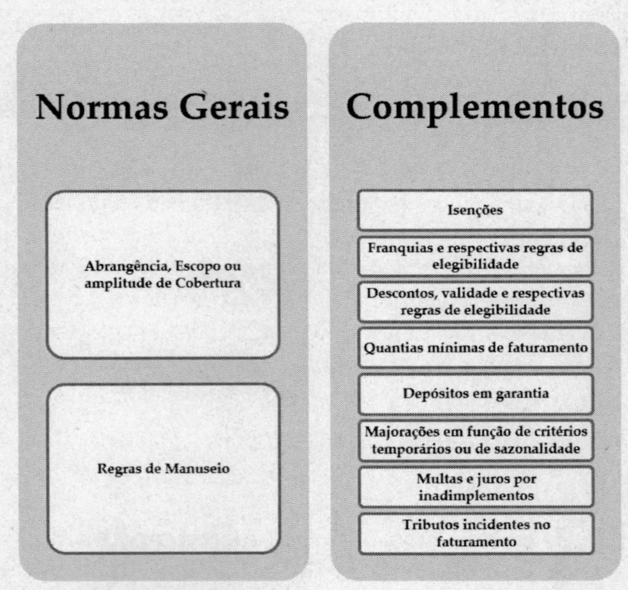

FIGURA 29 – Componentes possíveis das Normas de Aplicação

AS TARIFAS CONVENCIONAIS E AD VALOREM

Cabemos comentar a existência de uma "**Tarifa Convencional**", a tarifa que pode sofrer variações frequentes em seu valor, devido a fatores exógenos. O valor dessa, quando classificada como "convencional", é fixado pela própria Administração Portuária no momento de cada requisição, mediante apresentação do orçamento ao requisitante, antes do início do fornecimento. Na verdade, é uma tarifa portuária com características de preço privado, pois não é aprovada previamente pelo Regulador, existindo uma margem negocial maior.

Logicamente, como tarifa portuária, não escapa dos princípios associados ao preço público, e deve ser principalmente isonômica, isto é, ser orçada com critérios mais gerais possíveis, sem discriminação de primeiro grau. Ademais, deve ter seu uso reduzido, ou seja, ser aplicada de forma excepcional, em homenagem à previsibilidade. Geralmente é associada a cargas especiais, atípicas, como as cargas de projeto. Seu emprego deve ser excepcional.

Outra excepcionalidade é a forma de incidência no formato *ad valorem*, isto é, o preço é um porcentual do valor da mercadoria. Geralmente, é aplicada nos grupos tarifários de armazenagem de cargas importadas (a sua origem é inclusive o regime aduaneiro, das taxas alfandegárias). O preço é "conforme o valor" monetário da carga, exposto nos documentos de importação (geralmente o valor CIF – *Cost, Insuranse and Freigh*).

O seu objetivo é proteger a Administração Portuária dos riscos associados ao serviço – quanto maior o valor da carga, maior os transtornos que ela pode causar e maiores os cuidados sobre ela. Se o valor da mercadoria for muito baixo, a Administração Portuária poderá criar um valor mínimo de faturamento, representando um "*ad valorem* equivalente" a uma carga de certo valor típico. Por isso, o porcentual *ad valorem* é estipulado um porcentual para cada tipologia de carga, evitando porcentuais generalistas.

A **Tarifa *Ad Valorem*** (a exceção) se contrapõe à **Tarifa Específica** (a maioria), que é imposta por um valor unitário fixo, independente da mercadoria ou do movimento. Todavia, ambas devem ser aprovadas previamente pelo Regulador, embora a Tarifa *Ad Valorem* fuja do modelo de custo tradicional, já que não remunera custos médios, e sim riscos. Nesse caso, os porcentuais históricos e a comparação com outros portos, incluindo terminais privados, são ferramentas de análise de preços. A Administração Portuária nacional ainda não adota a tarifa mista, ou seja, um componente fixo e outro *ad valorem*.

CAPÍTULO 16

MERCADO DE REFERÊNCIA E PREVISÃO DE DEMANDA

Um dos conceitos mais recentes criados pelos especialistas do órgão regulador foi o de *Mercado de Referência.*

É derivado do setor elétrico, em que representa a quantia de energia faturada pela concessionária e entregue no período de 12 meses anteriores ao pleito tarifário, de maneira a facilitar a projeção de suas receitas para os doze meses seguintes.

O mercado de referência da Administração Portuária é aquele ocorrido nos últimos 12 meses em sua área de jurisdição, somado à projeção de variação para os 12 meses seguintes, na média.

O uso da média é importante, pois, diferente do setor elétrico (que possui sazonalidade na oferta), o setor portuário possui razoável *sazonalidade na* ótica *da demanda,* inclusive temporadas de certas cargas. É necessário um amortecimento para capturar somente os crescimentos (ou reduções) de mercado no médio e longo prazo. Ademais, o setor portuário é afetado ainda por situações exógenas, como o comércio internacional e o crescimento dos países desenvolvidos.

Logo, a tarifa portuária baseada em custo médio reflete uma definição *ex-ante* de algo projetado: os valores médios estariam equilibrados pelo menos por um prazo de alguns poucos anos, desde que a demanda cresça no ritmo planejado e os custos totais permaneçam controlados. Considerando que as revisões tarifárias não são obrigatoriamente anuais, muitas vezes por decisão da própria Administração Portuária, para manter os preços adequados à realidade dos preços de mercado, bastará que, anualmente, o gestor do porto solicite o reajuste anual para mantê-la atualizada monetariamente.

Essa sintonia de médio prazo estará mais ajustada quanto melhor a assertividade do gestor portuário em relação à demanda futura informada ao Regulador, e quanto mais controles ele apresentar sobre a curva de custo médio de seus produtos. Daí a importância de a previsão da demanda estar baseada em estudos especializados e, na sua falta, consideremos a média ajustada.

Se a curva de custo médio mostrar tendência de alta durante esse período de referência, uma alta em ritmo maior que a taxa de índices de preços inflacionários, teremos uma clara indicação da ineficiência e do desequilíbrio. Portanto, em um primeiro momento, é dispensável o Regulador criar empresas espelho (como *benchmarking*) ou índices de produtividade setorial, bastaria, nesse primeiro momento, monitorar eficazmente a curva de custo médio de cada Administração Portuária.

Em termos normativos, o Mercado de Referência é um conjunto de dados associados aos serviços efetivamente prestados e à previsão de demanda, relativos a um "período de referência" (veja figura a seguir), devendo ser apresentados ao Regulador nos projetos tarifários.

O *período de referência* corresponde ao intervalo de tempo entre as revisões tarifárias. É dividido entre o período subsequente (retroagindo ao passado) e o período antecedente (prevendo o futuro). O Regulador tem como expectativa padronizar os períodos de referência começando com 36 meses no primeiro ciclo tarifário, caminhando para 48 e depois 60 meses, após o terceiro ciclo.

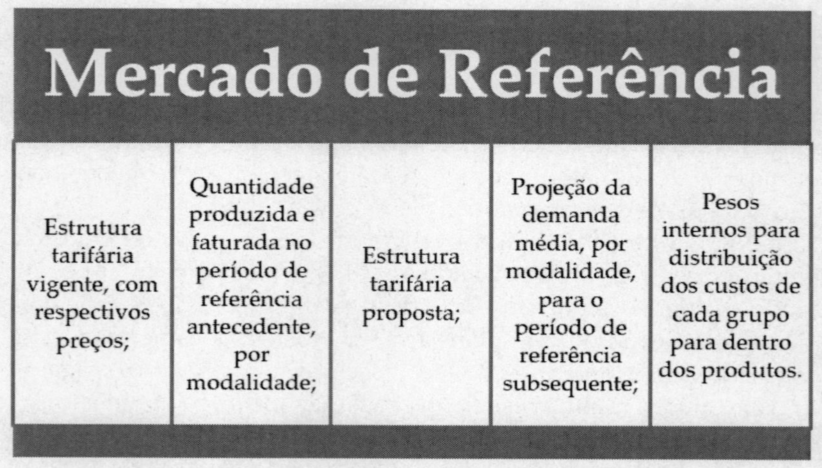

FIGURA 30 – Componentes do mercado de referência

As técnicas de previsão de demanda compreendem quase um ramo científico próprio, melhor estudado pela Engenharia de Produção, incluindo até modelos estatísticos. O ideal é que a Administração Portuária tenha funcionários especializados ou contrate uma consultoria externa para estudar a sua demanda, para cada modalidade tarifária de sua estrutura, embora, até 2019, essa não tem sido uma preocupação de boa parte das administrações portuárias, até porque o modelo tarifário não requisitava essas informações nesse nível de granularidade. Existem casos de déficits inclusive de controle dos históricos de vendas já realizadas, impossibilitando o resgaste do período antecedente.

Inexistindo estudos de demanda confiáveis, o Regulador dispõe das seguintes alternativas:

I. Considerar que a demanda média passada é igual à futura, ainda que acrescida de pequeno porcentual de crescimento linear;
II. Considerar que a demanda média passada é maior que a futura, nos casos em que as modalidades tarifárias em análise refiram-se a negócios superados, ou cargas em desuso no porto;
III. Avaliar os Planos Mestres e o Plano de Desenvolvimento e Zoneamento (PDZ) do porto, checando a compatibilidade das estimativas em face do planejamento portuário oficial e aprovado pelo ministério supervisor;
IV. Avaliar as licitações de arrendamento previstas para o porto, já que novos arrendamentos e contratos de exploração de áreas implicam novos negócios e crescimento da demanda de certos perfis de carga.

CAPÍTULO 17

PREVISÃO DE INVESTIMENTOS

Indicação de investimentos no porto público

Investimento, do ponto de vista da regulação tarifária, é a aplicação de capital para benefício futuro, isto é, em bens de capital, o chamado investimento bruto. Tem como reflexo o aumento do patrimônio da empresa. A sua contrapartida, na contabilidade regulatória, é o crescimento dos custos direitos ou das despesas com amortização contábil.

Os *investimentos eficientes* da autoridade portuária em bens de capital são empregados na infraestrutura da área comum do porto organizado e se classificam pelo seu objetivo, ou seja, na:

I. *Expansão*: aumento da capacidade;
II. *Reposição ou Substituição*: troca de bens depreciados ou obsoletos;
III. *Modernização ou Racionalização*: introdução de novas tecnologias com vistas ao aumento da produtividade e eficiência;
IV. *Estratégicos*: para melhorar posicionamento frente à concorrência, geralmente na diversificação da produção.

Os investimentos eficientes da autoridade portuária podem ser aplicados em áreas operacionais e não operacionais, desde que compatíveis com o planejamento setorial. Cabe ao Regulador avaliar essa compatibilidade da proposta com os instrumentos de planejamento tradicionais do setor portuário, assim como o plano de novas outorgas (previsão de licitações de arrendamento e de novos contratos de uso temporário etc.).

Os investimentos também resultam em ativos imobilizados. Caso sejam remunerados pelas tarifas, ou seja, pela receita tarifária ou mesmo por qualquer outra receita operacional, os bens serão reversíveis.

Bens reversíveis são ativos vinculados à área do porto organizado e à atividade portuária resultante de investimentos, previstos em planos, projetos e contratos, realizados pelas próprias administrações portuárias. São dotados de uma propriedade: a reversibilidade, ou seja, a aptidão de integrar-se ao patrimônio federal, pela transferência de sua guarda e responsabilidade à União, principalmente ao final do contrato ou do convênio de delegação.

Os investimentos estão dentro do contexto do *Orçamento de Capital*, processo em que as empresas listam, avaliam, classificam e selecionam investimentos de longo prazo que envolvem grande volume de capital. Visa a quantificar os recursos a serem empregados e mensurar os riscos envolvidos em cada alternativa de investimento, com o objetivo de analisar se o investimento vai obter retorno e se vai aumentar ou reduzir a riqueza da empresa.

Fontes de financiamento

Até recentemente, a autoridade portuária contava apenas com duas fontes para financiamento de investimentos: subvenções governamentais ou receitas patrimoniais. Quem não obtinha espaço no orçamento público ou não detinha contratos de arrendamento, ou as rendas de tais contratos estavam comprometidas com o custeio, não executava investimentos. Empréstimos bancários, em grandes volumes, eram raros, até porque eram empresas bastante comprometidas em termos de saúde financeira.

Do ponto de vista amplo, as opções de financiamento eram, ainda que algumas deles pouco aplicáveis às empresas estatais, as seguintes:

- *Capital próprio (Equity financing)*: excedentes operacionais financeiros ou capitalização por aporte societário, quando se estabelece um custo de oportunidade e uma taxa de retorno mínima considerando os riscos;
- *Capital de terceiros (Debt financing):* empréstimos bancários ou emissão de títulos privados de dívida, ou seja, é o retorno exigido pelos credores;
- *Ponderação de capitais:* admitindo que os projetos são financiados simultaneamente por capital próprio e capital de terceiros, ponderadamente. O custo de capital de determinado projeto corresponde à média ponderada entre o retorno esperado das ações da empresa e a taxa de juros que essa firma paga pela sua dívida. Combinações de financiamento com

capital de terceiros e capital próprio (*debt-equity financing*) significam que o resultado é um custo médio ponderado do capital (CMPC).

Essa sistemática mudou a partir do novo modelo tarifário de 2019, até porque novos ventos sopram na gestão das finanças públicas no contexto da Emenda Constitucional do Teto de Gastos: as sobras no orçamento federal são praticamente inexistentes, e a reserva de espaço no orçamento depende de uma previsão de rubricas específicas nas leis orçamentárias, condição que demanda um esforço de médio prazo do gestor, além de intensas negociações com os órgãos fazendários.

Existem incentivos agora para que o próprio usuário do porto remunere os investimentos na atividade. A contínua retirada de tarifas subvencionadas vem gerando excedentes operacionais, assim como o sucesso do programa de arrendamentos portuários do governo federal.

Podemos incluir ainda duas outras opções de capitalização de investimentos:

- Adicional de novas receitas tarifárias, por meio de um processo de revisão tarifária (reequilíbrio); e
- Antecipação de receitas tarifárias ou receitas de arrendamento, por meio de contrato privado entre usuários do porto.

A antecipação supracitada, ora regulamentada pelo órgão regulador na Resolução Normativa ANTAQ nº 48, de 2021, está prevista no art. 42-B e art. 42-C do Decreto nº 8.033, de 2013, nos seguintes termos:

> Art. 42-B. A administração do porto organizado poderá negociar a antecipação de receitas de tarifas junto aos usuários para fins de realização de investimentos imediatos na infraestrutura custeada pela tarifa, respeitado o equilíbrio das contas da Administração Portuária.
>
> (...)
>
> Art. 42-C. A administração do porto poderá negociar a antecipação de receitas a título de valor de arrendamento para fins de realização de investimentos imediatos na infraestrutura comum do porto, respeitado o equilíbrio das contas da Administração Portuária.

O equilíbrio das contas é aferido pela: I – à inexistência de prejuízo ao equilíbrio das contas da Administração Portuária nos 03 (três) anos civis subsequentes à operação; e II – o limite de 20% (vinte por cento) da receita operacional bruta prevista para os 10 (dez) anos civis subsequentes à operação.

A revisão tarifária também pressupõe reequilíbrio, então, em ambas as opções, não pode haver prejuízo ao equilíbrio das contas.

A medida é salutar para evitar ganhos de curto prazo em detrimento do médio e longo prazo.

Verifiquem que incluir investimentos no processo de revisão tarifária é opção exclusiva do gestor, caso entenda o que cabe solicitar um montante adicional de receitas tarifárias para viabilizar o projeto. De outro lado, o projeto pode ser viabilizado de outras formas – por exemplo, as receitas tarifárias podem crescer vegetativamente, mediante o incremento da demanda, gerando sobra de caixa. Mas, ao incluir no projeto de revisão tarifária, o gestor fica obrigado, pelo Regulador, a executar o projeto, ao contrário de outras formas de financiamento. A opção contém, portanto, um cálculo de risco, pois nem sempre um projeto conduzido por uma estatal tem rápido avanço físico.

Modelos de decisão

Os elementos fundamentais da decisão da engenharia econômica são o *Fluxo de Caixa*, o *Tempo* e *Taxa de Juros*.[119] Nesse âmbito, as decisões racionais e prudentes de investimentos e financiamento de projetos baseiam-se em métricas voltadas à análise de aspectos de seu retorno, dentre os quais se destacam:

- *Prazo de retorno (payback)*: avalia o tempo de retorno necessário para que as entradas de caixa do projeto se igualem ao valor investido. Projetos de retorno mais curto são preferidos. Pode ser *payback* simples ou descontado (considerando uma taxa de juros anual ou mensal). O *payback* deve ser menor ainda que a vida útil do equipamento ou da instalação;
- *ROE* (*return on equity*): medida que avalia a proporção da rentabilidade em relação ao capital investido ou patrimônio. Mede quantos Reais são gerados para cada Real empregado. É especialmente utilizado para comparar o desempenho das alternativas disponíveis. Uma técnica conhecida é a Análise Dupont, que decompõe um ROE em elementos mais facilmente conhecidos como a margem líquida, o giro dos ativos e a alavancagem;
- *VPL* (valor presente líquido): é determinado pelo cálculo dos custos (fluxos de caixa negativos) e benefícios (fluxos de caixa positivos) para cada período de um investimento. Após o

[119] Não nos ocuparemos com as definições elementares da Engenharia Econômica, tendo em vista existirem diversas obras a respeito.

cálculo do fluxo de caixa de cada período, o valor presente (VP) de cada um é obtido descontando seu valor futuro a uma taxa de retorno periódica (a taxa de retorno ditada pelo mercado). O VPL é, portanto, a soma de todos os fluxos de caixa futuros descontados. Essa técnica determina o valor presente de pagamentos futuros descontados a uma taxa de juros apropriada, menos o custo do investimento inicial. O VPL representa o valor do dinheiro no tempo. É uma ferramenta útil para determinar se um projeto ou investimento resultará em lucro líquido ou prejuízo. Um VPL positivo resulta em lucro, enquanto um VPL negativo resulta em perda. O VPL mede o excesso ou déficit de fluxos de caixa, em termos de valor presente, acima do custo dos fundos;

- *Taxa Interna de Retorno (TIR):* a taxa de juros que anula o VPL é a chamada TIR. Esse método assume implicitamente que os fluxos de caixa líquidos periódicos são reinvestidos à própria TIR calculada para todo o investimento. O investimento será economicamente viável se a TIR for maior que a taxa mínima de atratividade (por exemplo, a taxa básica de juros divulgada pelo Banco Central).

Pode ser agregado ainda um *Método de Benefício Custo*, acrescentando um viéis de interesse público e social aos projetos de longa duração.

Geralmente os bons gestores têm uma carteira de projetos – com base nesses índices, escolhe e prioriza os projetos mais atrativos. A técnica de *Payback* Simples é altamente compatível com a natureza comercial do porto público, sendo mais intuitiva para compreensão do usuário. Ademais, o *Payback* Simples é ainda uma medida de risco: quanto menor o tempo, menor exposição aos riscos. Serve ainda para comparar projetos com tempos de retorno diferentes.

Comumente, é executada também uma *análise de sensibilidade* durante o estudo de engenharia econômica para determinar como a decisão poderia ser modificada em função de uma variável crítica, testando os seus limites, com alterações calcadas em conceitos como elasticidade e variações porcentuais. Pode ser executada uma *análise de cenários*, contendo mudanças globais e distribuições de probabilidades, medindo os resultados a partir da variação de diversos parâmetros em cada cenário (por exemplo, otimista, provável e pessimista). O coeficiente de variação entre os cenários serve-nos para comparar os diferentes valores esperados com os respectivos desvios.

Alternativas de investimento são opções independentes que envolvem uma descrição sucinta e as melhores estimativas dos parâmetros relevantes como, por exemplo, custos de aquisição (incluindo preço de compra, desenvolvimento e instalação), vida útil, estimativas das receitas e despesas anuais, valor residual (valor de revenda ao final do projeto), taxa de juros (taxa de retorno) e, possivelmente, efeitos da inflação e do imposto de renda. As estimativas das despesas anuais geralmente são agrupadas e chamadas genericamente de custos operacionais anuais.

Classificação e escolha dos investimentos para compor a revisão tarifária

A Engenharia Econômica classifica os projetos em:

- *Projetos independentes*: podem ser executados ao mesmo tempo se houver disponibilidade financeira;
- *Projetos complementares*: a execução de um projeto depende da aprovação de outro;
- *Projetos mutuamente excludentes*: os projetos mutuamente excludentes competem entre si na avaliação. Aceitar um implica rejeitar outro. Nesse caso, o procedimento é uma análise incremental (marginal). Os projetos que necessitam menos capital e com melhor retorno são os preferidos.

O conjunto de projetos (independentes, complementares e mutuamente excludentes) formará uma carteira de projetos dentro do Orçamento de Capital.

Nos projetos de revisão tarifária, o gestor portuário poderá apresentar uma carteira de projetos para incorporação do custo de capital como custo direto nos grupos tarifários. Nesse momento, os projetos podem ser classificados pelo seu estágio de maturidade formal:

- *Em planejamento*: fase de concepção e de estudos de viabilidade; momento em que se justifica a necessidade do projeto; elaboração de projeto básico, anteprojetos ou memorial descritivo;
- *Em licitação*: fase de identificação e seleção do fornecedor ou construtor; elaboração do edital e seus anexos; recebimento e julgamento das melhores propostas;
- *Em contratação*: fase de negociação final, ajustes e assinatura de contratos de fornecimento;
- *Em execução*: fase de implementação física e fiscalização das entregas; desembolso financeiro.

Projetos embrionários, ainda na fase de concepção, tendem a não serem aceitos. Devem amadurecer até constar de uma revisão tarifária.

Cuidado maior com os projetos em planejamento (fase de concepção do projeto) ou em licitação (fase de seleção do construtor). Salutar o porto, apresentar os anteprojetos, termos de referência, estudos básicos ou memoriais descritivos daqueles investimentos ainda não contratados, com o objetivo de firmar um valor aproximado, com relativa precisão, do orçamento de gastos. Esses documentos fornecerão subsídios para posterior fiscalização da Agência Reguladora quanto ao efetivo desembolso e respectivo avanço físico da obra ou aquisição de equipamentos.

Não compete ao Regulador avaliar tecnicamente o conteúdo de engenharia dos projetos, ainda que possa opinar no mérito das prioridades ou da destinação de recursos escassos do ponto de vista do planejamento portuário ou mesmo do impacto ao usuário. O montante de investimentos deve sempre guardar razoabilidade e proporcionalidade com a arrecadação presente da autoridade portuária, caso contrário o impacto tarifário será excessivo. Regra prática é o desembolso anual para investimentos não ultrapassar 30% das receitas operacionais.

PORTO ORGANIZADO, MERCADOS INCOMPLETOS E INVESTIMENTOS

A criação dos portos organizados é fruto da existência de "mercados incompletos" que, por sua vez, existem porque os empresários são avessos ao risco. Há bens ou serviços que o setor privado não produz em função das restrições de demanda (sazonal ou aleatória) ou de oferta (elevados níveis de "custos afundados", insuficiente conhecimento da tecnologia para produzir, baixo retorno, riscos ambientais, direitos de propriedade duvidosos, presença de bens públicos etc.). O setor privado, nesses mercados, não identifica as condições necessárias para investir pesadamente. Neles, o bem não é ofertado na quantidade suficiente, ainda que os custos para produzi-lo sejam inferiores ao preço que o consumidor estaria disposto a pagar. Nesses casos, apenas parte da demanda é atendida, havendo escassez de financiamento de longo prazo.

Nos mercados incompletos, a participação governamental é necessária, daí a existência dos portos públicos ser plenamente justificável pela economia clássica.

Porém, com o passar dos anos, após décadas da instalação de um porto organizado, uma vez consolidado o mercado, cabe evitar a transferência de subsídios diretos (subvenções governamentais), pois perderão a relação como financiamento de longo prazo para atender curto prazo, distorcendo as decisões econômicas dos usuários e ocupando o espaço que seria do setor privado (**efeito *crowding out***). Se há interesse do setor privado investir, restam poucas razões para a participação governamental. O porto organizado continuará público mesmo após concedido; ademais, arrendatários podem financiar a expansão da infraestrutura comum por outros meios. Ainda que os subsídios diretos governamentais atendam a uma função (re)distributiva (de renda, conforme MUSGRAVE, 1976)[120] na macroeconomia (em uma lógica de política fiscal), a doutrina aponta que há no longo prazo efeitos negativos no que diz respeito à qualidade e à variedade da oferta de serviços setoriais.

Neste ponto, Gremaud (2012)[121] defende que o crescimento econômico não pode depender somente da poupança do governo. Se essa estiver concentrada em aplicações setoriais de curto prazo, dificilmente será possível financiar projetos de longo prazo. Captações de recursos focados no curto prazo inibem o desenvolvimento nacional. O pleno emprego dos recursos de produção pressupõe um volume de investimentos não restrito ao volume de poupança do governo. É importante dizer: se os investimentos públicos excedem o volume de poupança do governo, ele deverá recorrer à poupança externa para financiá-los; ou seja, incorrerá em déficit ou em inflação.

Ao contrário: o aumento de poupança interna (ou de excedentes de capital, pela justa remuneração) dos portos leva à geração de mais empregos e, com isso, mais renda para o entorno. É um ciclo virtuoso (keynesiano).

Aliás, a ampliação dos investimentos dos portos organizados não depende necessariamente de poupança prévia. A expansão do capital necessária pode dar-se pela utilização dos fatores de produção ociosos ou desempregados.

EXERCÍCIO RESOLVIDO

Um porto organizado decidiu investir nos seguintes projetos e quantias no período subsequente a sua revisão tarifária, realizada em dezembro de 2021:

---

[120] MUSGRAVE, Richard. *Teoria das Finanças Públicas*. São Paulo: Editora Atlas, 1976.

[121] GREMAUD, Amaury Patrick. *Economia Brasileira Contemporânea*. 7. ed. São Paulo: Editora Atlas, 2012. p. 164.

Projeto	Descrição	Valor (R$ milhões)	Estágio	Objetivo
1	Dragagem de aprofundamento	13,0	Em licitação	Expansão
2	Novo berço	25,0	Em contratação	Estratégico
3	Reafastamento e duplicação da avenida de acesso terrestre	10,0	Em contratação	Reposição e Expansão

Será adotado capital próprio, integralmente custeado novas receitas tarifárias. Classifique os investimentos e determine qual é o valor médio de receita tarifária anual necessária para custear os investimentos, considerando um payback simples de cinco anos. Determine o custo anual direto a ser apropriado nos grupos tarifários.

Solução:

Primeiramente, elaborar uma tabela de classificação, calculando os desembolsos anuais. Como o exercício não informou o avanço físico do cronograma, vamos considerar um ritmo anual linear, isto é 100% = 5 anos = 20% por ano. Nos casos reais, o porto deve apresentar o cronograma físico-financeiro de cada projeto, para ser posteriormente fiscalizado.

TABELA 18

Exercício de classificação de investimentos

Classificação	Contagem de nº Projeto	Soma de Valor R$1.000	Soma de 2022 (R$1.000)	Soma de 2023 (R$1.000)	Soma de 2024 (R$1.000)	Soma de 2025 (R$1.000)	Soma de 2026 (R$1.000)
Em contratação	2	35.000	7000	7000	7000	7000	7000
Em execução	0	0	0	0	0	0	0
Em licitação	1	13.000	2600	2600	2600	2600	2600
Em planejamento	0	0	0	0	0	0	0
Total Geral	**3**	**48.000**	**9.600**	**9.600**	**9.600**	**9.600**	**9.600**

O valor médio a ser acrescido como receita tarifária anual necessária para custear os projetos é R$48 milhões ÷ 5 = 9,6 milhões.

Agora, veremos o custo anual a ser apropriado em cada grupo tarifário, em termos de custo direto.

TABELA 19

Exercício de custeio dos investimentos por grupo tarifário

Projeto	**Descrição**	**Valor (R$ milhões)**	**Grupo Tarifário**	**Custo Anual Médio (R$ milhões)**
1	Dragagem de aprofundamento	13,0	Acesso Aquaviário	13 ÷ 5 = 2,6
2	Novo berço	25,0	Acostagem	25 ÷ 5 = 5,0
3	Reafastamento e duplicação da avenida de acesso terrestre	10,0	Acesso Terrestre	10 ÷ 5 = 2,0

Eventualmente, os investimentos poderão ser alocados como custo indireto, a depender da situação. Nesse caso, serão rateados proporcionalmente ao método de custeio.

Outras situações podem ser ensaiadas, como diferentes composições de capital. O cenário simulado é simples, sem remuneração de capital, mas se parte do capital for de terceiros, tendo sido tomados empréstimos para uma rápida execução física, as despesas de capital devem ser compostas nas parcelas anuais do payback.

CAPÍTULO 18

ESTRATÉGIA COMERCIAL

Instrumentalizando a política comercial

Estratégia é um conceito abrangente. Pensadores como Peter Drucker, Higor Ansoff e Michael Porter ensinam que a estratégia é um processo organizacional, para mapear decisões da organização sobre o uso futuro de seus recursos. Pressupõe o monitoramento do ambiente externo e a construção de alvos concretos a serem atingidos.

Os preços portuários guardam relação cada vez maior com um contorno estratégico. Afinal, os portos organizados competem com os terminais de uso privado. O gestor do porto deve pensar estrategicamente seus preços, posicionando-os de forma competitiva, para o presente e o para o futuro, seja em uma estratégia de sobrevivência, manutenção ou crescimento de mercado.

As tarifas devem revelar intenções estratégicas, uma pauta de política comercial, um padrão comportamental, isto é, um propósito consciente, aproveitando-se as oportunidades seja a) introduzindo novos produtos, viabilizando novos negócios, mais arriscados etc.; b) aproveitando os serviços já consagrados, que dispensam maiores investimentos e c) abandonando os chamados abacaxis (aqueles sem crescimento de mercado). A matriz BCG[122] é uma ferramenta amplamente utilizada para esse mapeamento. As estratégias competitivas genéricas de Michael Porter englobam a Liderança em Custo, Foco e Diferenciação. Ansoff, em sua própria matriz, foca nos elementos de mercado (novos e existentes), assim como produtos (novos e existentes),

---

[122] Modelo proposto por Bruce Henderson.

enquadrando a penetração, desenvolvimento e diversificação.

A estratégia de segmentação por diferenciação é aquela em que a empresa reconhece e leva em consideração uma ou algumas diferenças significativas que possam existir entre seus segmentos-alvo e opta por tratá-los de forma distinta, preparando e executando planos de marketing específicos.

Em relação aos transportes de cargas, o modal aquaviário, se comparado aos modais rodoviário e ferroviário, apresenta diferenciais competitivos, como o deslocamento de produtos em termos de maior volume transportado em cada veículo, a fluidez no tráfego sem congestionamentos nas suas vias e a maior velocidade média para levar o produto ao consumidor final.

A determinação dos preços de venda é uma questão fundamental para qualquer empresa exploradora de atividade econômica. Se ela praticar um preço muiti alto, inibirá a venda e, se o preço for muito baixo, poderá não gerar o lucro esperado. Masakazu Hoji (2010)[123] aponta que o resultado econômico e financeiro adequado dependem de uma estratégia de preços. Para o autor, a formação do preço de venda de produtos e serviços pode adotar as seguintes estratégias que:

- *Forma*ção de preço com base em custos, onde a receita bruta é soma dos custos, com as despesas, o lucro e os tributos;
- *Formação de pre*ços com base em receita líquida, onde o preço de venda é calculado determinando um porcentual de lucro sobre a receita líquida, sendo, portanto, uma variante da estratégia anterior;
- *Formação de preços pelo método do mark-up*, ou seja, uma taxa predeterminada que se adiciona a uma base, que pode ser o custo total, custo de produção etc.;
- *Formação de preços com base no mercado*, tomando-se como informação o preço corrente do mercado, o preço do concorrente, preços agressivos (para aumentar a participação no mercado) e preços promocionais (desconto em um produto para atrair o fornecimento de outro).

Todas essas estratégias são válidas na regulação portuária. Nesse sentido, considerando o marco legal, a regulação tarifária dos portos, sinteticamente, observará três dimensões da estratégia para a formação de preços:

---

[123] HOJI, Masakasu. *Administração Financeira e Orçamentária:* matemática financeira aplicada, estratégias financeiras, orçamento empresarial. 8. ed. São Paulo: Editora Atlas, 2010.

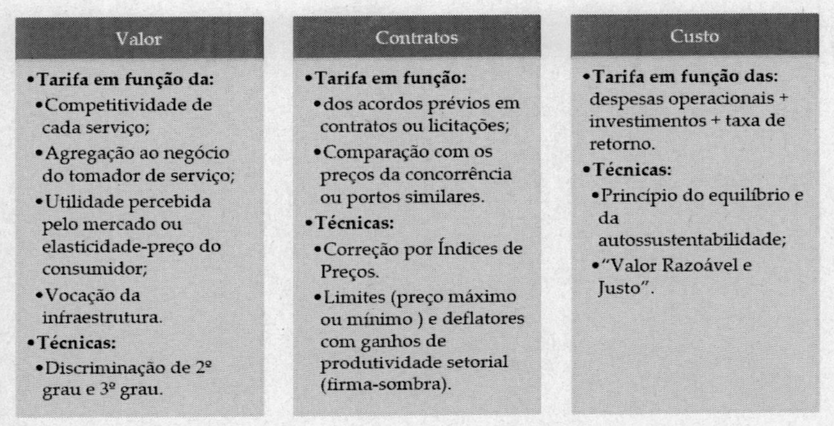

FIGURA 31 – Dimensões da estratégia comercial em tarifas portuárias

Da figura anterior, é possível acrescentar uma quarta dimensão, a performance (nível de capacidade e produtividade da infraestrutura).

Essas dimensões tomam forma na prática dentro do modelo de regulação, tendo o custo como elemento orientativo, *mark-ups* distintos para cada produto, descontos no preço-teto e franquias e submodalidades segmentadas.

O mark-up pode ser usado como divisor ou multiplicador. Usando-se como divisor, a equação é a seguinte:

$$Preço\ de\ Venda = \frac{Base}{Markup\ divisor}$$

Sendo a base o custo de produção, a taxa de *mark-up* deve ser suficiente para cobrir os tributos, as despesas administrativas, as despesas financeiras e lucro desejado. Pela sua simplicidade, o método é amplamamente utilizado em empresas médias e pequenas.

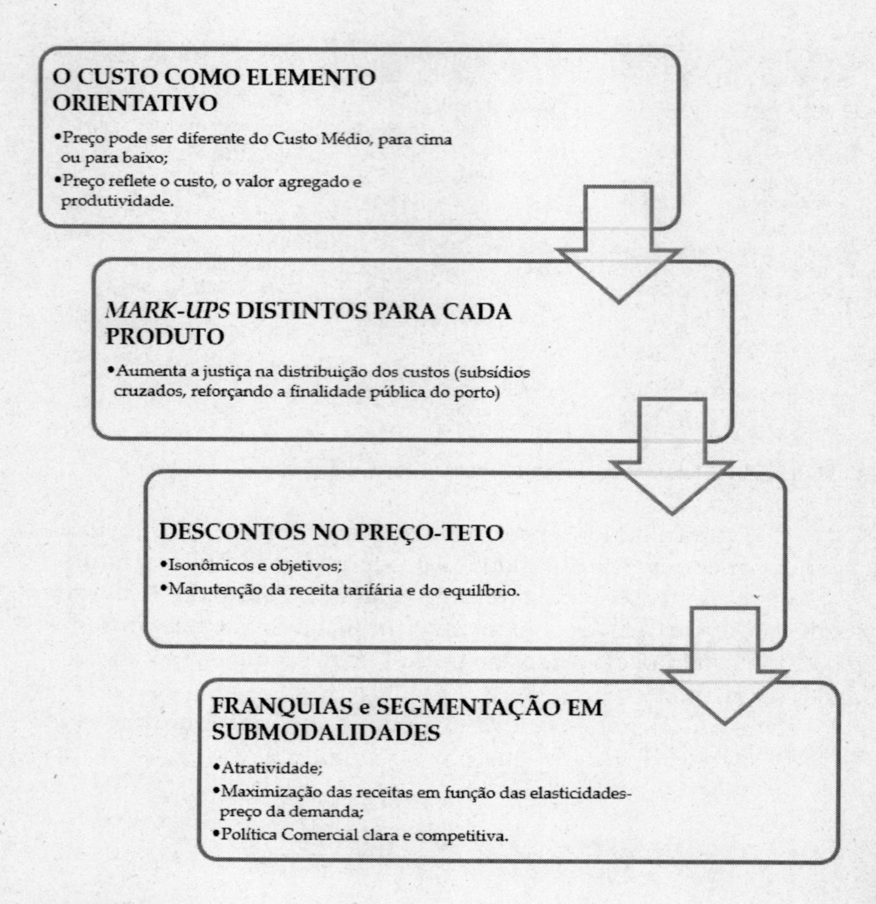

FIGURA 32
Quatro ferramentas da estratégia de preços na Administração Portuária

ADMINISTRAÇÃO PORTUÁRIA E ESTRUTURA DE MERCADO

Estrutura de mercado, nas ciências econômicas, descreve os componentes de um lugar hipotético, onde as transações entre os agentes econômicos ocorrem, definindo a capacidade e a possibilidade desses em maior ou menor concorrência. O estudo das formas de mercado avalia o tamanho e a capacidade que tem uma empresa para deter poder de mercado e definir o preço de um produto. Quanto maior o poder de mercado, maior a capacidade da empresa em aumentar seus preços sem perder clientes. Uma economia de mercado, na qual nenhuma empresa possui poder suficiente para sozinha formar o preço, é usualmente a forma mais eficiente de organização da atividade econômica de um país.

Em termos de estrutura de mercado, a Administração Portuária, gestora (estatal ou privada) do porto público pode ser vista como uma firma discriminadora de N-Produtos, além das seguintes características microeconômicas: intensividade em mão de obra, economias de escala, custos fixos elevados, baixo incentivos à inovação, participação governamental nos investimentos, garantias extraordinárias como provedora e grande presença de bens públicos.

É possível, ainda, um enquadramento alternativo, como oligopólio (não cooperativo com os demais portos), porém vemos algum nível de hegemonia em certas cargas em determinados locais, de sorte que é possível modelá-lo como monopólio natural em certas atividades (como o acesso aquaviário e a infraestrutura terrestre), com boa dose de assertividade, ainda que enfrentem competição entre portos.

Esse poder de mercado vem se reduzindo desde a década de 2000, principalmente pelo advento dos novos terminais de uso privado, entretanto, as relações econômicas dentro das "infraestruturas essenciais" de transporte geralmente são complexas de modelar. A simples entrada de novos ofertantes não é suficiente muitas vezes para reduzir o poder de mercado dos agentes pré-existentes. Há aspectos intangíveis relacionados a um negócio qualquer, como fidelidade, relacionamentos de longo prazo, confiança entre pessoas e percepção de qualidade.

Outro ponto é a relativa capacidade ociosa dos portos públicos, que permite adotarem políticas de atração de carga em efeitos de curto prazo; a infraestrutura de transporte terrestre local e a infraestrutura retroportuária também influem na escolha do porto de embarque ou desembarque, assim como a oferta de rotas marítimas pelos armadores.

Na verdade, em portos menos desenvolvidos comercialmente, o administrador portuário defronta-se com uma escolha, muitas vezes um dilema: a autossustentabilidade ou o socorro de subvenções governamentais. Naturalmente, o Regulador econômico prefere a primeira alternativa, pois torna os preços reveladores da real conjuntura; do contrário, o contribuinte estaria transferindo renda para usuários do transporte aquaviário. Incentivos à eficiência são mais predominantes quando o tomador do serviço é que custeia totalmente a sua prestação.

As administrações portuárias com fraca autonomia gerencial encontram dificuldades análogas em implementar uma estrutura tarifária que recupere seus custos. Por outro lado, as administrações portuárias com objetivos mais comerciais e forte autonomia estão aptas a implementar essa estratégia mais facilmente. Cabe ao poder concedente estimular a autonomia das autoridades portuárias.

Todavia, devemos reconhecer que as Autoridades Portuárias tradicionais possuem envolvimento com o setor público, logo, objetivos sociais mais amplos, tais como o desenvolvimento econômico regional ou suporte à competitividade das indústrias nacionais. Do ponto de vista societário, a União pode aportar capital nas administrações portuárias, inclusive para viabilizar investimentos e expansão da infraestrutura. O patrimônio do porto, desse modo, cresce, não seria uma perda. Porém, no setor privado, os sócios evitam aportar recursos para custear as despesas correntes, exceto para aumentar o capital de giro.

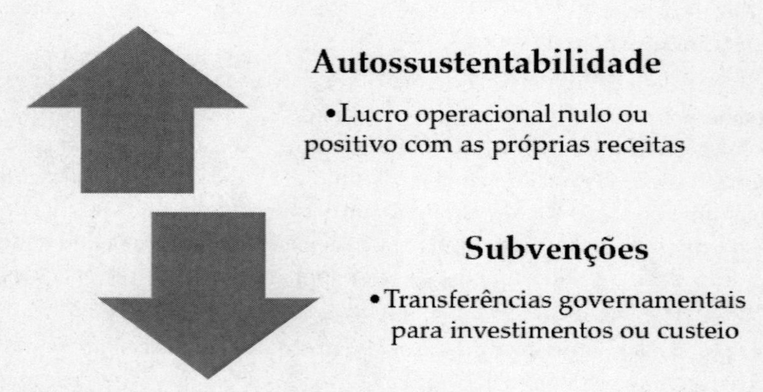

FIGURA 33 – Dilema do gestor do porto público

Subsídios cruzados e subsídios estatais

Subsídios concedidos diretamente pelo Estado configuram uma forma de se proceder à correção da falta de remuneração suficiente a cobrir os custos da prestação do serviço, quando se estipulam tarifas sociais. É importante destacar que neste tipo de cobertura extra de déficit, é a própria sociedade quem arca com a implantação da tarifa diferenciada, uma vez que o dinheiro será proveniente dos cofres públicos.

Conforme elucida Natália de Aquino Cesário (2014),[124] os subsídios estatais consistem em interessante possibilidade para cobrir os custos com as tarifas sociais, de modo que o próprio Estado arca com o prejuízo que se originou da necessidade de reduzir ou suprir uma determinada desigualdade econômica. Com a utilização desse meio, "se os cofres públicos arcarem com o custo da tarifa social (que será o valor do fornecimento – exploração e manutenção – do serviço público para determinados usuários de baixa renda), a própria comunidade é que arcará com os encargos".

Os *subsídios estatais* confrontam-se com os *subsídios cruzados*. Esse último é remunerado pelo próprio usuário, enquanto o primeiro é pago pelo orçamento público.

Existem diversas maneiras de se instaurar subsídios cruzados para compor a remuneração do serviço público prestado com tarifas sociais. Dentre elas, é possível destacar as seguintes: (i) subsídios entre usuários, pelos quais uma determinada categoria patrocinará o serviço para outra, como acontece com os setores industriais e comerciais que financiam serviços de abastecimento de água para fins residenciais ou ainda com a estipulação de tarifas mínimas, que favorecem os usuários mais pobres; (ii) subsídios entre faixas de consumo, pelos quais quem utiliza mais paga um valor proporcionalmente maior frente aos que utilizam menos (caso das tarifas diferenciais crescentes); (iii) subsídios entre regiões geoeconômicas, quando uma região mais desenvolvida subsidia valores a regiões próximas e menos estruturadas (ALMEIDA, 2009, p. 89).[125]

---

[124] CESÁRIO, Natália de Aquino. *A discriminação na cobrança de tarifas de energia e telefonia como estratégia de Administração Pública Inclusiva*. 2014. Trabalho de Conclusão de Curso (Graduação em Direito) – Faculdade de Direito de Ribeirão Preto da Universidade de São Paulo, Ribeirão Preto, 2014. p. 58.

[125] LMEIDA, Aline Paola Correa Braga Camara de. *As tarifas e as demais formas de remuneração dos serviços públicos*. Rio de Janeiro: Lumenen Juris, 2009. p. 89.

Sobre os subsídios mantidos pelos próprios usuários do serviço, como forma de remunerar o estabelecimento de tarifas socialmente diferenciadas, Gladys Vásquez Franco (1991)[126] escreve que:

> O *design* dos sistemas tarifários deve atender a esquemas racionais em razão de seu impacto em aspectos múltiplos da vida de um país. Isso influencia não somente os orçamentos domésticos, os custos e as estruturas dos setores produtivos, mas também o financiamento das empresas responsáveis pela prestação do serviço. É necessário estabelecer tarifas diferenciadas, conforme se trate do setor produtivo ou de famílias de renda alta, média ou baixa. Deve ser cobrado das famílias de rendas mais baixas tarifas de menor valor, além de subsidiar ou subvencionar o seu consumo de serviços públicos. O subsídio deve ser tanto maior quanto mais essencial for o respectivo serviço.

Sobre os subsídios cruzados garantidos pelos usuários do serviço, Sundfeld e Câmara (2006, p. 610)[127] escrevem que um grupo de usuários arcará com uma parcela dos custos resultantes da prestação do serviço a outros usuários:

> Trata-se de uma forma de distribuir os custos do serviço de uma maneira independente do ônus que cada um tenha gerado. Na maioria das vezes em que o sistema é adotado, busca-se cobrar mais da parcela de usuários teoricamente detentora de maior poder aquisitivo, para que seja possível cobrar menos de usuários com capacidade econômica inferior. É o que ocorre, por exemplo, quando são fixadas tarifas idênticas para a utilização de distintas linhas de transporte coletivo municipal. Independentemente dos custos envolvidos, todos os usuários pagarão a mesma quantia; o que usa uma linha mais rentável pagará o mesmo que o usuário de uma linha deficitária; o que usa um trecho curto pagará o mesmo daquele que usa o serviço para vencer longas distâncias. Ou seja, o valor cobrado acima dos custos de um grupo subsidia o valor cobrado dos custos de outro.

Existe uma ampla discussão doutrinária acerca da legitimidade do uso de subsídios estatais nas concessões. Críticas são apontadas no sentido de tais subsídios acarretarem mais malefícios que benefícios,

---

[126] FRANCO, Gladys Vasquez. *La concesión administrativa de servicio* público. Santa Fé de Bogotá: Temis, 1991. p. 13.

[127] SUNDFELD, Carlos Ari. CÂMARA, Jacintho Arruda. O poder normativo das agências em matéria tarifária e a legalidade o caso da assinatura do serviço telefônico. *In*: ARAGÃO, Alexandre Santos de (coord.). *O poder normativo das agências reguladoras*. Rio de Janeiro: Forense, 2006. p. 610.

uma vez que o objetivo da concessão seria justamente não haver mais gastos por parte do Estado com a prestação do serviço, que poderia empregar esses recursos em outras atividades. É a posição, por exemplo, de Marçal Justen Filho (2003), para quem "Essa solução configura-se como altamente indesejável, frustrando as finalidades da concessão". O autor destaca que "o Estado não realizará o motivo fundamental que conduziu à outorga, relacionado com a eliminação dos encargos necessários à manutenção do serviço". Faz um alerta, ainda, que "as teorias econômicas costumam apontar esses subsídios como causa fundamental de males muito graves, gerando mais problemas que benefícios sociais".

Maria Sylvia Zanella Di Pietro (2010) apresenta posição favorável à outorga de subsídios estatais em concessões deficitárias. Di Pietro sustenta que a conclusão pela legitimidade do uso de tais subsídios advém da interpretação a "contrario *sensu*" do art. 17 da Lei Geral de Concessões. Segundo o referido artigo, considera-se desclassificada a proposta que necessite de vantagens ou subsídios que não estejam previamente autorizados em lei. Dessa forma, o legislador teria deixado claro que existe a possibilidade de autorização, através de lei, de subsídios estatais nas concessões.

Floriano de Azevedo Marques Neto (2004), ao explicar sobre as diferentes formas de subsídios que podem incidir em uma concessão, também apresenta opinião favorável à legalidade dos que provêm do Estado:

> Três podem ser, de forma bastante simplificada, as modalidades de subsídio. Pode haver subsídio entre serviços, quando uma modalidade de serviço mais rentável gera excedentes econômicos que neutralizam parte dos custos dos serviços deficitários. Pode haver subsídios entre usuários, quando uma classe de usuários mais aquinhoada ou mais que se utiliza do serviço gera receitas suficientes para reduzir o impacto do uso por classes de usuários menos aquinhoadas. Por fim, há o subsídio externo (que inclusive é preferível do ponto de vista econômico) no qual o valor necessário para equilibrar o impacto de operação deficitária pela cobrança de tarifa menor que os custos advêm de fonte externa, normalmente um fundo específico ou de origem fiscal.

Em que pese a discussão doutrinária, os subsídios estatais são constantemente empregados nas concessões. Sua concessão, no entanto, deve sempre ser precedida de estudos econômico-financeiros. Tais informações devem ser fornecidas pela respectiva agência reguladora, principalmente nas situações em que o contrato já esteja em curso.

Ao estabelecer uma diferenciação tarifária, com o intuito de garantir a isonomia e o acesso universal ao serviço, a política tarifária deverá prever também as correspondentes técnicas de compensação, para que a remuneração do serviço e o equilíbrio econômico-financeiro do contrato restem preservados.

Após a determinação do grupo de usuários que necessitam do tratamento diferenciado, é imprescindível que se fixem as fórmulas através das quais será garantido o pagamento do déficit na remuneração do serviço. Isso poderá ocorrer através de subsídios pagos pelos próprios usuários (também conhecidos como subsídios cruzados) ou através de subsídios pagos pelo próprio Estado.

ENCARGOS SETORIAIS

Encargos Setoriais são gastos obrigatórios da autoridade portuária impostas pelo titular do contrato, ou seja, a União. Visam a implementar políticas públicas e, como tais, devem constar em leis e decretos, e distribuídos às autoridades portuárias pelo órgão regulador proporcionalmente às obrigações de cada uma (pode-se adotar outros critérios, como receita total ou movimentação total). Podem ser repassadas às tarifas ou subsidiadas pelo Poder Concedente. Quando repassadas aos usuários, a sua instituição ou modificação de patamar enseja uma revisão tarifária extraordinária, compondo um custo direto ou indireto, a depender do encargo.

Durante a execução do contrato de concessão, que tem como caraterística a longa duração, pode surgir a necessidade de novos investimentos para a prestação de serviço adequado aos usuários. Como exemplo, cita-se a necessidade de duplicação de uma rodovia federal concedida, para garantir a eficiência, a segurança e a fluidez do tráfego.

Esses novos encargos, não previstos na proposta vencedora da licitação, mas que devem ser implementados, se levados à revisão da tarifa, podem onerar substancialmente certas classes de usuários, inviabilizando até mesmo a concessão. Se fossem considerados na revisão, ou não poderiam ser implantados, ou onerariam a economia do contrato a ponto de desequilibrar a equação avençada na licitação. Dessa forma, e com fulcro na modicidade tarifária, conforme demonstrado pelos argumentos doutrinários a seguir, é possível considerar os subsídios estatais e outras vantagens como mecanismo de reequilíbrio econômico e financeiro do contrato de concessão.

Nos termos do art. 17 da Lei Geral de Concessões, depreende-se que subsídios e outras vantagens podem ser concedidos aos concessionários, desde que haja previsão no edital de licitação, para que todos os concorrentes o considerem em suas propostas. Por outro lado, o princípio da mutabilidade informa que durante a execução do contrato podem ser necessários novos investimentos para prestação do serviço de forma adequada, os quais desequilibrariam a equação se fossem suportados pelo concessionário, ou onerariam os usuários caso implicassem em revisão tarifária.

Historicamente, o setor portuário nunca possuiu encargos setoriais (embora a União tenha, constantemente, repassado subvenções governamentais aos portos públicos). O quadro tende a mudar, assim que forem implementadas as primeiras concessões.

As taxas de fiscalização, por exemplo, podem ser consideradas encargos, assim como programas de auxílio aos trabalhadores, ou mesmo porcentuais destinados à pesquisa e ao desenvolvimento.

Maximização de rendas e do bem-estar

O Regulador tem disponível outros instrumentos de maximização do bem-estar social, cuja aplicação ou não está na seara discricionária da autoridade portuária. Algumas delas dependem de autorização prévia do Regulador, outras não, cabendo apenas um controle posterior.

Desconto é a redução, temporária, na cobrança do limite máximo de uma tarifa. Descontos devem ser isonômicos, isto é, afetar todos os segmentos de usuários de forma indistinta, sem vantagens pessoais ou personalíssimas. Devem ainda ser transparentes, para que todos conheçam o benefício e possam se planejar para aproveitá-los, com lealdade na competição.

Diferimento é uma inovação criada pelo Regulador, aproveitada do setor elétrico. Trata-se do adiamento ou suspensão provisória, por prazo certo, da aplicação dos novos valores homologados pela autoridade regulatória para uma ou mais modalidades tarifárias da respectiva Administração Portuária. Geralmente, ocorre pedido de diferimento quando os preços são aprovados sem satisfazer totalmente ao gestor portuário ou quando o mercado necessita de um tempo maior para absolver o novo nível de preços. O emprego do instituto afeta diretamente o equilíbrio econômico da operação, pois frustra receitas. Logo, gera um passivo para período subsequente, a ser recuperado mediante o aumento adicional da tarifa, correspondente à receita diferida. Deve ser evitado e utilizado excpecionalmente, por tempo bastante limitado, não pode ser utilizado por tempo indeterminado.

Isenção corresponde ao emprego dispensável de uma tarifa, mediante qualificação certa ou enquadramento exato da carga ou do requisitante, dada a ausência do dever de pagar, independentemente da decisão da Administração Portuária. Não gera passivos à Administração Portuária, mas as isenções tarifárias adicionais, para além daquelas normatizadas para todos os portos, deverão constar das normas gerais de aplicação da respectiva administração portuária e devem ser aprovadas previamente pelo Regulador. A administração portuária não poderá estabelecer qualquer isenção tarifária adicional sem ato legal do Poder Público Federal que a autorize, ou sem ato normativo desta Agência que suporte a dispensa.

A isenção guarda relação também com as "tarifas sociais". A estipulação das tarifas socialmente diferenciadas, ou simplesmente "tarifas sociais", encontra seu fundamento no princípio da igualdade, no princípio da generalidade e na garantia do acesso universal aos serviços de utilidade pública.

Em determinadas situações e com relação a certos grupos de usuários, o valor normal das tarifas não serviria às finalidades de universalização do serviço, pois a falta de recursos financeiros suficientes para o acesso a serviços públicos não pode se tornar um empecilho à utilização dos mesmos. Assim, a lei de política tarifária, ou normas regulatórias, podem e devem prever quais as situações que comportam benefícios tarifários, com a finalidade de atender ao princípio da isonomia e garantir a universalização dos serviços.

Franquia corresponde à possibilidade de a Administração Portuária decidir por facultar a cobrança de uma dada modalidade tarifária em um dado período do fornecimento correspondente, concedendo ou permitindo acesso transitório ou uso não oneroso da infraestrutura. Não depende de anuência prévia do Regulador o estabelecimento de franquias tarifárias, desde que: i) estejam enquadradas na estrutura tarifária vigente; e ii) sejam aplicáveis a todos os usuários, indiscriminadamente. A primeira regra é importante: a franquia não pode criar uma nova forma de incidência tarifária, deve ocorrer sobre as formas de incidência existentes, para modalidades existentes, evitando-se assim a criação de vantagens indevidas a certos grupos. Se a métrica é por hora, a franquia será de X horas.

Ademais, não depende de autorização prévia do Regulador a instituição de *quantias mínimas* de faturamento das tarifas em vigor, desde que visem a aumentar a eficiência operacional ou cobrir o custo de disponibilidade. A regra incentiva não requisitar a autoridade portuária para pequenos serviços isolados, ineficientes.

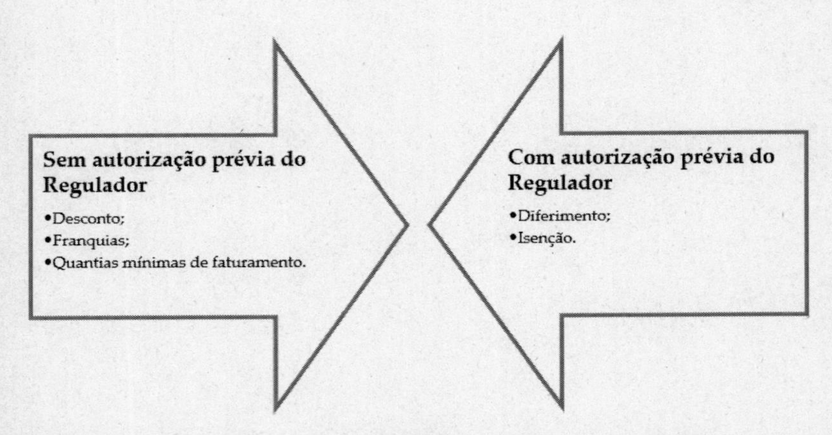

FIGURA 34 – Instrumentos adicionais de maximização de renda

Curioso é que os descontos tarifários combatem efeitos semelhantes ao apontado pela *Curva de Laffer*.[128] A curva demonstra que nem sempre a elevação da alíquota de impostos aumenta a receita do governo. Um resultado potencial da curva de Laffer é que aumentar as alíquotas além de certo ponto torna-se improdutivo, à medida que a receita também passa a diminuir. Portanto, existe um ponto ótimo de taxação, a ser procurado pelo órgão fazendário – algumas vezes, reduzir a alíquota faz cair o preço final ao consumidor e assim estimula as vendas e a produção, obtendo efeito positivo na receita tributária.

Como as tarifas portuárias guardam relação com o custo médio, durante o seu cálculo o Regulador considera a demanda como exógena, ou seja, independente do preço. Entretanto, trata-se de uma simplificação, pois o monopolista também enfrenta uma demanda elástica – quanto maior o preço, menor a demanda. Em condições de mercado, a empresa procuraria um preço que maximizasse a sua renda; os descontos sobre o preço máximo são esse instrumento: reduzir o preço, a depender da elasticidade-preço da demanda, pode aumentar a receita tarifária, ou mesmo mantê-la, em cenário de piora do mercado.

---

[128] Arthur Laffer é um economista norte-americano, focado na teoria econômica do setor público e finanças públicas, especialmente tributação.

CAPÍTULO 19

CUSTOS OPERACIONAIS

Contabilidade regulatória

Sem dúvidas, dentro de qualquer processo tarifário percebem-se questões sensíveis e arenosas, como a distribuição de ganhos de produtividade, a incorporação parcial de outras receitas e os subsídios.

Logo, para que os resultados de uma revisão tarifária sejam cada vez mais transparentes e previsíveis, é fundamental ordenar um conjunto de regras e critérios padronizados, institucionalizando não apenas o monitoramento e o controle da alocação dos recursos auferidos pela prestação dos serviços, mas também todos os subprocessos organizacionais envolvidos.

A contabilidade está crescentemente focada em sistemas de informação que permitam melhor gerenciamento de custos. A *contabilidade de custos*, como suporte para a tomada de decisões, é essencial para: introduzir ou cortar determinado produto, determinar preços, definir a melhor opção entre comprar ou produzir.

Essas informações consistentes e fidedignas são disponibilizadas pela chamada *Contabilidade Regulatória*, vital para a elaboração das planilhas tarifárias, permitindo uma análise segura da composição dos preços e a aplicação da regulação econômica para os serviços públicos e demais explorações de serviços e instalações portuárias.

RESOLUÇÃO NORMATIVA Nº 15/2016

Em 2016, a Agência Reguladora editou a Resolução Normativa nº 15.[129] Essa norma foi considerada o início de uma efetiva contabilidade regulatória no setor portuário. A sua importância é vital, pois sob ela foi construída toda a regulação posterior. Ela impõe regras de governança contábil para as administrações portuárias, inaugurando o Manual de Contas das Administrações Portuárias, isto é, essa resolução refundou a regulação econômica no setor portuário. A seguir, trechos notórios do diploma.

> Art. 2º O uso do Manual de Contas das Autoridades Portuárias deverá ser adotado como padrão de contabilização auxiliar por todas as Administrações Portuárias dos Portos Organizados regulados pela ANTAQ, independente da sua tipologia em termos societários, de personalidade jurídica ou de outorga e delegação.
>
> Art. 3º As Autoridades Portuárias ficam obrigadas a adotar as medidas necessárias à implementação do referido Manual de Contas, conforme o seguinte cronograma: (...)
>
> II – a partir de 1º de janeiro de 2018, proceder à escrituração completa de suas contas com o registro das informações pertinentes conforme diretrizes e procedimentos fixados pelo Manual de Contas, incluindo a apuração de custos conforme determina o Manual anexo.
>
> (...)
>
> Art. 5º (...)
>
> §3º A partir de 1º de julho de 2018, a entrega da avaliação patrimonial de ativos e a contabilização de passivos prevista neste Manual de Contas será requisito para a instrução processual dos pleitos de revisão ou de reajuste tarifário da respectiva Autoridade Portuária.

Nos métodos convencionais de regulação discricionária, um dos cuidados do Regulador, ao buscar a eficiência em preços, é estabelecer bases para uma tarifação minimamente reflexo dos custos operacionais, sem, porém, determinar compulsoriamente uma tarifa igual ao custo médio. Nesse âmbito, no modelo de taxa de retorno, a tarifa portuária poderá ser igual, menor ou maior ao custo médio, desde que o custo médio seja a referência, isto é, de fato conhecido, calculado com certa

[129] Posteriormente substituída pela Resolução ANTAQ n 43/2020, basicamente com o mesmo texto.

precisão a partir de apropriação dos custos diretos, indiretos e das despesas administrativas.

No uso dessa liberdade alocativa e distributiva, poderá manter os preços individuais iguais ao custo médio de cada modalidade tarifária, ou superiores, até mesmo inferiores à média, conservando então os preços históricos, aqueles acordados em contratos, ou mesmo adotando uma política comercial mais agressiva em determinado fornecimento. A condição suprema para tal liberdade de atuar no mercado é a seguinte: o custo médio de cada modalidade deve ser conhecido fidedignamente e tempestivamente apresentado ao Regulador, para que fique transparente a política de alocação utilizada.

TERMOS E CONCEITOS APLICADOS A CUSTOS

Para normalizar a nomenclatura utilizada ao longo do trabalho, faz-se necessário apresentar algumas definições básicas sobre custos, que foram adaptadas da obra de Martins (1996).[130]

Gasto é o sacrifício econômico da empresa para a obtenção de um produto ou serviço qualquer. **Investimento** é o gasto ativado em função de vida útil ou de benefícios atribuíveis a futuros períodos.

Custo é o gasto relativo a produtos e serviços utilizados na produção de outros bens (produtos e serviços). Os itens de custo podem ser classificados de acordo com a facilidade de alocação em:

- → **Custos diretos**: aqueles cuja alocação aos produtos ou serviços pode ser feita de forma direta, sem necessidade de estimativas.
- → **Custos indiretos**: aqueles que não oferecem condição para uma apropriação objetiva aos produtos ou serviços, em que a alocação só pode ser feita com base em estimativas.

Em relação à quantidade produzida, podem ser classificados em:

- → **Custos Variáveis**: aqueles cujo montante varia proporcionalmente à quantidade produzida;
- → **Custos Fixos**: aqueles cujo montante mantém-se fixo, no curto prazo, independentemente da quantidade produzida.

As despesas também podem ser classificadas em variáveis e fixas, no entanto, essa classificação dar-se-á em relação à quantidade vendida.

Despesa é o gasto relativo a bens ou serviços consumidos direta ou indiretamente para a obtenção de receitas, podendo ou não transitar pelo custo,

[130] MARTINS, E. *Contabilidade de Custos*. 10. ed. São Paulo: Atlas, 2010.

isto é, no momento da venda dos produtos ou serviços, todos os seus custos transformam-se em despesas. Outros gastos transformam-se automaticamente em despesas sem passar pelo custo: os gastos administrativos, financeiros e de vendas; e outros, ainda, só se transformam em despesas se forem vendidos, como é o caso de terrenos, que não estão sujeitos à depreciação.

As **despesas gerais e administrativas** representam os gastos pagos e incorridos, envolvendo salários e ordenados, serviços, honorários, depreciação e amortização, materiais de escritório, viagens e estadas, água e luz, telefone e internet, seguros, correio, judiciais e legais relacionados a várias atividades gerais e que beneficiam o porto como um todo.

As **despesas com depreciação e amortização** representam os gastos incorridos, envolvendo a perda do valor do capital aplicado em direitos que têm por objetivo bens administrativos físicos sujeitos a desgaste ou perda de utilidade por uso, ação da natureza ou obsolescência. Portanto, podem ser objeto de depreciação todos os bens físicos sujeitos a desgaste pelo uso ou por causas naturais ou obsolescência normal.

Os **custos com pessoal** representam os gastos pagos e incorridos, envolvendo salários e ordenados, encargos sociais e demais despesas relacionadas às várias atividades destinadas a mão de obra alocada à infraestrutura. A mão de obra alocada nesse custo deve estar relacionada às atividades que permitem as operações.

Os **custos com serviços** são relacionados a contratos de terceiros para execução de trabalhos, tais como: manutenção e reparo de molhes e quebra-mar; manutenção e instalação de balizamento e sinalização náutica; serviços relacionados à dragagem de manutenção etc.

Os **custos com materiais** são aqueles gastos necessários para execução dos serviços, com a finalidade de manter as operações na bacia de evolução, no canal de acesso e nas áreas de fundeio.

As **despesas financeiras** representam os gastos incorridos, envolvendo juros, descontos e a atualização prefixada, além de atualizações monetárias e variações cambiais de empréstimos.

Os Gastos Totais com o serviço portuário, isto é, o Custo de Produção [*CP*], conforme o Manual de Contas das Autoridades Portuárias versão 2017, para efeitos tarifários, são divididos em três quantias.

Os gastos de incidência: I – direta, serão apropriados integralmente para os respectivos Grupos Tarifários; e II – indireta, serão apropriados integralmente para os Objetos de Custos, representados pelos Grupos Tarifários. Os investimentos em andamento entram como Despesas Administrativas, na conta de Depreciação e Amortização; os novos investimentos entram como Custos Diretos, nos respectivos objetos de custo.

As administrações portuárias, antes da edição do *Manual de Contas das Administrações Portuárias,* tinham dificuldade em computar separadamente essas três quantias, até porque o Regulador não exigia essa separação.

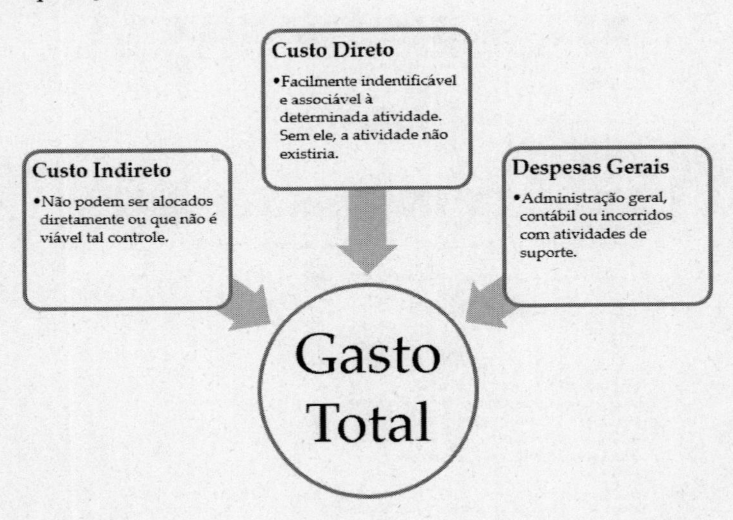

FIGURA 35: Quantias de gastos da Administração Portuária

Na verdade, o Custo Direto deve ser maior que o Custo Indireto. Juntos, esses dois devem ser maiores que as Despesas Administrativas, do contrário, a operação pode ser considerada ineficiente, com espaços para aprimoramento. Como avaliar a eficiência dos custos sem a separação dos gastos? Como a tarifa portuária pode refletir a utilidade marginal sem que os custos diretos estejam associados a um objeto de custo?[131]

Antes de seguirmos adiante, é interessante repercutir a existência ou não de custos variáveis nas administrações portuárias, isto é, o aspecto da variabilidade dos custos> custos variáveis, fixos e mistos.

---

131 Veremos o conceito de objeto de custo ainda neste capítulo.

O *Custo Fixo*[132] permanece igual independentemente do nível de produção ou de atividade. O *Custo Variável* varia diretamente em relação ao nível de produção das empresas – quanto maior é a produção, maior é o custo variável.

Veremos que os custos fixos da Administração Portuária são altos, mas o custo variável apesar de existir, é quase inexistente frente ao custo fixo, relativamente pequeno a ponto de ser desconsiderado do modelo de custos.

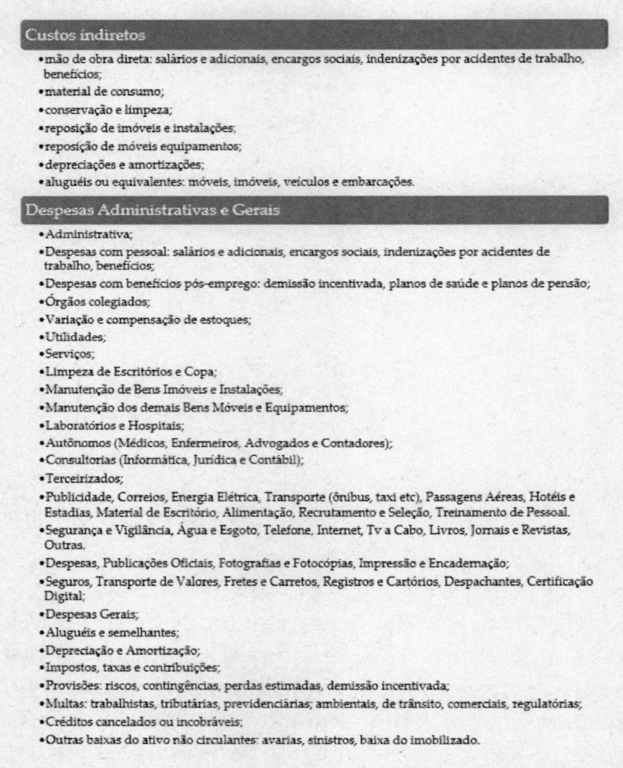

Custos indiretos

- mão de obra direta: salários e adicionais, encargos sociais, indenizações por acidentes de trabalho, benefícios;
- material de consumo;
- conservação e limpeza;
- reposição de imóveis e instalações;
- reposição de móveis equipamentos;
- depreciações e amortizações;
- aluguéis ou equivalentes: móveis, imóveis, veículos e embarcações.

Despesas Administrativas e Gerais

- Administrativa;
- Despesas com pessoal: salários e adicionais, encargos sociais, indenizações por acidentes de trabalho, benefícios;
- Despesas com benefícios pós-emprego: demissão incentivada, planos de saúde e planos de pensão;
- Órgãos colegiados;
- Variação e compensação de estoques;
- Utilidades;
- Serviços;
- Limpeza de Escritórios e Copa;
- Manutenção de Bens Imóveis e Instalações;
- Manutenção dos demais Bens Móveis e Equipamentos;
- Laboratórios e Hospitais;
- Autônomos (Médicos, Enfermeiros, Advogados e Contadores);
- Consultorias (Informática, Jurídica e Contábil);
- Terceirizados;
- Publicidade, Correios, Energia Elétrica, Transporte (ônibus, taxi etc), Passagens Aéreas, Hotéis e Estadias, Material de Escritório, Alimentação, Recrutamento e Seleção, Treinamento de Pessoal.
- Segurança e Vigilância, Água e Esgoto, Telefone, Internet, Tv a Cabo, Livros, Jornais e Revistas, Outras.
- Despesas, Publicações Oficiais, Fotografias e Fotocópias, Impressão e Encadernação;
- Seguros, Transporte de Valores, Fretes e Carretos, Registros e Cartórios, Despachantes, Certificação Digital;
- Despesas Gerais;
- Aluguéis e semelhantes;
- Depreciação e Amortização;
- Impostos, taxas e contribuições;
- Provisões: riscos, contingências, perdas estimadas, demissão incentivada;
- Multas: trabalhistas, tributárias, previdenciárias; ambientais, de trânsito, comerciais, regulatórias;
- Créditos cancelados ou incobráveis;
- Outras baixas do ativo não circulantes: avarias, sinistros, baixa do imobilizado.

Figura 36: Lista de potenciais despesas administrativas e custos indiretos
Fonte: ANTAQ, 2017a

[132] A existência de altos custos fixos é compatível com a existência de monopólio natural, bem como os chamados "custos afundados", isto é, uma elevada quantidade de ativos imobilizados presente no balanço contábil das empresas – em outros termos, grande montante de bens de capital empregados na produção, que estão sendo pagos, amortizados e depreciados. A exploração por estatais reforça essa característica, pois as estatais são intensivas em mão de obra e, considerando que os salários são rígidos, o nível de produção não afeta o gasto com pessoal. Tais custos são chamados de afundados porque não podem ser desmobilizados e aproveitados de outro modo, para produzir outros produtos em outros locais.

CONTABILIDADE DE PORTOS ADMINISTRADOS PELA MESMA ADMINISTRAÇÃO

A apuração das contas, notadamente dos custos diretos, deverá ser por porto organizado, por outorga ou por delegação. Resta a questão dos custos indiretos e das despesas administrativas comuns, quando uma mesma Administração Portuária é gestora de vários portos.

Nesse âmbito, são observadas quatro formas de organização empresarial das administrações portuárias:

- A – Único porto e única Administração Portuária. Constitui-se uma Sociedade de Propósito Específico (SPE), cujo controle societário pertence ao titular da outorga ou da delegação.;
- B – A mesma Administração Portuária administra vários portos. Para tanto:
- B.1 – Constitui-se uma Sociedade de Propósito Específico (SPE) para cada porto, cujo controle societário pertence a um grupo econômico maior (congregando várias empresas sob administração comum e centralizada, isto é, uma *Holding*);
- B.2 – Não foi constituída uma Sociedade de Propósito Específico (SPE) para cada porto, de modo que a outorga ou a delegação é apenas mais um departamento da empresa titular, não possuindo personalidade jurídica própria, mas gerando faturamento ou receitas próprias; ou
- B.3 – Idem à anterior, porém, sem gerar faturamento ou receitas próprias.

O primeiro caso compreende uma situação de separação contábil natural, não exigindo esforços adicionais. Mas, em relação aos custos indiretos comuns e despesas comuns, as últimas três formas necessitam técnicas de rateio para segregar aquilo que é comum para dentro da contabilidade da outorga ou da delegação.

No Caso B, o rateio dos custos indiretos comuns e das despesas comuns dar-se pelo critério do faturamento, diretamente proporcional a esse. Nos Casos B.1 e B.3, o rateio dos custos indiretos comuns e das despesas comuns dar-se também pelo critério de faturamento presumido, ainda que ele não exista concretamente, adotando como preço fictício de cada produto ou serviço aquele praticado, na média anual, pelo porto ou outorga semelhante ou imediatamente mais próximo.

Uma vez escolhidos, os critérios de alocação devem ser rígidos, não podendo ser alterados durante o exercício fiscal em andamento ou em período inferior a 12 meses.

Objetos de custos

Objeto de custo é a unidade foco que se deseja mensurar gastos operacionais, em que os custos e despesas são acumulados. Sua origem é o produto comercializado.[133] Os gastos se acumulam em valor e em quantidade. Corresponde a uma unidade de custeio.

É um conceito central na regulação econômica dos portos, representando um conjunto de produtos fornecidos para o qual se deseja avaliação pontual do custo.

Durante muito tempo, cada porto organizado possuiu diferentes Tabelas Tarifárias, contendo distintas métricas de cobrança, incluindo redações muitas vezes sem qualquer correspondência. Porém, quando afastamos a lupa para um olhar mais amplo, é possível encontrar, em termos agregados, certo grau de similaridade, pelo menos sobre a abrangência de uma dada tabela ou sobre os produtos que elas entregam. Essa identidade decorre da conformação, ao longo dos anos, ao Decreto nº 24.508, 1934, da era Vargas, criado para organizar e padronizar a estrutura tarifária dos portos públicos. Tal decreto só foi revogado em 1993, coincidindo com a extinção da Portobrás.

Após longa ampla pesquisa acerca dos produtos comumente ofertados pelas Administrações Portuárias, foi possível padronizar uma lista de Objetos de Custos.[134]

Na essência, esses nove objetos de custo não diferem da prática corrente da maioria dos portos organizados. Trata-se de uma mera reorganização para uma nomenclatura padronizada, para permitir uma comparação ao longo do tempo. Vejamos:

---

[133] Gerencialmente, pode ser também um projeto, um departamento, um programa governamental.

[134] Os objetos de custo foram assim regulamentados em 2017 pelo Manual de Contas das Administrações Portuárias e notas técnicas acessórias (vide a tabela 55 e a figura 04 do Manual).

TABELA 20

Produtos ofertados e a sua correspondência aos Objetos de Custos padronizados

Objeto de Custo	Tabela Tarifária	Produtos relacionados
Infraestrutura de Acesso Aquaviário	1	Aquavias, abrigos, áreas de fundeio, canais e bacias de evolução, balizamento, sinalização e gerenciamento do acesso.
Instalações de Acostagem	2	Terminais, cais e píeres, pontes de atracação e a infraestrutura acessória ou contígua.
Infraestrutura Operacional ou Terrestre	3	Estradas, rodovias e ferrovias, incluindo o arruamento, pavimentação, sinalização e iluminação, acessos e áreas de estacionamento.
Movimentação de Cargas	4	Transporte vertical ou horizontal de carga dentro da área do porto organizado, incluindo recebimento, conferência, condução interna, abertura de volumes para conferência aduaneira, manipulação, arrumação e entrega, bem como o carregamento ou descarga de embarcações.
Utilização de Armazéns	5	Uso de áreas livres ou construídas para armazenagem, além dos serviços de guarda e conservação de mercadorias importadas, a exportar ou em trânsito, depositadas sob sua responsabilidade, incluindo o recebimento, abertura para conferência aduaneira, pesagem das mercadorias avariadas.
Utilização de Equipamentos	6	Aluguel ou requisição de uso de aparatos ou dispositivos operacionais.
Diversos Padronizados	7	Transações de natureza diversa não enquadráveis nas tabelas anteriores, padronizadas, ligadas à atividade portuária.
Uso Temporário	8	Tarifa devida pelos Contratos de Uso Temporário.
Complementares	9	Transações de natureza diversa não enquadráveis nas tabelas anteriores, não padronizadas pela ANTAQ, porém ligadas à atividade portuária.

Fonte: ANTAQ, 2019

Esses nove Objetos de Custos têm origem na tradicional Estrutura Tarifária das administrações portuárias, por sua vez intimamente conectada com as Tabelas Tarifárias.

A maior novidade está por conta do objeto de custo denominado Complementares. Esse guarda pertinência com os serviços mais diversificados das autoridades portuárias, correlacionados à atividade portuária, porém, dado esse particularismo tão abundante, não há possibilidade de serem enquadrados dentro de uma estrutura tarifária a ser padronizada.

Em termos de Custo Direto, recomenda-se que os centros de custo presentes na contabilidade regular das Administrações Portuárias apontem, com o passar do tempo, para um Objeto de Custo padronizado em particular, facilitando assim a apuração do custo direto já apropriado. *Idem* para os Custos Indiretos e Despesas Administrativas, caso esse tipo de controle exista. A gestão de custos nas Administrações Portuárias é um processo organizacional contínuo, algo ainda em fase de amadurecimento nessas entidades. No entanto, não basta a informação de custos estar detalhada a vários níveis de acordo com o comportamento, o sistema precisa gerar informações com uma periodicidade que atenda a necessidade do gestor.

ATRIBUTOS DOS SISTEMAS DE CUSTO

O Conselho Federal de Contabilidade (CFC) lista, na NBCT 16, características e atributos sobre as informações de custos:

- **Relevância**: a informação tem de influenciar as decisões de seus usuários, auxiliando na avaliação de eventos passados, presentes e futuros.
- **Utilidade**: a informação deve ser útil à gestão tendo a sua relação custo benefício sempre positiva;
- **Valor social**: deve proporcionar maior transparência e evidenciação do uso dos recursos públicos;
- **Fidedignidade**: a informação tem de estar livre de erros materiais e de juízos prévios, devendo para esse efeito apresentar as operações e acontecimentos de acordo com sua substância e realidade econômica e não meramente com a sua forma legal;
- **Especificidade**: as informações devem ser elaboradas de acordo com a finalidade específica pretendida pelos usuários.
- **Comparabilidade**: registrar as operações e acontecimentos de forma consistente e uniforme, a fim de conseguir comparabilidade entre as distintas instituições com características similares. É fundamental que o custo seja mensurado por um mesmo critério no tempo e

quando o critério for mudado essa informação deve constar em nota explicativa.

- **Adaptabilidade:** permitir o detalhamento das informações em razão das diferentes expectativas e necessidades informacionais das diversas unidades organizacionais e seus respectivos usuários.
- **Granularidade**: deve ser capaz de produzir informações em diferentes níveis de detalhamento, mediante a geração de diferentes relatórios, sem perder o atributo da comparabilidade.

Para a informação de custos ser relevante, deve apresentar um valor confirmatório (a respeito de situações prévias) e um valor preditivo (indicar futuros resultados e desempenhos).

Método de custeio

Um *Sistema de custeio* é o modelo de mensuração do acúmulo de gastos em cada unidade de custeio ou objeto de custo. São vários os sistemas disponíveis, e a sua escolha depende das necessidades dos tomadores de decisões.

Um *Método de Custeio* é um processo de identificação e associação do custo ao objeto que está sendo custeado, define quais os gastos que devem fazer parte dos custos de produção e como eles serão apropriados.

Cada método produz informações distintas, sendo utilizado de forma distinta, conforme, principalmente, os objetivos a serem alcançados, a estrutura organizacional e a maturidade dos processos de controle. A literatura sobre a disciplina é ampla.[135]

CUSTEIO NO MANUAL DE CONTAS DAS AUTORIDADES PORTUÁRIAS

O Capítulo 9.3 da versão 2017 do Manual de Contas das Autoridades Portuárias traz o Método de Custeio para a apropriação de custos operacionais. Citam-se trechos relevantes:

[135] Ver Eliseu Martins e Welington Rocha em *Métodos de custeio comparados*: Custos e Margens Analisados Sob Diferentes Perspectivas. 2ed. Barueri: Editora Atlas, 2015.

> 9.3. as administrações portuárias poderão adotar vários métodos padronizados pela ANTAQ, entre ele o Método de Custeio por Atividades, conforme descrito no item a seguir, ou o Método de Custeio por Absorção Integral (também conhecido por Custeio Pleno), a ser posteriormente descrito pela ANTAQ. Uma vez escolhidos, os critérios de alocação devem ser rígidos, não podendo ser alterados durante o exercício fiscal em andamento ou em período inferior a doze meses.
>
> 9.3.1.1 A partir de 1º de julho de 2018, as solicitações de revisão ou de reajuste tarifário das Autoridades Portuárias não poderão ser encaminhadas sem estarem acompanhadas da demonstração de custos conforme apuração deste Modelo.
>
> (...)
>
> 11.1.2 A partir de 1º de julho de 2018, os processos de reajustes e revisões tarifárias não poderão ser finalizados sem a completa adimplência com as obrigações de divulgação de informações contidas neste Manual.

Verifique que o Manual de Contas consagrou o Custeio por Absorção Integral,[136] mas não impediu que os gestores utilizassem outros métodos para fins gerenciais. Descabido ao Regulador adentrar à gestão do porto público, pois o controle regulatório é sob uma ótica finalística (controle sobre resultados e cumprimento da finalidade pública do porto), não é gerencial.

Além disso, ao adotar os métodos de custeio mais arrojados e não tradicionais, pode-se chegar a resultados e lucros unitários para os serviços/produtos que não condizem com a real contribuição desses para a empresa. Nesse caso, custos fixos que não aumentam com a realização de determinado serviço podem ter sido rateados, reduzindo sua lucratividade e levando a decisões equivocadas quando da programação de produção (sob condições de restrição de recursos) ou aceitação de propostas de negociação de preços. Por isso, decisões embasadas somente em objetivos de lucro ou técnicas de rateios podem não ser as melhores.[137]

Por outro lado, os métodos tradicionais de custo, como o custeio por absorção, não fornecem informações adequadas para identificar as causas do custo, pois são geralmente focados em problemas de curto prazo.[138]

---

[136] A aplicação prática do método de custeio por absorção integral foi discutida na Nota Técnica n 64/2017/GRP/SRG e na Nota Técnica n 50/2017/GRP/SRG.

[137] Para corrigir esse erro, adotaremos o conceito de margem de contribuição no cálculo tarifário.

[138] Ressalvando que esta obra não se dedica a debater os diferentes métodos de custeio disponíveis na doutrina, bem exaurir os conceitos associados. Sabe-se também que os sistemas

Custeio por absorção integral (ou Custeio Pleno)

A agência reguladora entendeu que o método de custeio mais apropriado, para fins tarifários, é o de Absorção Integral, cuja aplicação mais amplamente observada está, sem dúvida alguma, nas decisões envolvendo preços de venda e aquelas decisões envolvendo a ótica financeira. A determinação de preços sob a abordagem do custeio pleno é ainda mais relevante em empresas multiprodutos com produtos bem diferenciados, como nos portos. É também conhecido como Método de Custeio Pleno.

Em mercados competitivos, o Método de Custeio Pleno é igualmente útil na determinação da lucratividade dos produtos e em decisões correlatas ao preço de venda. Portanto, tal método é que o mais nos convém, ou seja, ele suporta uma demonstração de custos gerencial confirmadora de um horizonte de custos totais a ser repartido entre os diversos produtos das administrações portuárias, visando a subsidiar a decisão a respeito dos diferentes preços públicos também conhecidos como tarifas portuárias. É a forma aceita pela legislação do Imposto de Renda para a Contabilidade Financeira.

O principal mérito do Custeio Pleno é o fato de serem levados em conta todos os gastos ocorridos em uma organização, sem exceções. Nele temos a recuperação total de todos os gastos das empresas para a entrega de um dado objeto de custo. Isso resulta em uma informação de custos unitários mais completa. Não obstante, diferencia-se do Método por Absorção convencional, pois até as Despesas (administrativas, financeiras e comerciais) são alocadas aos produtos – porém, possui lógica bastante similar àquele.

No Método de Custeio Pleno, o produto ofertado é responsável por absorver todos os encargos. Os custos indiretos devem ser alocados aos objetos de custeio por meio de critérios de rateio, os quais pressupõem que existe uma relação de proporcionalidade entre esses gastos e os objetos de custeio. Logo, essa técnica não se utiliza dos centros de custos, simplificando a apropriação pelas administrações portuárias.

O rateio é realizado utilizando-se de índices que direcionarão a distribuição do Custo Indireto (ou das Despesas) para o objeto de custeio. Em seguida, estima-se a porcentagem que os produtos consomem

---

de gerenciamento de custos não levam automaticamente a empresa à melhoria, mas as informações de custos auxiliam na identificação do local onde os problemas potenciais estão localizados. Portanto, a matéria é relevante, devendo ser mais bem explorada pelos estudantes atenciosos.

do índice adotado. Então, apropriam-se os custos indiretos com base nessa porcentagem. Todos os gastos relativos ao esforço de produção e entrega são, dessa forma, distribuídos para todos os produtos ou serviços ofertados. A figura a seguir demonstra a composição de gastos em cada objeto de custo.

A grande desvantagem desse método é a apropriação arbitrária de custos indiretos e despesas genéricas, e a pouca vinculação dos rateios com o volume de atividades da empresa. Logo, elas devem ser continuamente revistas, ano a ano, a depender da demanda atendida pela Administração Portuária, em função da dificuldade em relacionar tais atividades aos objetos de custos, fazendo-se necessárias distribuições de gastos intermediários, até que se consiga apropriá-los aos objetos.

Para reduzir a arbitrariedade do Método de Custeio Pleno, deve existir uma relação de causa e efeito entre o parâmetro de distribuição e o volume de custo indireto. Deve-se ainda identificar as variações que determinam como os recursos da entidade são usados pelos objetos de custeio.

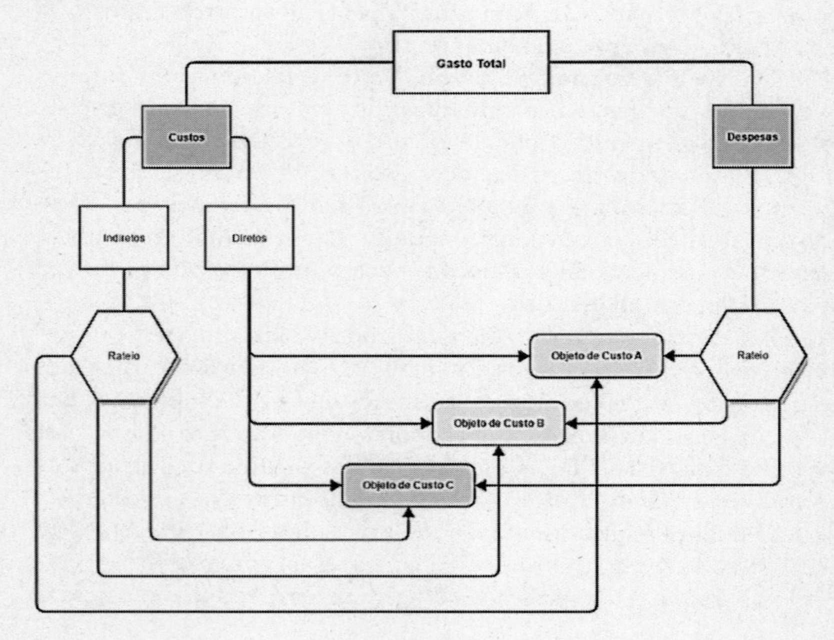

FIGURA 37 – Técnica de Apropriação dos Gastos Totais para os Objetos de Custo

Fonte: ANTAQ, 2017.

O parâmetro a ser usado para o rateio deve ser aquele que melhor expressa a relação de proporcionalidade entre o custo direto e o objeto de custeio. Onde há mais custo direto, espera-se que exista mais custo indireto e mais despesas administrativas. Desse modo, a título de exemplo, se uma Administração Portuária praticamente não movimenta cargas e não aluga equipamentos, o rateio de custos indiretos e das despesas gerais não pode estar significativamente concentrado nesses objetos de custos.

Nessa aplicação prática do Método de Custeio Pleno pelas administrações portuárias, temos a seguinte composição:

- Os objetos de custos (linhas) são as subcontas 3.1.1 a 3.1.10 do Elenco de Contas padrão como disposto no Manual de Contas da Administração Portuária. Essas contas representam os grupos tarifários, comumente conhecidos como Tabelas Tarifárias;
- Os custos diretamente alocáveis de cada objeto de custos devem ser apropriados sem rateio algum (100% do gasto);
- Os índices direcionadores (colunas) a serem utilizados serão as subcontas de Custos, Custos Indiretos e de Despesas, conforme consta do Elenco de Contas do Manual. Para os Custos Diretos, as subcontas de 4.1 a 4.8, e a subconta 4.2. Para os Custos Indiretos, um terceiro nível de contas, de 4.10.1 a 4.10.4. Para as Despesas, o mesmo terceiro nível, contas 6.1.1 a 6.1.7 mais a 6.3.1.;
- Quando efetivamente apurado, por exemplo, na ocasião das revisões tarifárias, o gasto total de cada objeto de custo será a soma de todas as colunas de custo direto, indireto e despesas.

A tabela a seguir traz o modelo geral, o qual reconhece a existência de custos diretos e indiretos nos portos.

TABELA 21

Padrão de Tabela de Alocação de Custos pelo Modelo de Custeio Pleno

		Custo Direto (1)	**Apropriação dos Custos Indiretos (2)**				**Apropriação das Despesas Gerais e Administrativas (3)**							**Gasto Total (1+2+3)**
		Geral	**Pessoal**	**Serviços de Terceiros**	**Materiais**	**Outros Custos**	**Pessoal**	**Serviços de Terceiros**	**Utilidades**	**Despesas gerais**	**Crédito de Liquidação Duvidosa**	**Outras Despesas Operacionais**	**Depreciação e Amortização**	**Total**
	Conta	4.1 a 4.9 e 4.12	4.10.1	4.10.2	4.10.3	4.10.4	6.1.1	6.1.2	6.1.3	6.1.4	6.1.6	6.1.7	6.3.1	
Objetos de Custo	Grupo Tarifário													
Da Infraestrutura de Acesso Aquaviário	**1**	100%												
Da Infraestrutura de Acostagem	**2**	100%												
Da Infraestrutura Terrestre	**3**	100%												
Da Utilização de Armazéns	**4**	100%												
Do Aluguel de Equipamentos	**5**	100%												
Da Movimentação de Cargas	**6**	100%												
Dos Diversos Padronizados	**7**	100%												
Do Contrato de Uso Temporário	**8**	100%												
Dos Complementares	**9**	100%												
TOTAL			**100%**	**100%**	**100%**	**100%**	**100%**	**100%**	**100%**	**100%**	**100%**	**100%**	**100%**	**R$**

EXERCÍCIO RESOLVIDO

Conhecendo o custo direto de um dado objeto de custo, bem como os custos indiretos e despesas demonstrados conforme Plano de Contas padrão, execute a apropriação do método de custeio por absorção integral para compor o cálculo das diferentes cobranças tarifárias.

Considere:

- *Método de Custeio: Quadro A, a seguir.*
- *Custos, conforme o Plano de Contas: Quadro B, a seguir.*

TABELA 22

Exercício – Método de Custeio Simplificado

Quadro A				
Grupo	**Objeto de Custo**	**Custos Diretos (1)**	**Custos Indiretos (2)**	**Despesas Gerais e Administrativas (3)**
1	Acesso Aquaviário	R$500.000	65%	55%
2	Acostagem	R$200.000	35%	45%

TABELA 23

Exercício – Custos Operacionais nas subcontas, anuais

Quadro B														
Cenário 1		**Custo Direto (1) – R$mil**	**Custos Indiretos (2) – R$mil**				**Despesas Administrativas e Gerais (3) – R$mil**							**Gasto Total (1+2+3) – R$mil**
Objetos de Custo	**Grupo Tarifário**	**Geral**	**Pessoal**	**Serviços de Terceiros**	**Materiais**	**Outros Custos**	**Pessoal**	**Serviços de Terceiros**	**Utilidades**	**Despesas gerais**	**Crédito de Liq. Duvidosa**	**Outras Despesas Operacionais**	**Depreciação e Amortização**	**Total**
Aquaviário	1	500	252	42	25	7	35	25	25	7	70	7	84	1279
Acostagem	2	200												
TOTAL		700	326				253							1279

Solução:

Conhecendo o Custo Indireto total, assim como as Despesas totais anuais, aplicam-se os percentuais estipulados do Quadro A para os gastos apurados e apropriados para o Objeto de Custo. É *o Quadro C.*

Quadro C				
Objeto de Custo	**Custos Diretos (1) - R$mil**	**Custos Indiretos (2) - R$mil**	**Despesas Gerais e Administrativas (3) - R$mil**	**Gasto Total (1+2+3) - R$mil**
Acesso Aquaviário	500	211,90	139,15	851
Acostagem	200	114,10	113,85	428
Total	**700**	**326,00**	**R$253,00**	**1.279.00**

Assim, fomos capazes de trazer o Gasto Total de cada objeto de custo.

Custeio ABC

A primeira versão do Manual de Contas das Administrações Portuárias da ANTAQ previu somente o Método de Custeio ABC, como era a intenção original dos estudos empreendidos pelo Ministério dos Transportes durante o período de 2012 a 2015, com participação de consultorias renomadas e universidades. Nesse sentido, SOUSA (2018)[139] também propôs um modelo de gestão econômico-financeira aplicável a portos, utilizando um sistema de gestão estratégica de custos baseado no método de custos ABC. Aliás, essa técnica foi utilizada pela ANTAQ para produzir exemplo de custeio por absorção.

Porém, comparando com o Método de Absorção Integral, embora de fato existam vantagens em relação às percepções sobre custo e lucratividade dos produtos, o ABC exige um alto custo de investimento e de tempo, especialmente para entrevistar todos os colaboradores, e elevada complexidade de manutenção, além de também apresentar subjetividade nos direcionadores.

Outros autores insistem no ABC para a gestão estratégica de custos, comparando os resultados com aqueles proporcionados pelo Custeio por Absorção Integral, porém, sem demonstração de qualquer vantagem em uma ótica regulatória, exceto a gerencial. A finalidade de qualquer modelo regulatório é gerar de forma viável e rápida, informações para a formação de tarifas e principalmente, para avaliação da economicidade das operações portuárias e do desempenho econômico do porto como um todo.

Esses mesmos autores avaliam que o modelo regulatório teria levado a uma maior concentração de custos nos grupos de utilização das infraestruturas marítimas, de acostagem e terrestre. Por outro lado, reconhecem também que a maior concentração de custos nesses grupos garantiria a recuperação dos custos pelas tarifas cobradas. Isso, por fim, mostraria a existência de subsídios cruzados no sistema tarifário, o que, na ótica regulatória, não é vedada, só facilitaria a avaliação com maior acurácia de um dos aspectos da eficiência nos portos.

De qualquer forma, o método ABC, caso adotado, deve transpor seus resultados para os métodos solicitados pelo Regulador.

---

[139] SOUSA, Erivelto Fioresi. *Proposta de modelo gerencial de custos aplicável a portos*. 2018. 186 f. Tese (Doutorado em Engenharia de Produção) – Universidade Federal do Rio Grande do Sul, Porto Alegre, 2018.

DIRECIONADORES DE CUSTO E PESOS INTERNOS

Direcionadores de custos, do inglês *cost drivers*, são critérios, através dos quais é determinado o montante de custos (ou despesas) que será atribuído a cada uma das atividades e a cada um dos objetos de custos. Os métodos de custeio mais sofisticados propõem um modelo em que, para determinar a parcela de custo que cabe a cada objeto, inicialmente são analisados os direcionadores de custos chaves que influenciam o negócio, como qualidade e inovação. As ocorrências de cada objeto são separadas em níveis, de acordo com a influência dos direcionadores de custos chaves em cada um deles.

Se usado para fins tarifários, no custeio de produtos, os direcionadores de custos deverão ser restritos a um pequeno número, para que o sistema seja economicamente viável de ser mantido (GASPARETTO, 1999).[140]

O Regulador dos portos preferiu outro caminho, trabalhando o conceito de **pesos internos**, ou pesagem. Os pesos internos são fatores de distribuição de custos dentro dos diferentes produtos existentes nos objetos de custo, supondo que é possível contabilizar o custo de cada objeto, mas não os produtos que remuneram esse objeto. Quanto maior o peso interno, mais um produto vai estar carregado do custo total do objeto de custo. Assim, em uma ótica porcentual, a soma dos pesos internos não pode superar 100%. Os produtos, do ponto de vista da Administração Portuária, são as modalidades tarifadas.

Em relação aos pesos internos de distribuição dos custos dentro dos grupos tarifários, Rocha, Martins e silva (2014)[141] demonstraram a dificuldade de encontrar tais índices de uma forma objetiva. Os autores informam que "dada a inexistência de custos variáveis nos portos, não se pode recorrer à teoria microeconômica marginalista para modelar a tarifa portuária. Alternativamente, recorre-se ao princípio dos custos médios". Para tanto, eles introduzem o conceito de "departamento usuário" nos portos, equivalente ao Grupo Tarifário definido pela Agência Reguladora, esse associado a um objeto de custo. Para eles, os pesos internos para cada departamento usuário seriam obtidos de estatísticas portuárias históricas ou tomados de portos congêneres.

---

[140] GASPARETTO, Valdirene. *Uma discussão sobre a seleção de direcionadores de custos na implantação do custeio baseado em atividades.* 1999. (Mestrado em Engenharia de Produção) – Universidade Federal de Santa Catarina, Florianópolis, 1999.

[141] ROCHA, Carlos Henrique; MARTINS, Francisco Giusepe Donato; SILVA, Francisco Gildemir Ferreira da. Modelo teórico de tarifa portuária baseado na contabilidade de custos gerencial e nas finanças corporativas. *Journal of Transport Literature,* v. 8, n. 1, p. 95-108, 2014.

O Regulador tem aceitado, provisoriamente, estimativas de cálculos, propondo que tais pesos internos sejam proporcionais às receitas do período antecedente ou, se diferente, que tenham relação com uma visão comercial, ou seja, o pressuposto seria: onde se ganha mais, é onde se gasta mais. Obviamente, ainda que seja um critério objetivo que tenha certa lógica em relação ao esforço da contraprestação do serviço e em relação ao valor desse para os clientes, é circular, não incentivando a redução de custo. Obstáculos maiores ocorrem quando o serviço a ser calculado é novo, sem qualquer referencial de preço antecedente ou de demanda por unidades a serem vendidas.

Para uma estimativa mais assertiva, tanto dados históricos quanto dados orçados, padrões ou planejados, podem ser utilizados como entradas no método de custeio. Kaplan (1992)[142] afirma que recursos e despesas podem ser baseados em custos de reposição, custos orçados ou metas de custos. Os dados históricos são importantes fontes de análise.

A Alternativa é implantar o denominado Método de Custeio ABC,[143] transpondo os seus resultados para o método de custeio de absorção integral, calculando os pesos internos de forma mais direta. Todavia, os gestores dos portos não têm estímulo de adotá-la, preferindo soluções mais rápidas, ou seja, resolvendo o problema apresentado, no tempo necessário, com o menor esforço possível. A implementação generalizada do método de custeio ABC, nas administrações portuárias, depende de outro patamar de governança.

---

142 KAPLAN, Robert S. In Defense of Activity-Based Costing Management. *Management Accounting*, p. 58-63, nov. 1992.

143 Veja item apartado sobre o Custeio ABC.

EXERCÍCIO RESOLVIDO

Calcule o custo específico de cada forma de incidência, considerando os custos diretos, indiretos e despesas administrativas alocadas a cada objeto de custo bem como os respectivos pesos internos relatados na tabela a seguir:

Objeto de Custo	Forma de Incidência	Custo Direto (R$)	Custo Indireto (R$)	Despesas Administrativas (R$)	Peso Interno
Inframar	Acesso	100.000,00	60.000,00	40.000,00	60%
	Fundeio				40%
Infracais	Acostagem Longo Curso	50.000,00	40.000,00	10.000,00	80%
	Acostagem Cabotagem				20%

Solução:

O gasto total do objeto de custo é a soma dos custos diretos, indiretos e despesas. Os pesos são aplicados ao gasto total do objeto de custo. Tais pesos devem somar 100% cada objeto, caso contrário teremos um sobrecusto ou um déficit no custeio.

Objeto de Custo	Forma de Incidência	Gasto Total (R$)	Peso Interno	Gasto Específico (R$)
Inframar	Acesso	200.000,00	60%	120.000,00
	Fundeio		40%	80.000,00
Infracais	Acostagem Longo Curso	100.000,00	80%	80.000,00
	Acostagem Cabotagem		20%	20.000,00

Plano de contas

Plano de contas é um conjunto de contas contábeis que representam os eventos e movimentações econômicas e financeiras que acontecem durante as atividades e operações de uma empresa. Embora não variem muito, os contadores podem variar a estrutura do plano de contas, para que certos eventos específicos sejam registrados e escriturados.

Cada componente acima listado é uma Conta Contábil. O Plano de Contas regulatório indica, para cada conta contábil em nível de escrituração, o sistema contábil a que essas contas pertencem. Existem vários planos de contas disponíveis.

No Plano de Contas elaborado pelo órgão regulador, a estrutura de cada conta contábil é composta por uma parte numérica (código) e outra alfabética (título). A parte numérica é estruturada por um conjunto de até 12 dígitos, como segue no esquema a seguir:

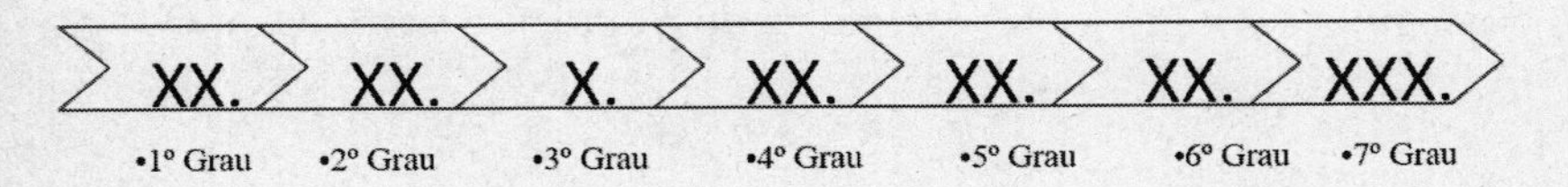

O nível de 1º Grau ou Grupo de Contas, no seu conjunto, formará a razão geral ou razão sintética. Os níveis de 2º, 3º e 4º Graus ou Grupos de Subcontas, nos seus respectivos conjuntos, formarão a razão auxiliar ou razão analítica. Por padrão, o Regulador observará até o nível de 4º Grau, ficando autorizada a abertura dos níveis 5º e 6º à critério da Agência ou da empresa (se desejar), com vistas a um controle mais analítico de contas. A abertura do 7º Grau fica à critério da empresa, se desejar.

Deverão manter atualizada a escrituração na Sede do respectivo domicílio, por meio de registros permanentes, com obediência aos preceitos legais e aos princípios fundamentais de contabilidade.

O período contábil é o do mês-calendário e todos os lançamentos contábeis serão registrados de acordo com a legislação comercial e com base em documentos hábeis e idôneos, segundo o regime de competência, o que significa que, na determinação do resultado, serão computadas as receitas auferidas e as despesas incorridas no mês, independentemente da sua realização financeira, bem como as provisões passivas, ativas e decorrentes de créditos fiscais, quando for o caso.

O exercício social deverá coincidir com o ano civil, e caso a empresa esteja obrigada, por motivo de ordem legal, ou por disposição estatutária, a elaborar o Balanço Patrimonial em data diferente, essa determinação não implicará o encerramento das contas de Resultado, as quais somente serão encerradas em 31 de dezembro de cada ano.

O simples registro contábil não constitui elemento suficientemente comprobatório, devendo a escrituração ser fundamentada em documentação hábil para a perfeita viabilidade dos atos e fatos administrativos.

O uso do Plano de Contas regulatório, incluindo as versões subsequentes, deverá ser adotado como padrão de contabilização auxiliar por todas as administrações portuárias nos portos organizados, independentemente da sua tipologia em termos societários, de personalidade jurídica ou de outorga e delegação.

A eventual ausência de apresentação de Demonstrações Contábeis Societárias das pessoas jurídicas de direito público explorando a atividade portuária de forma delegada não inibe a obrigação de apresentação de Demonstrações Contábeis Regulatórias.

A agência reguladora informa que a contabilização e o regular envio de informações é requisito para a instrução processual dos pleitos de revisão ou de reajuste tarifário do respectivo porto organizado.

Demonstração contábil

A Demonstração do Resultado do Exercício (DRE) é um relatório contábil que mostra o resumo da posição financeira da empresa em um determinado período, de acordo com o regime de competência. É uma das demonstrações contábeis.

Ele compara o que foi projetado no orçamento com as receitas e despesas, revelando o resultado líquido do negócio – ou seja, se o saldo final foi de lucro ou prejuízo operacional.

Com os custos, despesas, receitas e impostos detalhados, o empreendedor tem uma visão completa da situação financeira da empresa e consegue tomar decisões mais efetivas.

A DRE pode ser mensal, bimestral, semestral ou anual, dependendo do período a ser avaliado e frequência de análise da gestão. Os dados permitem, por exemplo, verificar quais foram as despesas mais significativas e entender a relação entre a receita e os custos da empresa.

A sua estrutura forma uma lógica de análise por etapas compreendendo o resultado bruto, o resultado operacional, o resultado não operacional e o resultado líquido.

Para melhor compreensão, segue um DRE em formato resumido:

Receita de Vendas
(–) Custos
(=) Lucro Bruto
(–) Despesas Operacionais
(=) Lucro Operacional
(+) Resultado não Operacional
(=) Lucro Antes de Impostos sobre a Renda
(–) Impostos
(=) Resultado Líquido ou Lucro ou Prejuízo Líquido

A Contabilidade Regulatória, para efeitos tarifários, tem especial interesse nos Custos, Despesas e Lucro Operacional, tendo criado um plano de contas próprio para que seja produzido uma Demonstração Contábil Regulatória (DCR), em contraste com os relatórios tradicionais, que apresentam uma visão societária do resultado financeiro. As demonstrações contábeis estão apresentadas conforme o CPC 26 – Apresentação das Demonstrações Contábeis.

No Apêndice, consta a DRE Regulatória completa. A tabela a seguir apresenta uma DRE Regulatória transformada, já com as contas e subcontas padronizadas pelo Regulador portuário, a ser utilizada apara um ciclo tarifário de 36 meses.

Nela, os valores são acumulados anuais. Os anos não correspondem ao ano calendário (janeiro a dezembro), e sim ao período completo de 12 meses, contados a partir da data do projeto, retrocedendo no tempo. Assim, se o projeto está sendo calculado em novembro de 2021, o Ano 01 será o período nov-out de 2019, o Ano 02 será o período de nov-out 2020 e o Ano 03 será o período de nov-out 2021.

Para fins tarifários, o valor a ser considerado para o período antecedente é a média desses três anos, uma forma de amortecer os sobressaltos de um ano ou outro. Nada impede que, para período subsequente, a Administração Portuária apresente outra trajetória de custos e receitas – caso nada apresentado, devemos considerar que os custos passados serão repetidos para o futuro, uma situação muito boa para o usuário, pois implica dizer que os custos estarão estáveis.

TABELA 24

Exemplo de DRE Regulatória no projeto tarifário

(continua)

Código	Grau	Título	Média Ano 01	Média Ano 02	Média Ano 03	Média Anual (01, 02 e 03)
2.01.09	3º	Receitas Antecipadas				
2.01.09.01	4º	Receitas Antecipadas a apropriar				
2.02.09	3º	Receitas Antecipadas				
2.02.09.01	4º	Receitas Antecipadas				
3.01	2º	Receita Bruta dos Serviços Portuários				
3.01.01	3º	Receitas da Infraestrutura de Acesso Aquaviário				
3.01.02	3º	Receitas da Infraestrutura de Acostagem				
3.01.03	3º	Receitas da Infraestrutura Operacional ou Terrestre				
3.01.04	3º	Receitas por Movimentação de Cargas				
3.01.05	3º	Receitas de Armazenagem				
3.01.06	3º	Receitas por Utilização de Equipamentos				
3.01.07	3º	Receitas por Diversos Padronizados				
3.01.08	3º	Receitas com Contratos de Arrendamento				
3.01.09	3º	Receitas com Contratos de Uso Temporário				
3.01.10	3º	Receitas Alternativas				
3.01.10.02	4º	Outras receitas operacionais				
3.01.10.03	4º	Receitas Complementares				
3.01.10.04	4º	Receitas Acessórias				
3.01.11	3º	Deduções da Receita				
3.02	2º	Receita Operacional Líquida				
4	1º	Custos Operacionais				
4.01	2º	Custos Alocados à Infraestrutura Marítima				

(continua)

Código	Grau	Título	Média Ano 01	Média Ano 02	Média Ano 03	Média Anual (01, 02 e 03)
4.02	2º	Custos Alocados à Infraestrutura de Acostagem				
4.03	2º	Custos Alocados à Infraestrutura Operacional e Terrestre				
4.04	2º	Custos Alocados à Armazenagem				
4.05	2º	Custos Alocados ao Aluguel de Equipamentos				
4.06	2º	Custos Alocados a Diversos Padronizados				
4.07	2º	Custos Alocados à Movimentação de Cargas				
4.08	2º	Custos Alocados aos Contratos de Arrendamentos				
4.09	2º	Custos Alocados aos Contratos de Uso Temporário				
4.10	2º	Custos Indiretos				
4.10.01	3º	Custo com Pessoal				
4.10.02	3º	Serviços				
4.10.03	3º	Materiais				
4.10.04	3º	Outros				
4.11	2º	Custos Alocados à Outorga				
4.12	2º	Custos Alocados às Receitas Complementares				
4.13	2º	Custos Alocados às Receitas Acessórias				
5	1º	LUCRO OPERACIONAL BRUTO (3 - 4)				
6.01	2º	Despesas Administrativas e Gerais				
6.01.01	3º	Despesas com Pessoal				
6.01.02	3º	Serviços de Terceiros				
6.01.03	3º	Utilidades				
6.01.04	3º	Despesas Gerais				
6.01.06	3º	Despesas para Crédito de Liquidação Duvidosa				

(conclusão)

Código	Grau	Título	Média Ano 01	Média Ano 02	Média Ano 03	Média Anual (01, 02 e 03)
6.01.07	3º	Outras Despesas Operacionais				
6.03	2º	Depreciação, Amortização e Exaustão				
6.03.01	3º	Depreciação, Amortização e Exaustão				
8.01	2º	Receitas e Despesas Financeiras				
8.01.01	3º	Receitas Financeiras				
8.01.02	3º	Despesas Financeiras				

Observe que as subcontas estão listadas até o 3º nível, condição bastante elementar para um controle regulatório mais efetivo dos custos eficientes. O ideal é o que controle avance até o quinto nível.

Como técnica de auditoria, salutar também o Regulador comparar a DRE regulatória com a DRE da contabilidade societária – eventuais diferenças em contas semelhantes devem ser justificadas – a teoria da assimetria de informações nota que a tendência é que a contabilidade convencional seja mais assertiva, pois é auditada com mais regularidade.

ADMINISTRAÇÃO PORTUÁRIA COM OUTRAS OPERAÇÕES

Os agentes regulados com operação verticalizada, dentro dos portos organizados, deverão manter segregados os controles e registros das atividades relacionadas a sua outorga ou delegação das demais atividades não reguladas ou não vinculadas.

Entende-se por atividade não regulada ou não vinculada toda e qualquer operação realizada pelo agente regulado que não esteja relacionada diretamente ao objeto de outorga ou delegação, ou seja, atividades empresariais desenvolvidas por meio de outros negócios que não a atividade portuária dentro do porto organizado. Enquadram-se nesse contexto os investimentos em outras sociedades.

No entanto, caso as atividades alternativas e de apoio se expandam em níveis relevantes, acarretando a necessidade de alocação de novos recursos para a ampliação da estrutura organizacional, mesmo que parcelas daquelas atividades sejam voltadas para atendimento de necessidades do agente regulado, tais atividades passarão a ser consideradas integralmente como não vinculadas à atividade regulada, devendo, então, serem registradas.

Atenção especial deverá ser dispensada à manutenção de controles que propiciem segregar das operações reguladas os recursos eventualmente captados para financiar atividades não vinculadas à regulação.

CAPÍTULO 20

TARIFAS PARA EXPLORAÇÃO DE ÁREAS E DE ESPELHO D´ÁGUA

Existem duas possibilidades recorrentes de exploração de áreas operacionais, ou não operacionais, por meio de tarifas:

a) em regime de uso público; e

b) em regime contratual (contrato de cessão de áreas).

O *regime de uso público* é aquela ocupação rotativa, precária, por período determinado, não excessivo. É sob demanda, ou seja, o operador portuário que desejar a área deve requisitar previamente, e esperar uma fila, se houver. O acesso a essas áreas deve ser isonômico, e o operador não poderá executar obras ou descaracterizar a área de modo que impeça outros usos múltiplos ou a rápida desmobilização. O conceito chave aqui é a possibilidade de rotatividade, logo, a autoridade portuária poderá limitar a quantidade de dias ou horas de uso.

O *regime contratual* contrasta com o regime de uso público. É a pactuação de contratos de média duração, para uso privativo de áreas, na forma da lei. Os tipos contratuais são, atualmente: o contrato de uso temporário (contratos de até 48 meses, para cargas não consolidadas) e os arrendamentos com origem em estudo simplificado (contratos de até dez anos). O órgão regulador poderá normatizar outras formas de ocupação, como espelho d'água, por exemplo.

Ambos os regimes necessitam de aprovação prévia de tarifas pela Agência Reguladora, antes mesmo de serem divulgados ao mercado. A aprovação prévia inclui também os respectivos reajustes periódicos. A inclusão dessas modalidades na estrutura tarifária, porém, não implica necessariamente uma revisão tarifária, embora possa significar, em determinados casos, um ganho de receitas que deveria ser revertido para fins de mocidade.

A aplicação de tarifas é uma alternativa à valorização rotineira de áreas. Tradicionalmente, a precificação de áreas dependia do resultado de um leilão ou de seleção pública, em que o empresário irá ofertar um valor mensal pelo usufruto privativo de determinada parcela do porto organizado, podendo existir uma parcela fixa e outra variável, a depender da produção dentro da área. Essa precificação ocorria dentro de um contexto do chamado Estudo de Viabilidade Econômica e Ambiental (EVTEA), um procedimento laborioso.

Por ora, o mercado só vislumbrou vantagens no instituto. Ele acelera significativamente a operacionalização da exploração de áreas. Basta mapear as áreas e ter a tarifa aprovada na estrutura tarifária vigente. Simplifica e diminui o risco de a avaliação do empreendimento ser rejeitada pelos órgãos de controle.

A forma de incidência da exploração de áreas foi padronizada por unidade de área (m^2) e pelo tempo de ocupação. No regime de uso público, a unidade de tempo é o dia. No regime contratual, é o mês. O normativo do Regulador já possui as modalidades tarifárias e formas de incidência preparadas para serem utilizadas, basta o pedido de inclusão na estrutura tarifária do preço, mediante a apresentação do projeto de preços.

Há dois grupos tarifários propícios: Diversos Padronizados (Tabela VIII) e Uso Temporário / Arrendamento Simplificado (Tabela VIII).

As modalidades dedicadas ao regime de uso público estão na Tabela de Diversos Padronizados. Essas modalidades podem também ser segmentadas até o quarto nível, detalhando o perfil de carga e a natureza das áreas e da demanda atendida. As modalidades 10 a 11 dessa Tabela se prestam mais áreas não operacionais, e as 14 e 15, para situações de requisição do operador portuário.

TABELA 25

Transcrição de parte da Tabela VII do ANEXO II da RN nº 32/2019

Tabela VII – Diversos Padronizados	
Devido pelo requisitante	
ITEM	**FORMA DE INCIDÊNCIA**
10	Pela utilização de área em armazéns com fins diversos à armazenagem, por m^2, por dia.
11	Pela utilização de área em pátios, por m^2, por dia.
14	Pela utilização de área coberta em caráter temporário e precário para o atendimento ou apoio à operação portuária, por m^2, por dia.
15	Pela utilização de área descoberta em caráter temporário e precário para o atendimento ou apoio à operação portuária, por m^2, por dia.

Fonte: ANTAQ, 2019

O problema do gestor portuário é encontrar o preço que melhor remunere a autoridade portuária e os órgãos de controle fiquem satisfeitos.

O preço não será obtido por meio de técnicas de custeio, pois aqui ele tem mais um sentido econômico, ou seja, deve ser tanto maior quanto mais renda o explorador privado conseguir extrair dela. Por outro, o custo de manter essas áreas, uma vez cedidas, é relativamente baixo, não nos serve de referência.[144]

As técnicas de precificação aceitas são:

- preço de *benchmarking* (utilizando os preços de portos vizinhos ou semelhantes);
- porcentual da receita operacional bruta do explorador da área (assim, divide-se o risco com o empresário, que passa a ser parceiro do porto);
- preços médios históricos (caso a autoridade portuária possua arrendamentos ou leilões recentes, poderá utilizar os mesmos valores como referenciais, respeitando-se as diferenças, se houver);
- fluxo de caixa descontado (no qual a tarifa é uma entrada que zera o valor presente líquido).

As três primeiras referem-se a uma espécie de valor justo, ou valor de mercado. A última técnica é a mais complexa, porém, menos contestável.

Nesse âmbito, o Regulador deve cuidar para que não existam distorções em preços dentro do mesmo porto, isto é, operações semelhantes pagando preços bem distintos, dad o prejuízo à competitividade entre os operadores.

Nessa precificação, há de distinguirmos:

I. áreas cobertas e áreas descobertas;
II. o perfil de carga (granel líquido ou sólido, carga geral e contêineres);
III. a aplicação (armazenagem ou movimentação);
IV. a natureza e o local das áreas: operacionais ou não operacionais, primárias (com acesso aos berços) ou retroáreas (sem acesso aos berços);
V. as vendas potenciais das áreas, ou seja, a demanda do negócio bem como o giro de capacidade; e

---

144 Embora admita-se que o custo é baixo, as receitas tarifárias derivadas dessas modalidades devem compor o projeto de revisão tarifária, para fins de modicidade.

VI. no regime contratual, os investimentos necessários em face da operação desejada e da situação do terreno, ou seja, se é um sítio padrão, positivo ou negativo, relevando o estágio de desenvolvimento.

ESTÁGIO DE DESENVOLVIMENTO DO SÍTIO

Sítio é a área destinada à exploração portuária. Para fins de estudo, os reguladores adotaram uma tipologia de sítio, classificando-as uniformemente. A tipologia facilita o enquadramento em situações pré-estudadas, por aproximação.

Devem ser estimadas diferentes situações típicas das áreas, de acordo com seu estágio de desenvolvimento, conceituados a seguir:

- **Sítio padrão**: áreas parcialmente estruturadas, demandando investimentos parciais para realização de operações portuárias, notadamente áreas com infraestrutura disponível, porém sem superestrutura (equipamentos e outros). Ex.: áreas antropizadas, contendo ativos existentes tais como: pavimento, cercamento, prédios administrativos, instalações elétrica e hidráulica;
- **Sítio padrão positivo**: áreas *brownfields* (estruturadas) aptas à operação portuária, dispensando investimentos para exploração da área, ou mesmo incluindo investimentos de baixa relevância. Ex.: Armazéns, silos e tanques; pátios para veículos, carga geral ou contêineres;
- **Sítio padrão negativo**: áreas *greenfields* (virgens) que demandem investimentos significativos para possibilitar operações aquaviárias. Ex.: áreas não antropizadas ou semi-antropizadas, contendo terraplenagem e cercamento.

O quadro a seguir sintetiza uma proposta de agregação de parâmetros remuneratórios a serem calculados.

TABELA 26

Quadro de estudo de tarifas para exploração de áreas, por perfil de carga e sítio

Perfil de Carga	Sítio Negativo		Sítio Padrão		Sítio Positivo	
	Áreas Primárias	Retroáreas	Áreas Primárias	Retroáreas	Áreas Primárias	Retroáreas
Granel Sólido						
Granel Líquido						
Carga Geral						
Contêineres						

No método de *Fluxo de Caixa Descontado* (FCD), os fluxos operacionais são projetados para determinado horizonte de tempo, apurando-se dessa estrutura de receitas e despesas a riqueza líquida expressa em moeda atual (presente), por meio da aplicação de taxa de desconto denominada custo médio ponderado de capital, do inglês *Weighted Average Capital Cost – WACC.*

Os parâmetros de remuneração sobre a área são obtidos zerando-se o Valor Presente Líquido (VPL) do projeto na exata medida da inclusão de custos remuneratórios pela exploração da área, expresso em R\$/m²/mês. Assim, a variável de saída do modelo econômico-financeiro é o valor da tarifa, definida em parcela fixa.

Nas áreas primárias (com acesso à berço), a modelagem de avaliação deve incluir receitas advindas de operações de berço (estiva) e operações de pátio (capatazia e outros), bem como os custos e investimentos associados. Nas retroáreas (sem acesso à berço), a modelagem de avaliação inclui receitas advindas de operações de pátio (capatazia e outros), bem como os custos e investimentos associados.

Devem também ser estimadas as receitas unitárias (preços) para cada tipo de perfil de carga, identificando-se o volume máximo estimado. Esse volume de carga indicará a capacidade dinâmica e estática exigida no empreendimento, que, por sua vez, subsidiará a estimação dos custos operacionais e investimentos associados para cada caso.

Na última tabela, podem ainda ser agregadas colunas para os diferentes giros, a destinação (armazenagem ou movimentação) e coberturas (áreas cobertas ou descobertas).

Na prática, a definição de preços pelo FCD demandará as seguintes avaliações técnicas:

- Identificação das áreas potenciais;
- Escolha entre regime de uso público ou contratual;
- Preços unitários finais da operação portuária dentro da área, para diferentes perfis de cargas aplicáveis para operações de cais e pátio (áreas primárias) e somente operações de pátio (retroáreas);
- Análise de dimensionamento de capacidade dinâmica e estática (incluindo estimativa de giro de estoque e dimensão de área);
- Estimação de custos fixos e variáveis para operações de cais e pátio (áreas primárias) e somente operações de pátio (retroáreas);
- Estimação de investimentos para diferentes perfis de cargas aplicáveis para operações de cais e pátio (áreas primárias) e somente operações de pátio (retroáreas);
- Aplicação do fluxo de caixa padrão, incluindo taxa de desconto (WACC) e premissas tributárias, tendo como variável de saída o valor de arrendamento em parcela fixa de área.

GIRO MÉDIO ANUAL

Giro é a movimentação total anual do terminal dividida pela capacidade total de armazenamento do terminal ou capacidade estática – compreendida pela soma dos volumes de todos os tanques operacionais da instalação.

Assim, dividindo a capacidade dinâmica (tudo que o terminal movimenta em um ano) pelo giro médio, é possível identificar a capacidade estática desse terminal, ou seja, qual a capacidade máxima de armazenamento necessária para o bom funcionamento do terminal.

Tal taxa não possui definição fixa e guarda relação com alguns fatores, dentre os quais podemos citar: gama de produtos movimentados; posição geográfica (ex.: proximidade com refinarias, portos, centros consumidores, infraestruturas de transporte tais como aeroportos, ferrovias, rodovias etc.); mercado (ex.: oscilações da cotação dos produtos movimentados, incentivos à utilização dos produtos etc.); e regulamentações Fiscais (ex.: impostos praticados sobre o produto ou operação, incentivos fiscais etc.).

O giro não possui relação direta com a capacidade dos terminais. Ele varia mais em função da localização geográfica e das dinâmicas do mercado de combustíveis. Entretanto, a comparação do giro de pequenos e grandes terminais mostra-se indevida, já que a estrutura de negócio e até a clientela dos terminais pode se diferenciar consideravelmente. Além disso, exigir na modelagem que os pequenos terminais tenham a mesma produtividade dos grandes diminuiria a atratividade dos empreendimentos.

A escolha das áreas possui condicionantes legais, a serem observados logo no início do projeto. Uma delas é a compatibilidade com o Plano de Desenvolvimento e Zoneamento (PDZ) do porto.

Um condicionante que deve ser considerado é a limitação temporal. Esse fator torna-se especialmente relevante ao se considerar que não é possível fazer vultosos investimentos, já que o tempo de amortização é relativamente pequeno. Assim, a diretriz que deve ser calibrada, e que esse estudo tentará identificar, é o valor máximo a ser pago pelo metro quadrado do arrendamento, sem que haja prejuízo ao interesse público ou extrapolação da receita bruta legal, mas que garanta uma atratividade aos terminais e viabilize investimentos em curto prazo, dando uso a áreas pouco produtivas.

Ademais, a calibragem na escolha dos indicadores é essencial para que esse valor máximo se aproxime de um valor atrativo e justo ao investidor.

QUESTÕES PARA REVISÃO

31. Por qual razão a Receita Patrimonial é considerada uma Receita Operacional? Elas se confundem com as receitas acessórias?

32. Quantos níveis podem conter uma Estrutura Tarifária? Todos os níveis são livres? Caso não, qual nível seria livre?

33. Diferencie a Tarifa *Ad Valorem* da Tarifa Convencional.

34. Conceitue Mercado de Referência, Período de Referência e explique como a demanda média pode ser apresentada, caso não exista um estudo de demanda mais elaborado.

35. Investimentos podem ser remunerados pela tarifa? Quais documentos devem acompanhar a proposta de investimentos? Caso não os investimentos não sejam executados, o que pode ocorrer?

36. Explique as três dimensões comerciais da tarifa portuária. Como elas tomam forma prática?

37. Podem existir subsídios cruzados entre as modalidades tarifárias? E entre os grupos tarifários? E entre os portos?

38. Aponte as diferenças entre Isenção e Franquia tarifária.

39. O gasto total é formado por quais componentes? O que é um objeto de custo e quais são eles nos portos públicos? Todos os métodos de custeio são aceitos?

40. Como os custos e receitas são apresentados ao Regulador? Existe algum relatório específico? Qual é a norma associada a essa apresentação?

PARTE V

O PROCESSO TARIFÁRIO NO SETOR PORTUÁRIO

CAPÍTULO 21

PROCEDIMENTOS GERAIS

Normativo do órgão regulador nacional

A Lei nº 8.630, de 1993, previa que os terminais privados poderiam movimentar somente as cargas próprias e de terceiros, mas nunca somente a de terceiros, sendo esse um fator inibidor que reduzia a possibilidade de concorrência dos portos públicos com os portos privados. A Lei nº 12.815, de 2013, ampliou as possibilidades da infraestrutura portuária, liberando cargas de terceiros nos terminais privados.

A desregulamentação teve como efeito o crescimento vertiginoso da quantidade de instalações privadas, agora em franca competição com os arrendamentos nos portos organizados. Os gestores dos portos públicos se viram obrigados a encarar um novo mercado, em busca de maior competitividade e de novas receitas. A tarifa portuária é fator chave para tal sucesso. Além disso, vivíamos o seguinte cenário:

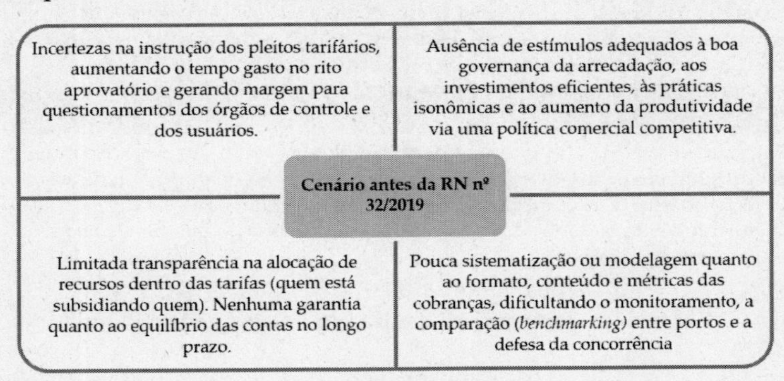

FIGURA 38 – Incertezas existentes antes da edição da RN nº 32/2019

Diante disso, a Agência Reguladora, em 2019, editou a Resolução Normativa ANTAQ nº 32 (RN 32/2019), dispondo sobre a estrutura tarifária padronizada das administrações portuárias e os procedimentos para reajuste e revisão das tarifas dos portos organizados. A norma criou diversos novos conceitos, entre eles: Modalidade Tarifária, Receita Requerida, Segmentação de Mercado, Período de Referência e Grupo Tarifário.

Destacamos o art. 15 da supracitada resolução, no qual ficou definido duas tipologias processuais, a saber, que são: a revisão tarifária que poderá ser extraordinária ou ordinária e o reajuste tarifário. Já no art. 16, da mesma resolução, informou-se elementos de análise, consagrando um modelo de revisão tarifária por incentivos e por taxa de retorno.

O recente normativo do órgão regulador trabalhou os seguintes temas principais:

I

- Unifica conceitos, como tarifa convencional, modelo preço-teto e diferimentos etc.

II

- Esclarece as atribuições e a tipologia processual: revisão (extraordinária e ordinária) e reajuste, abrindo margem para um ciclo tarifário de 3 ou 5 anos.

III

- Padroniza a estrutura tarifária, incidências e seu formato (grupos, modalidades, normas de aplicação, abrangência e produtos).

IV

- Autoriza que uma política comercial via a discriminação de preços (ex.: subsídio cruzado) ou outras técnicas que não necessitam de aprovação prévia, como franquias e descontos isonômicos. Esclarece acerca das cobranças às embarcações navegando em direção aos terminais privados.

V

- Determina regras de governança: Concessão de isenções, franquias, descontos, abatimentos, contas a receber, aplicação de recursos fora do porto organizado; Proteção ao usuário; Equilíbrio das contas (suspensão de fornecimento pelo não pagamento); Ampla publicidade das tarifas e início da sua vigência; Afasta as práticas anticoncorrenciais.

FIGURA 39 – Os cinco principais temas da norma da Agência Reguladora

O normativo teve ainda como foco a garantia de um ferramental para aumentar a competitividade dos portos organizados. Na próxima figura vemos esses instrumentos, úteis também aos concessionários, não só aos portos estatais.

1 - LIBERDADE ONDE POSSÍVEL

- Intervenção prévia em preços somente onde caracterizado probabilidade de abuso do poder de monopólio. Liberdade vigiada nos demais itens.
- Acompanhamento de preços mediante sistema próprio. Canal de denúncias vigilante.
- Tarifa Convencional: fornecimentos que só podem ser orçados no momento.

2 - EQUILIBRIO ECONÔMICO GARANTIDO

- Autossustentabilidade do negócios.
- Incentivo à expansão e à qualidade da infraestrutura. Remuneração pelos investimentos prudentes e eficientes.

3 - O CUSTO COMO ELEMENTO ORIENTATIVO AOS PREÇOS

- Preço reflete insumos efetivos, como o custo operacional, direto e indireto, mais despesas de capital com investimentos eficientes.
- Preço pode ser diferente do Custo Médio específico, para cima ou para baixo.
- Considera todas as receitas operacionais, inclusive as não tarifárias, para fins de modicidade.

4 - MARGENS DISTINTAS PARA CADA PRODUTO

- Aumenta a justiça na distribuição dos custos e receitas.
- Possibilita uma política comercial flexível: subsídios cruzados, reforçando a finalidade pública do porto; e Maximização das receitas (conforme elasticidade da demanda).

5 - DESCONTOS NO PREÇO-TETO

- Permitidos, sem controle prévio, desde que isonômicos e objetivos.
- Visam a manutenção da receita tarifária e do equilíbrio econômico, ou políticas de curto prazo para atração de novas cargas.

6 - FRANQUIAS E SUBMODALIDADES

- Agregam competitividade aos portos públicos frente aos portos privados.
- Política comercial clara e competitiva.

7 - LUCRO OPERACIONAL. RENTABILIDADE

- Positivo ou nulo. Decisão da empresa: podem constar nos contratos ou serem propostos pelas estatais.
- Contrato será reequilibrado somente no fim do ciclo tarifário. Captura de excedentes. Na prática, as empresas podem capturar lucro maior que a TIR pactuada, pois o Regulador não monitora o lucro.

8 - RECEITAS NÃO TARIFÁRIAS

- Receitas Acessórias e Extraordinárias não estão sujeitas ao modelo de preço-teto.
- As atividades não correlacionadas à atividade inerente não estão sujeitas à regulação prévia de preços.

FIGURA 40: Oito ferramentas competitivas do modelo tarifário do órgão regulador

Panorama internacional

Quanto ao modelo de preços, Alderton (2005)[145] sugere diferentes abordagens na composição das tabelas tarifárias dos portos, conforme figura a seguir:

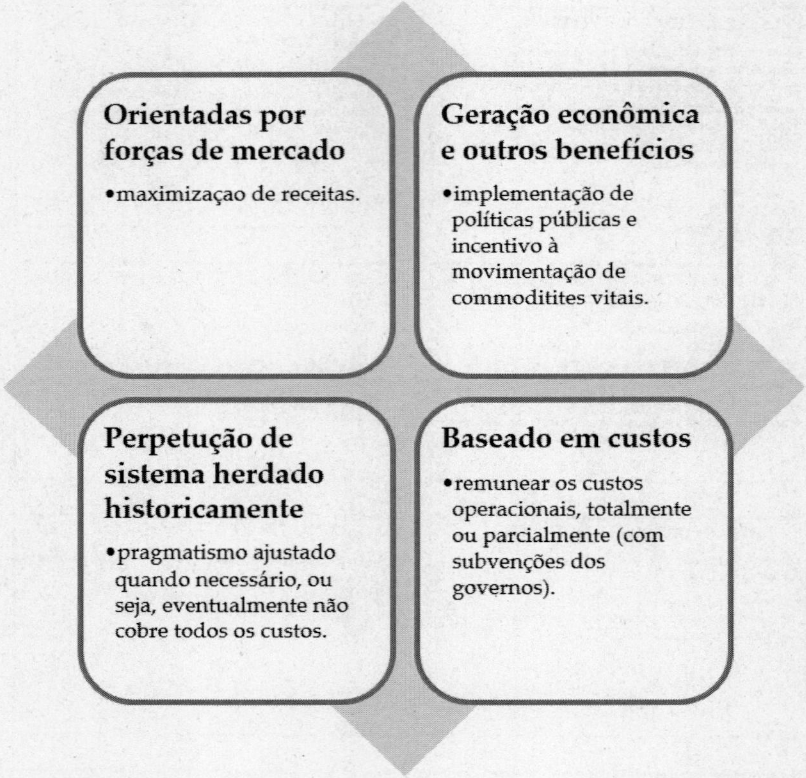

FIGURA 41: Abordagens na Composição de Preços nas Tabelas Tarifárias, segundo Alderton

Os portos brasileiros utilizam-se dessas quatro abordagens, mas nem sempre de forma sistematizada. A demanda é afetada pelo valor que os clientes atribuem a um produto e os preços cobrados pelos concorrentes, enquanto a oferta é impactada pelos custos de produção

[145] ALDERTON, Patrick. *Port Management and Operations*. 2 .ed. Londres: LLP Informa Law, 2005.

e entrega. Dessa forma, os preços podem ser fixados com base no mercado, com base na concorrência, com base nos custos ou utilizando uma combinação dos métodos.

Para Alderton, tais abordagens devem ser acompanhadas pela consideração de elementos relacionados à métrica do sistema de tarifação, tais como:

1. Tarifa global (por vários serviços) ou tarifa específica e individualizada;
2. Ocupação temporal da infraestrutura: hora, dia ou período;
3. Ocupação física da infraestrutura: volume da carga, massa da carga (toneladas brutas), porte bruto da embarcação, comprimento de fora a fora da embarcação, quantidade de contêineres, quantidade de passageiros ou bagagens.

Outra referência importante na precificação de serviços portuários é o estudo de Arnold (1988),[146] no qual as tarifas portuárias são baseadas em um conjunto de estratégias para refletir a demanda dos serviços portuários, a competição entre portos e o custo de providenciar esses serviços. Os objetivos da Administração Portuária deveriam ser claramente especificados dado que são elementos chaves na elaboração de tarifas. Tais objetivos seriam para ele: a) atender as responsabilidades e exercer atividades do porto perante o mercado; b) enfrentar o nível de competição entre os portos; c) implementar as políticas governamentais em vigor com a melhor das tecnologias existentes.

Arnold também estabelece as etapas macro de um projeto tarifário, conforme figura a seguir:

[146] ARNOLD, John. *Port Tariffs*: Current Practices and Trends. Infrastructure and Urban Development Department discussion paper. n. INU 27. Washington, D.C: World Bank Group, 1988.

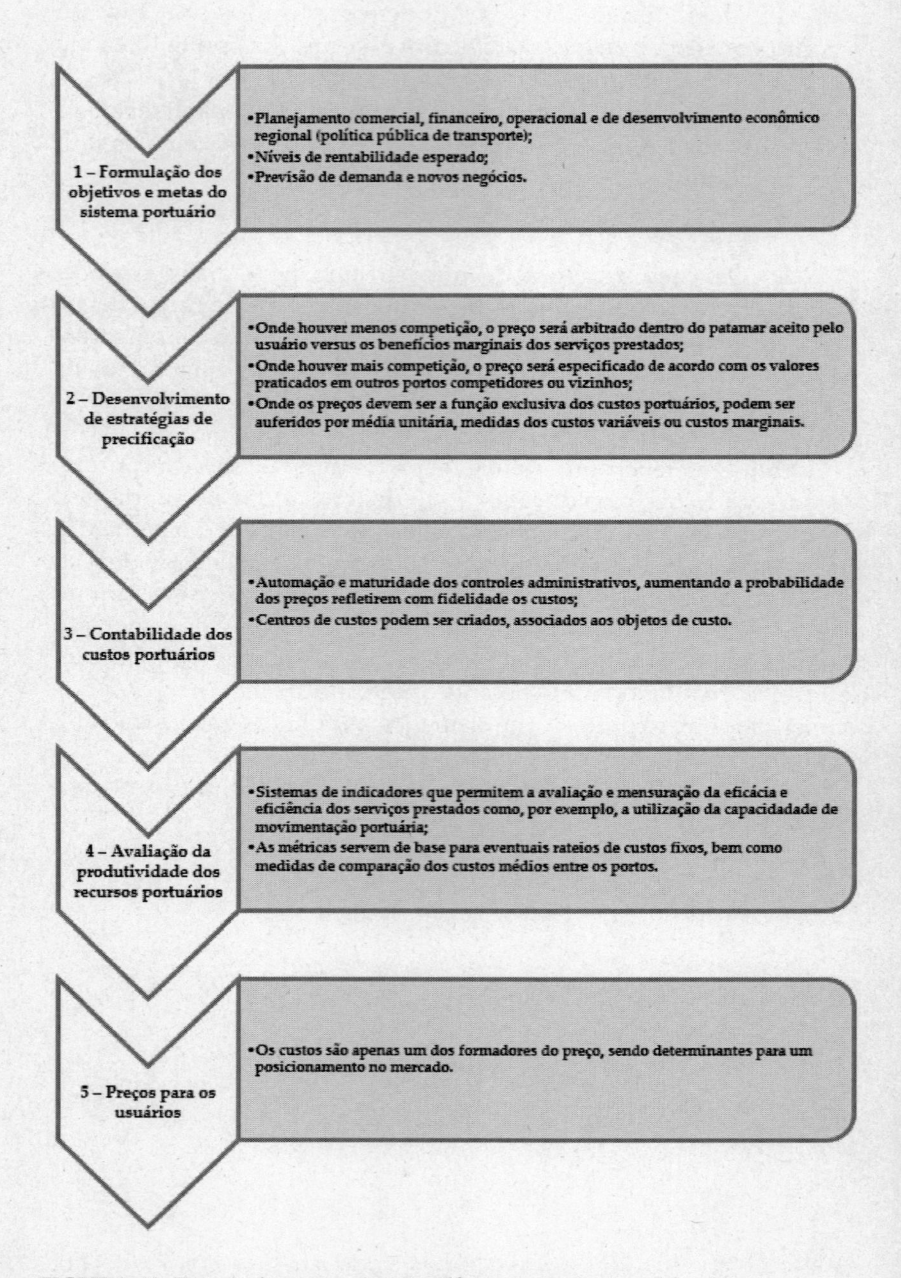

FIGURA 42: Etapas de um projeto tarifário, segundo Arnold

Modelo CPV

Estudo relevante é o relatório da UNCTAD. Assim como o trabalho de Arnold, o relatório da UNCTAD (1995)[147] considera a precificação dos serviços portuários uma questão que passa por uma definição estratégica.

O enfoque proposto é baseado em um tripé: *Custo, Performance e Valor* (CPV). Tal enfoque permite que a Administração Portuária consiga cumprir seus diferentes objetivos, dada as seguintes premissas:

1. Tarifas baseadas em custos maximizam os usos dos serviços portuários;
2. Tarifas baseadas em desempenho podem maximizar a produção e reduzir o congestionamento;
3. Tarifas baseadas em valor geram receita suficiente para cobrir os custos portuários.

O enfoque CPV indica a faixa do preço mínimo e o preço máximo a ser cobrado pelo serviço: o porto não deve cobrar menos que o custo incremental de servir o usuário e não pode cobrar mais do que o "valor" recebido pelo usuário.

No modelo CPV, *tarifas baseadas em custos*, a precificação pode ser pelos custos médios, variáveis ou marginais.

O custo médio é encontrado pela soma dos custos fixos e variáveis divididos pela demanda projetada dos serviços ou recursos utilizados. A tarifa portuária definida sob essa ótica apresenta a vantagem de que as receitas coletadas serão pelo menos iguais às despesas, assumindo que os volumes projetados serão realizados. Portos com menor proporção de custos fixos e elevado volume tendem a apresentar menores custos médios ou custos por unidade. A desvantagem é que existe uma tendência de se fixar os preços em um patamar mais elevado quando a demanda estiver baixa.

Segundo o relatório da UNCTAD, a prática de tarifação das Autoridades Portuárias tende a se basear nos custos médios, caracterizando um comportamento reativo e com foco em garantir as receitas, desencorajando a demanda por serviços. A precificação baseada em custos unitários variáveis é determinada pela somatória dos custos variáveis divididos pela demanda projetada. Esse sistema é limitado a serviços com altos custos variáveis, tais como utilização intensiva de mão-de-obra ou suprimento de energia elétrica.

---

[147] United Nations Conference on Trade and Development (UNCTAD). *Strategic Port Pricing*, 21 fev. 1995.

Entretanto, conforme o mesmo relatório, tarifas baseadas somente em custos variáveis não têm sido muito aplicadas, embora elas encorajem o uso eficiente dos recursos portuários. Uma das razões é que normalmente os custos variáveis são muito pequenos em relação às despesas portuárias totais.

Finalmente, nessa metodologia a precificação baseada em custos marginais é calculada dividindo-se os custos marginais pela demanda marginal projetada dos serviços ou recursos. As tarifas baseadas em custos marginais requerem que a relação entre os custos variáveis e as demandas esperadas sejam conhecidas durante o período que o preço irá prevalecer. Dessa forma, é necessário estimar a mudança de produtividade do recurso com o aumento da demanda. A prática mostra que essas informações são de difícil obtenção e cálculo nos sistemas de contabilidade atuais. As mudanças nos custos variáveis durante um longo período de tempo podem ser correlacionadas com a variação da demanda. Esses fatores dificultam a adoção dos custos marginais para a elaboração das tarifas portuárias, conforme discutido nesta obra.

Tarifas baseadas em performance (ou desempenho), nesse modelo CPV, são relacionadas com a ótima utilização da capacidade das instalações, como um berço ou um armazém, por exemplo. O propósito para estabelecimento dessas tarifas é aplicar otimamente os recursos e promover a utilização eficiente desses mesmos recursos pelos usuários. Os itens principais da precificação por desempenho são o aluguel dos berços e serviços de armazenagem.

Tarifas baseadas em valor, no modelo CPV, adota a regra "o que o mercado tem condições de pagar". Corresponde ao valor percebido pelo usuário com relação ao serviço prestado, ou ainda, na reação do usuário quando ocorrem mudanças nos preços dos serviços (essa última definida como elasticidade do preço). A tarifa de acesso aquaviário, por exemplo, será baseada no valor para o operador do navio ao escalar o porto, e o principal fator que se leva em conta é o potencial de receitas da escala do navio no porto, em comparação ao seu custo diário de operação. A efetividade desse tipo de tarifação por valor é dependente da diferenciação entre os potenciais usuários dos serviços, por exemplo, tarifas separadas são elaboradas para diferenciar contêineres, granéis líquidos ou sólidos, de acordo com seu valor e sensibilidade de preço.

O relatório da UNCTAD propõe ainda um conjunto de atividades para a revisão de uma tarifa portuária. A figura seguinte demonstra esses passos.

1. definir o período na qual as tarifas serão calculadas;
2. definir as instalações e serviços que serão alvo de cobrança;
3. identificar os usuários dessas instalações e serviços;
4. identificar a natureza e a extensão de qualquer empecilho que afete o processo de precificação;
5. estabelecer projeções de demanda para as instalações e serviços durante tal período de avaliação;
6. definir os objetivos do sistema de precificação e a forma nas quais eles irão afetar a capacidade de levantar receitas de quaisquer grupos de usuários;
7. estabelecer centros de receitas e custos, para que possam ser relacionados entre si;
8. definir uma estrutura de cobrança (tipo de cobrança e unidade);
9. calcular custos anuais;
10. calcular o fluxo mínimo de receita requerida, considerando-se os objetivos e custos, incluindo os possíveis fundos necessários para cobrir os custos de investimento na respectiva atividade; e
11. testar o novo conjunto de tarifas portuárias, durante o período de adaptação, enquanto se retira as tarifas antigas.

FIGURA 43 – Etapas de um projeto tarifário, segundo a UNCTAD

CAPÍTULO 22

MODELO GENÉRICO DE REVISÃO E REAJUSTE TARIFÁRIO

Tipologias processuais

O modelo regulatório vigente no Brasil distingue três tipologias processuais de pleitos e projetos tarifários:

Reajuste Tarifário

- Tem por objetivo atualizar monetariamente as modalidades tarifárias, tendo como referência a aplicação da variação percentual de índices de preços no período anterior;
- A cada 12 meses, no mínimo.

Revisões Tarifárias Ordinárias

- Realizadas periodicamente, atendendo calendário, tendo como objetivo a redistribuição dos custos de produção, dos passivos, dos encargos, das receitas tarifárias, das demais receitas e também dos ganhos com os usuários, contemplando a reavaliação das condições passadas e futuras da demanda de mercado;
- A cada três ou no máximo cinco anos.

Revisões Tarifárias Extraordinárias:

- Realizadas a pedido ou promovidas de ofício pelo Regulador, quando da ocorrência de fatos ou situações não previstas, fora da matriz de risco própria da Administração Portuária ou fora do controle dela, que alteraram de forma estrutural a compatibilidade entre as condições da prestação dos serviços e o equilíbrio econômico-financeiro da estrutura tarifária vigente;
- A qualquer momento.

FIGURA 44 – Tipologias de projetos tarifários

No setor portuário brasileiro, definimos *Revisão Tarifária* como sendo um procedimento que visa a reavaliar e examinar todos os custos e receitas da empresa regulada, podendo inclusive repactuar novo nível de rentabilidade para futuros investimentos, sem quaisquer índices prévios, com o objetivo de garantir o equilíbrio econômico-financeiro do contrato (ou seja, a saúde das contas da empresa, de modo que os custos com a prestação do serviço não superem a arrecadação que deriva da tarifa). Pode ter periodicidade regular ou não (sugere-se que o primeiro ciclo seja de três anos, podendo ser alongado para quatro anos no segundo e cinco anos no terceiro), a depender do modelo de contrato firmado com o Poder Concedente. No caso das administrações portuárias, salvo os portos delegados, não há contrato, pois elas são parte da União, ou ainda, a União é controladora, situação que dificulta a regulação de preços, justamente pela falta de obrigações contratuais.

Para atingir o equilíbrio, a Administração Portuária balanceia suas receitas operacionais e não operacionais:

FIGURA 45 –Balança do equilíbrio econômico-financeiro das administrações portuárias

Essa modelagem de equilíbrio fundamenta-se no conceito de *margem de contribuição* (parcela do preço que está disponível para cobertura dos gastos e pode gerar lucro; representa quanto cada produto/serviço contribui para cobrir as despesas e formar o lucro) e de *mark-ups* individuais, e depende de uma contabilidade regulatória efetivamente implantada, incluindo a classificação dos custos e o seu adequado registro conforme os objetos de custos previamente definidos.

MARGEM DE CONTRIBUIÇÃO E PONTO DE EQUILIBRIO CONTÁBIL

Margem de Contribuição é a parcela do preço que está disponível para cobertura dos gastos e pode gerar lucro. É o valor com que cada unidade de um produto fabricado e comercializado contribui para cobrir os custos de operação da empresa, isto é, os custos fixos. Em outras palavras, é a parcela excedente dos custos e despesas que os produtos geraram que, por sua vez, irão contribuir para cobrir os custos e despesas fixas da estrutura da empresa.

Ela está dentro do contexto da avaliação de custo-volume-lucro, informação bastante útil para a tomada de decisões de planejamento e de vendas.

É muito simples o seu cálculo:

$$MC = PV - (CV + DV)$$

Onde:

MC = Margem de contribuição

PV = Preço de venda

CV = Custos variáveis

DV = Despesas variáveis

A margem de contribuição torna visível a potencialidade de cada produto, mostrando como cada um contribui para, primeiramente, amortizar os gastos fixos e, depois, formar o lucro propriamente dito. O conceito é de grande valia para a determinação da composição do mix de produtos que trará a máxima rentabilidade, ou seja, um ferramental contábil para:

a) a identificação de produtos que justifiquem maior esforço de venda;

b) definição do abandono ou não de um segmento produtivo;

c) decisões mais rápidas quanto à redução de preços e descontos;

d) decisões pelo produtor de oferecer maior margem de contribuição.

Pode-se verificar, então, que a margem de contribuição é um indicador importante e fundamental às decisões de curto prazo, pois possibilita aos gestores inúmeras análises no âmbito gerencial, auxiliando no controle e planejamento dos custos dos produtos vendidos pela empresa. Empiricamente, sabe-se que a MC deve ser um valor positivo, pois, do contrário, quanto mais vender, maior será o prejuízo.

Uma vez obtida a margem de contribuição, poderá ser calculado o "**ponto de equilíbrio**" (PE) da empresa, verificando o nível de vendas que proporcione, nem lucro, nem prejuízo no resultado da empresa. Ponto de equilíbrio é aquela situação comercial em que a empresa não apresenta lucro nem prejuízo, ou seja, o momento em que foi atingido um nível de vendas no qual as receitas geradas são suficientes apenas para cobrir os custos e as despesas. Sendo assim, o lucro começa a ocorrer com vendas adicionais, após ter atingido o ponto de equilíbrio contábil.

Para nossos fins, adotaremos o conceito de "ponto de equilíbrio" como sendo o volume de vendas necessário para que as receitas se igualem aos custos e despesas, ou seja, para que o resultado da empresa não seja de lucro, nem de prejuízo. Conhecendo as vendas e custos, podemos extrair quais são as receitas que oferecem o equilíbrio. Como veremos, em um cenário de empresa multiprodutos, para avaliar a operação como um todo, devemos considerar os efeitos somados e ponderados de todas as margens de contribuição, além de ratear os custos e despesas.

Como ferramenta estratégica, a margem de contribuição auxilia ainda na:

i) alteração do mix de produtos, tendo em vista o comportamento do mercado;
ii) alteração de políticas comercial (novos negócios);
iii) definição do nível de produção e do preço de cada produto;
iv) avaliação de desempenho de cada produto.

Estamos interessados particularmente na margem de contribuição como ferramenta de avaliação de desempenho e do nível de preços.

Assim, o ponto de equilíbrio pode ser também calculado pelo nível de Lucro Operacional. O equilíbrio geral, em nosso caso, será condição que iguala os custos (e despesas) à margem de contribuição, buscando-se uma tarifa que satisfaça essa equação. Dado que a receita depende da tarifa cobrada, o conceito de ponto de equilíbrio determinará, então, que para um determinado volume de demanda pelos serviços, a tarifa deve ser ajustada de modo a equilibrar essa equação.

Para tanto, a Administração Portuária irá propor o nível da receita tarifária requerida, anual, suficiente para equilibrar suas contas no período de referência subsequente (próximos 36 meses), tendo a liberdade de compor os níveis de preços dentro de cada modalidade tarifária, podendo adotar margens (*mark-ups*) distintas para cada uma delas.

Hipóteses de revisão tarifária

Existem muitas hipóteses de Revisão; a mais comum é quando um montante significativo de novos encargos ou novos investimentos (não previstos originalmente no "contrato") for determinado pelo Poder Concedente para a ampliação ou expansão dos serviços concedidos. Nessa ocasião, os preços existentes não serão suficientes para cobrir os custos da prestação do serviço.

Até meados dos anos de 1980, o método mais empregado na maioria dos países para revisão tarifária era a regulação de preços de acordo com o custo do serviço, também denominada regulação por taxa interna de retorno (TIR). O método generalizou-se a partir da experiência norte-americana iniciada no final do século passado, com a regulação de monopólios privados de serviço público. Nos demais países, não existia a tradição de regulação explícita, pois as operadoras dos serviços eram, em sua maioria, de propriedade pública, sendo o lucro de monopólio apropriado pelo Estado, como no Brasil.

Sob a ótica da regulação norte-americana, uma revisão tarifária bem-sucedida é aquela que, de maneira geral, atinge os seguintes objetivos principais:

- evita preços abaixo dos custos (incluindo um retorno "razoável");
- evita lucros arbitrários;
- viabiliza a agilidade administrativa no processo de definição e revisão das tarifas;
- impede a má alocação de recursos e a produção ineficiente; e
- estabelece preços não discriminatórios (não impróprios) entre os consumidores.

Com esses objetivos, os preços devem remunerar os custos totais e conter uma margem que proporcione uma taxa de retorno positiva aos investidores.

Assim, a regulação por taxa de retorno implica dizer que, por exemplo, uma empresa concessionária de um acesso aquaviário é autorizada a fixar tarifa de pedágio de maneira que cubra os custos de operação (que inclui pagamento de funcionários, combustível de carros, aluguel de máquinas, despesas com água e energia elétrica, manutenção de equipamentos e do asfalto etc.), e que pague os empréstimos necessários para as aquisições destinadas à expansão da infraestrutura, além de sustentar uma taxa de lucro razoável sobre os investimentos e despesas.

Nele, o órgão regulador decide quais despesas e investimentos são aceitáveis para compor o cálculo, não sendo essa uma tarefa simples, principalmente por causa da assimetria de informação, na qual a firma tem sempre mais dados que o Regulador. A cada período, a partir dos dados contábeis, da política de depreciação e da inflação no período, fixa-se níveis tarifários sob determinadas hipóteses de mercado. Pode haver negociações sobre diversos aspectos, em particular sobre o que fazer com os desvios de rentabilidade no período anterior com relação ao previsto (por exemplo, pode criar-se uma rubrica de resultados a compensar e incluí-la nas revisões tarifárias).

O lucro da empresa regulada não será tão grande de modo que o consumidor se sinta lesado, mas não será tão pequeno que o empresário se sinta desconfortável (ou sem incentivo) em aplicar elevados recursos na concessão. A TIR deve ser no nível adequado para facilitar a tomada de empréstimos (logo, tem que ser maior que os juros de mercado, ou ao contrário o empréstimo deverá ser subsidiado pelos bancos estatais) destinados a aperfeiçoar os serviços ou expandir a infraestrutura.

Em uma espécie de regulação pelo *benchmarking* de mercado, o Regulador, ao avaliar as tarifas propostas na revisão, poderá comparar os preços do projeto com os portos semelhantes, ou mesmo com o menor preço conhecido, supostamente tido como o mais eficiente.

O procedimento de revisão tarifária é bem mais complexo quando existem vários bens ou serviços fornecidos pela firma, sendo esse um dos objetivos deste trabalho, isto é, uma proposta para tanto. Nesse caso, a definição dos diversos níveis tarifários exige rateio dos custos comuns (despesas e investimentos incorridos independentemente do mix de bens e serviços), de modo a obter preços relativos consistentes e que reflitam a alocação eficiente.

Nesses casos mais complexos, há três métodos mais usuais de cumprir as fórmulas de rateios: i) segundo os custos específicos dos diversos bens ou serviços (como autoriza a Lei nº 8987, de 1995); ii) segundo as receitas obtidas pelos diversos bens ou serviços; iii) segundo as quantidades dos diversos bens ou serviços vendidos no último período. Todos os três são arbitrários em algum nível (e os dois últimos são circulares, podendo gerar um círculo vicioso de erros constantemente somados um atrás do outro) e podem levar a ineficiências e subsídios cruzados.

Não basta o possível risco de desequilíbrio para solicitar revisão tarifária extraordinária; o fato deve ter ocorrido, ou seja, o "contrato" já deve estar desequilibrado. Portanto, a revisão tarifária extraordinária não ocorre a qualquer tempo, somente depois de um desequilíbrio.

Como fundamento dessa assertiva, há decisão do Tribunal de Contas da União pertinente ao equilíbrio econômico-financeiro dos contratos.

Além disso, o restabelecimento do equilíbrio não é ato discricionário do Regulador. Ele só poderá recusar-lhe deferimento diante de uma das seguintes situações:

- ausência de elevação dos encargos;
- ocorrência do evento anterior à formulação da proposta vencedora (em casos de lances em leilões);
- ausência de nexo causal entre o evento ocorrido e a majoração dos encargos; e
- gestão imprudente e culpa (dolo) do gestor da empresa pela majoração de seus encargos.

Não basta o possível risco de desequilíbrio para solicitar revisão tarifária extraordinária; o fato deve ter ocorrido, ou seja, o "contrato" já deve estar desequilibrado. Portanto, a revisão tarifária extraordinária não ocorre a qualquer tempo, somente depois de um desequilíbrio. Como fundamento dessa assertiva, registra-se aqui o julgado do Tribunal de Contas da União pertinente ao equilíbrio econômico-financeiro do contrato:

> Equilíbrio econômico-financeiro. Contrato. Teoria da Imprevisão. Alteração Contratual. A ocorrência de variáveis que tornam excessivamente onerosos os encargos do contratado, quando claramente demonstradas, autorizam a alteração do contrato, visando ao restabelecimento inicial do equilíbrio econômico financeiro, com fundamento na teoria da imprevisão, acolhida pelo Decreto-Lei 2.300/86 e pela atual Lei nº 8.666/93. (TCU, TC-500.125/92-9, Min. Bento José Bugarin, 27/10/94, BDA nº 12/96, Dez/96, p. 834).

Cumpre dizer ainda que, no caso das administrações portuárias constituídas por entidades públicas, a ausência de previsão contratual ou editalícia não prejudica a aplicação do restabelecimento do equilíbrio, pois sua origem não é contratual; e legal (art. 9º, §2º da Lei nº 8.987/1995[148] e art. 5º, IV da Lei nº 12.815/2013).[149]

---

[148] Art. 9º A tarifa do serviço público concedido será fixada pelo preço da proposta vencedora da licitação e preservada pelas regras de revisão previstas nesta Lei, no edital e no contrato. (...)
§2º Os contratos poderão prever mecanismos de revisão das tarifas, a fim de manter-se o equilíbrio econômico-financeiro.

[149] Art. 5 São essenciais aos contratos de concessão e arrendamento as cláusulas relativas: (...) IV – ao valor do contrato, às tarifas praticadas e aos critérios e procedimentos de revisão e reajuste;

Ciclo tarifário

Diante dessas questões, cabe ao Regulador definir um esquema de regulação por incentivos minimizador das incertezas e redutora da assimetria informacional, sendo o principal motor dos incentivos à redução de custos: o espaço de tempo decorrido entre as revisões tarifárias propriamente e o período no qual as tarifas se mantêm constantes em termos reais, também denominados períodos ou ciclo tarifário. Durante os intervalos entre as revisões tarifárias, o Regulador poderá aplicar a metodologia de reajustes pelo preço-teto.

Nesse modelo, é imposto um *ciclo tarifário*, que consiste no período de tempo correspondente entre duas revisões tarifárias ordinárias, compreendendo um período mínimo de 03 (três) anos e no máximo 05 (cinco) anos, segundo a RN nº 32/2019. Informa, ainda, que o primeiro ciclo, nos contratos existentes, inicia-se com uma revisão extraordinária. Veja a tabela 2 que o ciclo começa com uma revisão extraordinária nos contratos vigentes.

TABELA 27:

O ciclo tarifário dos portos brasileiros

Procedimento	Período
1ª Revisão Extraordinária	Ano 0
Reajustes Anuais	Ano 1,2, 3 e 4
1ª Revisão Ordinária	Ano 5
Reajustes Anuais	Ano 6, 7, 8 e 9

Nesse ponto, a RN nº 32/2019 diz que as revisões tarifárias extraordinárias serão realizadas a pedido ou promovidas pelo Regulador, de ofício. Essa será a oportunidade na qual os projetos poderão contemplar a migração da estrutura tarifária vigente para a estrutura padronizada pela Agência. Normalmente, a cada ano ou ao final de cada Ciclo Tarifário, o Regulador divulga calendários para as empresas apresentarem seus pleitos de reajuste anual ou de revisão tarifária ordinária dentro de um período fixo, podendo esse calendário coincidir com a data de aniversário do contrato.

Explicitado tudo isso, é necessário enfim afirmar: aplicar o método de taxa de retorno sempre é difícil para as agências governamentais. Explica-se.

Primeiramente, o método de regulação por taxa de retorno, dada a complexidade de sua operacionalização, é um método adequado apenas quando as condições de custo e demanda não variam de forma significativa em curtos períodos de tempo, isto é, quando os custos e a demanda são relativamente estáveis. Na situação contrária, esse processo torna-se muito mais lento. Nessa condição, fica prejudicada a estimativa de custo e de demanda por um período de médio prazo, digamos quatro ou cinco anos à frente, dificultando que se encontrem os elementos de equilíbrio da equação, ou seja, qual será a Receita Total e qual será o Custo Total da firma, lembrando ainda que o monopólio natural tem aquela característica de custo subaditivo: quanto mais produz, menor o custo por unidade produzida. Parece-nos ser o caso do setor portuário, geralmente possuindo demanda anual incremental em uma razão inferior a 5%, na maioria dos casos. Ademais, sabe-se que os custos variáveis nas administrações portuárias são substancialmente reduzidos quando os comparamos com os custos fixos, condição que inibe a aplicação de técnicas de preço eficiente relacionadas ao custo marginal, o qual depende ainda do conhecimento de uma curva de demanda mais precisa.

Em segundo lugar, aplicando apenas a regulação por taxa de retorno, não há incentivos para a firma buscar eficiência, na medida em que todos os custos são repassados aos consumidores, e na medida em que os esforços das empresas para reduzir custos não aumentam seus lucros. Há que considerar o comportamento não exógeno dos custos, ou seja, a forma de cobrança afeta o custo de produção do serviço. A doutrina nos demonstra a existência do efeito Averch-Johnson (sobreinvestimentos).

Por último, a regulação por taxa de retorno requer muita informação a ser apresentada à agência reguladora, carecendo de boa dose de confiança.

Todavia, ainda persiste no Brasil o modelo de tarifação pelo custo, principalmente quando observamos a presença de estatais como prestadoras do serviço, ou mesmo concessionárias privadas, sendo esse o modelo adotado pela RN nº 32/2019, com incrementos relacionados ao desempenho (produtividade) e valor (agregado, na forma de elasticidade), conforme recomendou a UNCTAD (1995).

As condições de contorno para funcionamento desse modelo são as seguintes:

TABELA 28

Condições de contorno do modelo genérico de projeto tarifário nos portos

Item	Condição	Atributos
1	Contabilidade de custos e grupos tarifários.	Padronização da estrutura tarifária em grupos semelhantes relacionados aos objetos de custos de uma contabilidade regulatória.
2	Projeção confiável da demanda por movimentação de cargas.	Consideração da sazonalidade, das temporadas, dos padrões cíclicos, da provável entrada e saída de competidores, novos contratos.
3	Divulgação de um calendário de ciclo tarifário, para aumentar a previsibilidade aos usuários.	Criação de um período de referência regular e datas limites para as empresas apresentarem o seu projeto de revisão e reajuste de tarifas.

HOMOLOGAÇÃO DO REAJUSTE TARIFÁRIO

Quis o legislador que o reajuste tarifário fosse controlado previamente pelo Regulador. Essa tutela está prevista expressamente pelo menos em dois diplomas:

> *Lei nº 8997, de 1995*
> Art. 29. Incumbe ao poder concedente:
> (...)
> V – **homologar reajustes** e proceder à revisão das tarifas na forma desta Lei, das normas pertinentes e do contrato;
>
> *Lei nº 10.233, de 2001:*
> Art. 27. Cabe à ANTAQ, em sua esfera de atuação:
> (...)
> VII – **promover as revisões e os reajustes** das tarifas portuárias, assegurada a comunicação prévia, com antecedência mínima de 15 (quinze) dias úteis, ao poder concedente e ao Ministério da Fazenda;

O **marco regulatório vedou o reajustamento automático de tarifas**, isto é, sem qualquer interveniência das autoridades reguladoras. As alterações tarifárias no setor portuário dependem, sobretudo, de comunicação prévia às autoridades, ainda que não exista, por força contratual, discricionariedade para se negar ou conceder essa homologação, uma vez presentes os pressupostos pactuados para reajuste. Há de discutirmos ainda a figura de uma homologação tácita, que pode estar presentes nos contratos de concessão.

CAPÍTULO 23

ETAPAS DO PROJETO TARIFÁRIO

Os reguladores solicitam das administrações portuárias diversas informações. De acordo com o normativo da Agência Reguladora, de início, eles requisitam pelo menos as que estão listadas na figura a seguir.

I - Mercado de Referência do período antecedente

- a estrutura tarifária vigente; e
- as Demonstrações Contábeis conforme o Plano de Contas Regulatório, informando:
  - as receitas operacionais, as receitas complementares, as receitas acessórias, as receitas com contratos de arrendamento e as receitas financeiras, apuradas mensalmente;
  - as despesas financeiras, os custos alocados aos contratos de arrendamento e os custos das receitas acessórias apuradas mensalmente;
  - os custos diretos, custos indiretos e as despesas administrativas apuradas mensalmente.

II - Mercado de Referência do período subsequente

- a estrutura tarifária proposta e o relacionamento entre a estrutura proposta e a vigente; e
- as Demonstrações Contábeis conforme o Plano de Contas Regulatório, de forma projetada.

III - O Método de Custeio para o período antecedente e subsequente

- porcentuais destinados à apropriação dos Custos Indiretos e das Despesas Administrativas nos grupos tarifários;
- os pesos internos para distribuição dos custos de cada grupo em cada uma das modalidades tarifárias do respectivo grupo.

IV - Vendas realizadas e Demanda projetada

- a quantidade faturada no período de referência antecedente, por modalidade tarifária;
- projeção da Demanda média mensal, por modalidade tarifária, para cada mês do período.

FIGURA 46 – Quatro conjuntos essenciais para um projeto de revisão tarifária nos portos

Caso não existam estudos de demanda ou de custos para o período subsequente, adotar-se-á a mesma reta de tendência apurada pelo faturamento no período antecedente e os mesmos custos médios e as demais receitas não tarifárias para o período subsequente, mês a mês, do período antecedente. No caso de modalidades tarifárias novas, sem faturamento precedente, a Autoridade Portuária deverá apresentar estimativas de demanda (a serem obtidas com o usuário ou requisitante), e um preço estimado inicial, como fosse o preço original.

Como função objetivo, o Regulador avaliará, para dada autoridade portuária, o Lucro Operacional [LO] anual de cada Grupo Tarifário *j* ou da soma *k* deles, na seguinte sequência: inicialmente, será avaliado o Lucro Operacional da Estrutura Tarifária vigente, considerando o Mercado de Referência antecedente da Administração Portuária e, em seguida, será simulada a nova Estrutura Tarifária proposta, nos seguintes cenários:

TABELA 29

Cenários de proposição de uma revisão tarifária

(continua)

Cenário	Descrição	Característica
Equilibrado (reajuste linear)	Cenário anulando o Lucro Operacional total, considerando o Mercado de Referência subsequente, por meio de um Índice de Reajuste Linear idêntico para todas as modalidades tarifárias da estrutura.	Equilibra o custo total, sem alterar as alocações de receitas entre os usuários. Menor impacto para os usuários, pois apenas reproduz o *status quo*.
Preço = Custo Médio Específico	Cenário anulando o Lucro Operacional total, considerando o novo Mercado de Referência subsequente, por meio do cálculo de novos preços para as modalidades tarifárias da estrutura, de modo que o preço de cada modalidade seja igual ao custo médio de cada produto.	Equilibra o custo total, alterando as alocações de receitas entre os usuários para igual custo igual à receita. Impacto para os usuários, porém, as tarifas tendem a se tornarem mais neutras, sem subsídios.

(conclusão)

Cenário	Descrição	Característica
Positivo (subsídio cruzado com N-produtos)	Cenário de Lucro Operacional total positivo, considerando o novo Mercado de Referência, por meio do cálculo de novos preços para as modalidades tarifárias da estrutura, de modo que o preço de cada modalidade seja igual ao custo médio do produto multiplicado pelo seu *mark-up*. Esse poderá ser único para todas as modalidades ou escolhido individualmente, positivos ou negativos, em razão das elasticidades da demanda (veja a Regra de Ramsey).	Equilibra o custo total, alterando as alocações de receitas entre usuários, desigualmente. Partindo do custo médio real, é possível praticar uma política comercial flexível visando à máxima captura de receitas conforme a utilidade marginal de cada usuário, reduzindo a perda de peso morto, sem danos aos usuários. Explora a curva da demanda.

Após análises e estudos de cenários, a Estrutura Tarifária vigente e a Estrutura Tarifária proposta serão caracterizadas em uma das seguintes situações: Equilibrada ou Desequilibrada. Será considerada Equilibrada, no geral, a Estrutura Tarifária *k* que proporcione um Lucro Operacional total igual ou superior a zero para os próximos 12 (doze) meses. Nesse modelo, o nível de Lucro Operacional substitui o conceito de TIR.

O modelo nacional pode ser descrito nos fluxogramas a seguir, em duas visões:

Fluxo básico da Revisão Tarifária
1 – Informar estrutura tarifária atual, a ser revisada (período antecedente);
2 – Definir a estrutura proposta, evidenciando as inclusões e as exclusões (período subsequente);
3 – Informar dados de mercado (movimentação média mensal passada dos últimos 36 meses e a demanda média mensal projetada para 36 meses à frente), para cada modalidade tarifária. Informar também a capacidade instalada, para avaliação do fator de utilização (quanto maior, maior a produtividade);
4 – Informar os valores das contas de Demonstração de Resultados (DRE) dos últimos 36 meses, ou seja, Receitas Operacionais, Receitas Alternativas e Receitas Financeiras Custos (Diretos por Grupo Tarifário, e os Indiretos) e Despesas, incluindo Despesas Financeiras;
5 – Reportar:
A. para o período antecedente, os percentuais de rateio no custeio indireto e das despesas administrativas, visando à alocação desses custos em cada Grupo Tarifário (método de absorção integral); B. para o período antecedente e subsequente, os pesos internos dos itens que compõem os custos operacionais eficientes em cada Grupo Tarifário, isto é, direcionadores que representam o carregamento e a distribuição de gastos em cada modalidade tarifária em relação aos gastos apropriados para o respectivo grupo tarifário; C. para o período subsequente: i. o incremento de custos médios de produção, diretos e indiretos mensais, e as demais despesas mensais, apropriadas por grupo tarifário, em termos médios mensais (quanto maior o incremento, menor a produtividade); ii. o montante de investimentos em bens de capital, em parcelas anuais a serem amortizadas; iii. a previsão de receitas alternativas e as parcelas oriundas de outras fontes, inclusive as receitas não operacionais, em termos médios mensais;
6 – Compor todos os dados e simular os cenários de preços-teto, comparando o cenário atual com os cenários do período subsequente, observando a particularidade de cada cenário quanto à estratégia comercial, margem de contribuição e o nível de retorno esperado (lucro operacional);
7 – Escolher o cenário favorito e encaminhar para análise da ANTAQ.

FIGURA 47 – Fluxograma da produção de uma proposta de revisão tarifária. Visão 1

ENTRADA ⇒	PROCESSAMENTO ⇒	SAÍDA
Data da última revisão.		
Estrutura Tarifária (grupos, modalidades, preço-teto, isenções e regras) atual e futura.		Preço-teto de cada modalidade tarifária (nova tarifa).
Custos Fixos e Variáveis. Diretos e Indiretos. Despesas Administrativas. Atual e projetado.	Análise do nível de desequilíbrio atual.	
Percentuais de Rateio e Direcionadores de Custo Específico.		
Investimentos necessários à expansão da infraestrutura.		Margem Semi-Bruta de Contribuição de cada Grupo Tarifário.
Movimentação Portuária (demanda média atual e nos próximos 36 meses).		
Demais Receitas Operacionais, atuais e projetadas.	Geração de cenários futuros, em novo patamar de equilíbrio.	
Mark-ups para cada modalidade tarifária (discriminação de 2° e 3° grau).		Lucro Operacional e Taxa de Retorno de Cada Grupo Tarifário e do total da operação.

FIGURA 48 – Fluxograma da produção de uma proposta de revisão tarifária. Visão 2.

Nesse esquema, o preço é formado pela soma de Lucros e Gastos, conforme a figura a seguir.

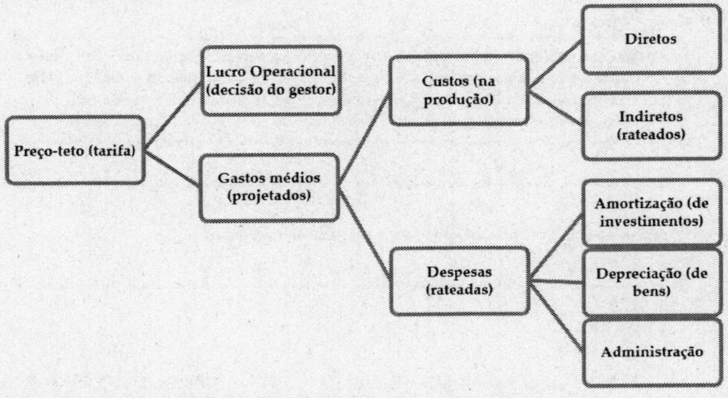

FIGURA 49 – Formação da tarifa baseada em custos

O esquema da figura anterior deixa claro que as autoridades portuárias devem conhecer muito bem os custos e despesas, em um nível de granularidade crescente, devendo empenhar seu tempo na criação e maturação de controles internos contábeis.

Sinteticamente, podemos transformar todos esses fluxogramas em um passo a passo mais simples, conforme figura a seguir, representando uma sequência de apresentação de informações.

FIGURA 50 – Passo a passo dos projetos de revisão, segundo os normativos da Agência Reguladora

CAPÍTULO 24

MÉTODO QUANTITATIVO DE REAJUSTE TARIFÁRIO

Genericamente, o cálculo do preço-teto reajustado de uma Modalidade Tarifária qualquer ocorrerá aplicando a seguinte equação:

$$M_{T1} = \{M_{T0} \times [1 + (IdP_{T1\text{-}T0} - F_X] \}$$

Sendo:

M_{T1}: Preço-teto da Modalidade Tarifária reajustado, em R$;

M_{T0}: Preço-teto da Modalidade Tarifária sem reajuste, em R$;

T_1: Mês e ano final do reajuste;

T_0: Mês e ano inicial do reajuste;

$T_1 - T_0$: período do reajuste considerado, em quantidade de meses;

$IdP_{T1\text{-}T0}$: índice de preços referente ao período de reajuste considerado, em %;

F_X: fator de produtividade considerado para o período, em %.

O Regulador aprovará o preço-teto exato, reajustado, de cada modalidade, não avaliando pleitos de reajuste linear para a Estrutura. Para tanto, a Autoridade Portuária deverá informar:

I. as modalidades tarifárias para reajuste;
II. as datas do último reajuste de cada modalidade a ser reajustada;

III. o período, em meses, a ser considerado para reajuste em cada modalidade;
IV. índice geral de preços a ser utilizado para o Projeto (no caso, a RN nº 32/2019 padronizou o IPCA-IBGE, porém, é possível que algum futuro contrato de concessão indique outro índice ou mesmo um mix de);
V. o seu mercado, na forma da demanda média anual em cada modalidade a ser reajustada, referente ao período dos últimos 36 anteriores; e
VI. valor total obtido, em R$, acumulado nos últimos 12 (doze) meses, referente às Demais Receitas Anuais – DRA.[150]

Os últimos itens são para avaliação do impacto tarifário. Para efeitos comparativos, os dados de mercado serão considerados constantes durante toda a análise, não podendo sofrer majoração ou redução de qualquer ordem.

O Fator X deve ser calculado e divulgado antes do início do ciclo tarifário, para valer para todo aquele ciclo. No primeiro ciclo tarifário, é usado um Fator X unitário. O Regulador pode realizar audiências públicas antes de decidir a respeito; importante mesmo é o investidor e o usuário terem previsibilidade, já que é um mecanismo de incentivo à eficiência.

Inexistindo uma metodologia para definição do Fator X, a autoridade portuária poderá estimar e sugerir os ganhos de produtividade estimados para o período subsequente, para cada modalidade em análise.

A equação anterior também comporta o uso do Fator Q, um desconto incentivador da qualidade e do serviço adequado. Caso a autoridade portuária não cumpra determinadas metas previamente contratualizadas, ela sofrerá uma redução da sua receita tarifária para o próximo período, até que recupere o nível de serviço.

Por fim, tendência marcante, advinda dos modelos de contratos de concessão portuária, é a aprovação ou *homologação tácita* dos reajustes tarifários, desde que respeitado o preço-teto da equação. Bastaria então a comunicação prévia ao órgão regulador e aos usuários, por exemplo.

---

[150] Conceito definido mais adiante.

EXERCÍCIO RESOLVIDO

Calcule o seguinte reajuste tarifário.

Dados: IPCA do Período = 11%; Fator X = 1,0%. Estrutura tarifária, conforme tabela a seguir.

Grupo	Nome do Grupo	Item	Forma de Incidência	Modalidade Tarifada	Preço-teto em A0 (R$)
I	Acesso Aquaviário	1	Tarifa fixa por acesso aquaviário de uma embarcação	Sim	2.300,00
		2	Por tonelada de carga movimentada no porto	Não	
		2.1	Para operações de longo curso	Sim	38,00
		2.2	Para operações de cabotagem ou navegação interior	Sim	55,00
II	Acostagem	1	Para o berço principal	Não	
		1.1	Por metro linear de instalação ocupada por embarcação, por hora ou fração, até o limite de 24 horas.	Sim	160,00
		1.2	Por metro linear de instalação ocupada por embarcação, por hora ou fração, após 24 horas.	Sim	330,00

Estabeleça os preços máximos para o período subsequente.

Solução:

Na tabela a seguir, basta multiplicar a coluna 4 pela coluna 1, resultando na coluna 5. A coluna 4 é obtida subtraindo a colina 2 da coluna 3.

TABELA 30

Exercício de reajuste

Grupo	**Item**	**Forma de Incidência**	**Modalidade Tarifada**	**Preço-teto em A0 (R$) [1]**	**Índice de Preços [2]**	**Fator X [3]**	**Índice efetivo [4]**	**Novo preço-teto (R$) [5]**
I	1	Tarifa fixa por acesso aquaviário de uma embarcação	Sim	2.300	11%	1%	10%	2.530
	2	Por tonelada de carga movimentada no porto	Não		11%	1%	10%	0
	2.1	Para operações de longo curso	Sim	38	11%	1%	10%	41,8
	2.2	Para operações de cabotagem ou navegação interior	Sim	55	11%	1%	10%	60,5
II	1	Para o berço principal	Não		11%	1%	10%	0
	1.1	Por metro linear de instalação ocupada por embarcação, por hora ou fração, até o limite de 24 horas.	Sim	160	11%	1%	10%	176
	1.2	Por metro linear de instalação ocupada por embarcação, por hora ou fração, após 24 horas.	Sim	330	11%	1%	10%	363

É possível adotar um Índice de Preços menor do que o IPCA para certas modalidades, fora o desconto do Fator X. Seria o caso de a autoridade portuária não querer repassar toda a inflação para o preço-teto.

CAPÍTULO 25

MÉTODO QUANTITATIVO DE REVISÃO TARIFÁRIA PELO CUSTO E TAXA DE RETORNO[151]

Cenários de equilíbrio

A revisão tarifária dos portos está fundamentada no método de taxa de retorno, com certas variantes, introduzindo elementos pró-competitivos.

A Revisão Tarifária avaliará, para dado porto organizado, o Lucro Operacional [*LO*] anual de cada Grupo Tarifário *j* ou da soma *k* deles, na seguinte sequência:

I. Inicialmente, será avaliado o LO da Estrutura Tarifária vigente, considerando o Mercado de Referência antecedente da Administração Portuária;

II. Em seguida, será simulada a nova Estrutura Tarifária proposta, nos seguintes cenários:

   a) um cenário que anule o LO total, considerando o Mercado de Referência subsequente, por meio de um Índice de Reajuste Linear idêntico para todas as modalidades tarifárias da estrutura;

   b) um cenário que anule o LO total, considerando o novo Mercado de Referência subsequente, por meio do cálculo de novos preços para as modalidades da estrutura, de modo que o preço de cada modalidade seja igual ao custo médio do produto;

[151] Naturalmente, existem outros modelos de reequilíbrio econômico-financeiro, tais técnicas utilizando o Fluxo de Caixa Marginal em conjunto com Opções (adiar investimentos, abandonar, aumentar a escala, reduzir a escala, mudar os produtos etc.). Essas técnicas serão objeto de outra obra, atendem mais às autoridades portuárias com contratos de concessão.

d) um cenário de LO total positivo ou nulo, considerando o novo Mercado de Referência, por meio do cálculo de novos preços para as modalidades da estrutura, de modo que o preço de cada modalidade seja igual ao custo médio do produto multiplicado pelo seu *mark-up*.

Os *mark-ups* são propostos individualmente, para cada modalidade, podendo ser negativos ou positivos, justificadamente. A empresa deverá optar por propor um e somente um dos cenários.

Após análises dos cenários, a Estrutura Tarifária vigente e a Estrutura proposta serão caracterizadas em uma de duas situações: I – Equilibrada; ou II – Desequilibrada. Será considerada Equilibrada, no geral, a Estrutura Tarifária *k* que proporcione um LO total igual ou superior a zero para os próximos 12 (doze) meses.

Cálculo das receitas operacionais e não operacionais

Conforme prescrito no Manual de Contas das Autoridades Portuárias, para efeitos tarifários, as receitas serão contabilizadas da seguinte forma:

Parcela A		Parcela B		A + B
Receita Anual Operacional – RO		**Receita Não Operacional - RNO**		
• Receita Anual Tarifária – RAT • Demais Receitas Anuais – DMA • Receitas Patrimoniais (exploração de áreas, arrendamentos e cessões de uso) • Receitas Alternativas: o Complementares o Acessória o Projetos Associados	+	• Receitas Financeiras • Subvenções (transferências governamentais para custeio) • Outras Receitas	=	**Receita Anual Verificada – RAV**

FIGURA 51 – Composição das Receitas Portuárias para fins tarifários

Desses itens, entende-se que a soma da Receita Anual Operacional [RO] com a Receita Não Operacional [RNO] constitui a Receita Anual Verificada [RAV], isto é:

$$RAV_{A0} = RO_{A0} + RNO_{A0} = RAT_{A0} + DMA_{A0} + RNO_{A0}$$

Sendo:

RAV_{A0}: Receita Anual Verificada, para o ano A_0, em R$;

RO_{A0}: Receita Operacional, para o ano A_0, em R$;

RNO_{A0}: Receita Não Operacional, para o ano A_0, em R$;

RAT_{A0}: Receita Anual Tarifária, para o ano A_0, em R$;

DMA_{A0}: Demais Receitas Anuais, para o ano A_0, em R$.

Interpretando o art. 29 da RN nº 32/2019, a Receita Mensal Tarifária (RmT), para dada modalidade tarifária *i* no mês W_0, é obtida pela seguinte equação:

$$RmT_{W0i} = MW_{0i} \times DmW_{0i}$$

Sendo:

RmT_{T0}: Receita mensal Tarifária, para o mês W_0, em R$;

M_{T0i}: Preço da Modalidade Tarifária *i*, em dado mês W_0, em R$/unidade;

Dm_{T0i}: Demanda projetada ou Faturamento apurado em função da Modalidade Tarifária *i*, para dado mês W_0, em unidades.

A Receita Anual Tarifária [RAT], para dada modalidade tarifária *i* no período de 12 (doze) meses, é obtida pela soma de 12 (doze) parcelas mensais, na forma da seguinte equação:

$$RAT_{A0i} = RmT_{W0i} + RmT_{W1i} + ...RmT_{W12i}$$

A Receita Anual Tarifária [RAT], para dado grupo tarifário *j*, é obtida pelo somatório das receitas anuais tarifárias das *i* modalidades tarifárias *i* desse grupo *j*, na forma seguinte equação:

$$RAT_{A_{0_j}} = \sum_{i=1}^{i} \left(RAT_{A_{0_i}} \right)$$

A Receita Anual Tarifária [RAT], para toda a estrutura tarifária *k*, é obtida pela soma das receitas anuais tarifárias dos *j* grupos tarifários, na forma da seguinte equação:

$$RAT_{A0_k} = \sum_{j=1}^{j} \left(RAT_{A_j} \right)$$

A Receita Tarifária Anual Requerida [REQ] para toda a estrutura tarifária *k* no período subsequente A_1 deverá ser maior ou igual que a Receita Anual Tarifária [RAT] verificada no período antecedente A_0.

$$REQ_{A1_k} \geq RAT_{A0_k}$$

Cálculo dos custos com o serviço portuário

Os Gastos Totais com o serviço portuário, isto é, o Custo de Produção [*CP*], conforme o Manual de Contas das Autoridades Portuárias, para efeitos tarifários, são divididos em três quantias, conforme figura a seguir:

Custos Diretos		Custos Indiretos		Despesas gerais		
Facilmente identificável e associável à determinada atividade. Sem ele, a atividade não existiria.	+	Não podem ser alocados diretamente ou que não seja viável tal controle. Devem guardar proporção razoável com o custo direto.	+	Administração geral, contábil ou incorrido nas atividades de suporte.	=	**Gasto Total**

FIGURA 52 – Composição dos Custos Portuários para fins tarifários

Os gastos de incidência: I – direta, serão apropriados integralmente para os respectivos Grupos Tarifários; e II – indireta, serão apropriados integralmente para os Objetos de Custos, representados pelos Grupos Tarifários. Os investimentos passados entram como Despesas Administrativas, na conta de Depreciação e Amortização. O método de custeio a ser utilizado foi discutido na Nota Técnica ANTAQ nº 50/2017/GRP/SRG e na Nota Técnica ANTAQ nº 64/2017/GRP/SRG. É o chamado Custeio Integral, ou Custeio Pleno.

O Custo de Produção Médio [$\underline{CPi}$] é aquele calculado para uma Modalidade Tarifária *i* a partir do Gastos do Grupo Tarifário rateados por um coeficiente direcionador θ_i, na forma da seguinte equação:

$$DA_j = (\mu_j \times DA)$$

$$CO_j = (\lambda_j \times CI) + CD_j$$

$$\underline{CP_i} = \left\{\left[\frac{(CO_j + DA_j)}{\underline{D_i}}\right] \times (1 - \theta_i)\right\}, i \subset j$$

Como condição, para cada Grupo Tarifário *j*, temos a seguinte igualdade:

$$\theta_i + \theta_{i+1} + \theta_{i+2} + \theta_{i+n} = 1$$

Sendo:

$\underline{CPi}$: Custo de Produção Médio da modalidade tarifária *i*, em R$;

COj: Custo Operacional Grupo Tarifário *j*, em R$;

CDj: Custo Direto do Grupo Tarifário *j*, em R$;

CI: Custos Indiretos totais, em R$;

CIj: Gastos Indiretos do Grupo Tarifário *j*, em R$;

DA: Despesas Administrativas totais, em R$;

DAj: Despesas Administrativas do Grupo Tarifário *j*, em R$;

Di: Demanda média anual para a modalidade tarifária *i*;

θ_i: Peso interno para distribuições de gastos do Grupo Tarifário *j* para a modalidade tarifa *i*, adimensional;

λ_i: equivalente percentual de rateio para apropriação dos Custos Indiretos para o Grupo Tarifário *j*, adimensional;

μ_i: equivalente percentual de rateio para apropriação das Despesas Administrativas para o Grupo Tarifário *j*, adimensional.

Cálculo da tarifa portuária

A tarifa Tp_i de uma dada Modalidade Tarifária *i* será calculada pela seguinte equação:

$$Tp_i = \underline{CP_i} \times (1 + \delta_i), -99{,}99\% < \delta_i > +99{,}99\%$$

Sendo:

Tp_i: Preço-teto da modalidade tarifária *i*, em R$;

Cp_i: Custo de Produção Médio da modalidade tarifária *i*, em R$;

δ_i: *mark-up* da modalidade tarifária *i*, adimensional.

A modelagem fundamenta-se no conceito de margem de contribuição e de *mark-ups* individuais, e depende de uma contabilidade regulatória efetivamente implantada, incluindo a classificação dos custos e o seu adequado registro conforme os objetos de custos previamente definidos. O ponto de equilíbrio será dado pelo nível de Lucro Operacional. O equilíbrio geral é a condição que iguala os custos (e despesas) à margem de contribuição, buscando-se uma tarifa que satisfaça essa equação.

O Lucro Operacional anual [*LO*] da estrutura tarifária *k* é dado pelo somatório das Margens Semibrutas de Contribuição [*MSBC*] anuais de um dado conjunto de Grupos Tarifários *j* e das respectivas Modalidade Tarifárias *i* subtraído pelo somatório das Despesas Administrativas [*DA*] anuais relacionadas com essas modalidades tarifárias, na forma das seguintes equações:

$$LO_k = \sum_{j=1}^{k} (LO_j)$$

ou

$$LO_k = \sum_{j=1}^{k} (MSBC_j) - \sum_{j=1}^{k} (DA_j)$$

ou

$$LO_j = \sum_{i=1}^{j}(MSBC_i) - \sum_{i=1}^{j}(DA_i)$$

A Margem Semibruta de Contribuição anual de cada Modalidade Tarifária i é calculada pela diferença entre as Receitas Líquidas anuais [RL] e a soma dos Custos Operacionais dessa Modalidade Tarifária, na forma da seguinte equação:

$$MSBC_i = RL_i - CO_i$$

A Receita Líquida anual de cada Modalidade Tarifária i é calculada descontando da Receita Bruta [RB] anual as Despesas Proporcionais ao Faturamento [DPF].

$$RL_i = RB_i - DPF$$

A Receita Bruta anual é calculada pela multiplicação entre o preço-teto da Modalidade Tarifária i e a demanda média anual projetada para o período de 12 (doze) meses subsequentes.

$$RB_i = Tp_i \times \underline{D_i}$$

A Margem Bruta [MB] porcentual de cada Grupo Tarifário j será apurada da seguinte forma:

$$MB_i = \left[\frac{(RAT_k - CP_k)}{CP_k}\right] \times 100$$

Para melhor visualização, os resultados das equações supracitadas podem ser reunidos em um quadro sintético, conforme a seguir.

TABELA 31

Quadro síntese da avaliação de margens, despesas e receitas por tabela tarifária

Despesas Proporcionais ao Faturamento (DPF) **14,25%**

		Receitas Tarifárias		MSBC
Tabela I	R$	60.572.174,14	R$	44.178.541,71
Tabela II	R$	3.723.675,98	-R$	4.556.308,05
Tabela III	R$	85.497.171,58	R$	53.976.983,65
Tabela IV	R$		R$	
Tabela V	R$	788.299,11	R$	412.545,53
Tabela VI	R$		R$	
Tabela VII	R$	3.104.963,47	R$	2.266.686,31
Tabela VIII	R$	8.966.843,19	R$	5.658.121,61
Tabela IX	R$	491.632,45	R$	166.687,86
Soma	**R$**	**163.144.759,92**	**R$**	**96.278.449,15**
∑Receita Tarifária Bruta (RB) no período	R$	153.686.284,28		
Despesas Proporcionais ao Faturamento (DPF)	R$	21.900.295,51		
∑Receita Líquida (RL) no período	R$	131.785.988,77		
∑ Margem Semi Bruta de Contribuição (MSBC)	R$	96.278.449,15		
Despesas Administrativas	-R$	9.679.676,67		
Lucro Operacional no período	R$	105.958.125,82		
% Lucro Operacional sobre a Receita Bruta		**68,94%**		

CAPÍTULO 26

DAS REVISÕES TARIFÁRIAS EXTRAORDINÁRIAS

A aceitação de um pedido de revisão tarifária extraordinária depende da comprovação de um nexo causal.

Nexo causal é o vínculo, ou seja, a ligação ou relação de causa e efeito entre a conduta e o resultado. Será preciso avaliar se o resultado surgiu ou não como consequência natural da voluntária conduta do agente. O nexo de causalidade é elemento indispensável em qualquer espécie de pedido de reequilíbrio econômico-financeiro.

A circunstância da relação de causalidade se dirigir tanto ao fato lesivo como ao dano redundou na construção doutrinária de que seu objeto seria duplo: de um lado haveria a ocorrência do fato e de outro o dano produzido por consequência desse. Porém, foge do escopo desta obra um debate doutrinário sobre nexo de causalidade. O surgimento das primeiras concessões certamente irá aquecer o ânimo dos juristas.

Por ora, basta sabermos que relação de causalidade seleciona quais os danos que devem ser reparados afastando o dever de indenizar quanto aqueles que não se coadunem com seus critérios.

Nesse sentido, a revisão tem lugar apenas quando impactos supervenientes afetarem o serviço concedido rompendo o equilíbrio inicial, estejam esses eventos previstos ou não no contrato.

Essa figura pressupõe análise ampla e minuciosa da execução do contrato, pois para determinar-se o preço particular, há necessidade de se produzir prova sobre a composição de custos, as variações ocorridas, as causas de desequilíbrio, exigindo-se bastante tempo e participação de profissionais especializados. Em primeiro lugar, verificam-se todos os custos originariamente previstos pelo contratado e que compuseram a sua proposta. Depois, investiga-se sobre os custos que efetivamente oneraram o particular durante a execução do contrato. A terceira etapa é a comprovação da ocorrência de eventos que possam ter produzido desequilíbrio. E a quarta etapa é a adoção da forma de assegurar a manutenção da equação original.

Para uma Administração Portuária na forma de uma estatal ou autarquia, a revisão tarifária extraordinária adotará a mesma metodologia empregada na revisão ordinária.

A instrução de pedidos de revisão tarifária extraordinária deverá informar a ocorrência de um desequilíbrio econômico-financeiro efetivo, já manifestado, ou um desequilíbrio econômico-financeiro ainda não manifestado, se e somente se o Projeto considerar a amortização anual de investimentos futuros em infraestrutura do porto organizado a ser coberta pela tarifa. Esses projetos devem começar sua execução dentro do ciclo tarifário em questão, ainda que possam continuar e avançar dentro dos outros ciclos.

Nesses casos, os pedidos de receitas tarifárias adicionais para cobertura de despesas de capital em investimentos futuros em infraestrutura portuária deverão estar atrelados em cronogramas do tipo físico-financeiro, apresentados e pactuados juntos ao Regulador, a serem enviados juntamente ao Projeto.

Quando considerar o emprego de algum nível de capital de terceiros, a instituição financeira não governamental não deverá ser remunerada por meio de taxa de juros acima da normalmente praticada pelo mercado.

Os potenciais (não exaustivos) nexos causais para as autoridades portuárias estatais estão na lista da tabela a seguir, em uma forma de matriz de riscos:

TABELA 32

Possível matriz de risco das tarifas portuárias
(Administração Portuária estatal)

Risco	**Alocação de Risco**	
	Da Tarifa	**Da Administração do Porto**
Alterações de curto prazo no custo operacional e na demanda		x
Alterações significativas, duradouras e estruturais de demanda	x	
Aumento ou redução de capacidade	x	
Variações exógenas de custos operacionais	x	
Alteração na legislação ou na regulação que impacte nos negócios (fato do Príncipe ou da administração)	x	
Acidentes naturais e sinistros não cobertos por seguros;	x	
Alteração tributária, exceto imposto de renda	x	
Greves e tumultos, casos fortuitos ou de força maior	x	
Risco cambial (só para as entidades públicas)	x	
Investimentos na expansão da capacidade	x	

Voltando para os contratos, percebe-se que o marco setorial traz explicitamente a revisão como instrumento para preservar o equilíbrio econômico e financeiro das concessões, embora na terminologia utilizada pela lei, com a palavra "revisão", esteja implícito também o significado de reajuste. Os critérios e procedimentos para revisão tarifária devem estar obrigatoriamente no edital e no contrato. Quem procede à revisão é a Agência Reguladora.

Nas concessões, o equilíbrio econômico-financeiro dos contratos, como resultado de uma equação complexa para a execução do objeto do contrato de forma adequada a partir da proposta do concessionário, pode ser entendido como um direito intangível decorrente dos princípios da mutabilidade do contrato, da segurança jurídica e da boa-fé nas relações contratuais.

Nesses casos, as revisões extraordinárias não precisam necessariamente resultar em novos patamares.

MECANISMOS NÃO TARIFÁRIOS DE REEQUILÍBRIO

Merecem destaque, dentre os mecanismos "não tarifários" que se operacionalizam através da revisão e reajuste, as seguintes formas de se proceder ao reequilíbrio das contas das administrações portuárias, sem alterações nos patamares tarifários:

I. **Através da oferta de subsídios ou redução de subsídios** (no caso do desequilíbrio ocorrer em desfavor do poder concedente): ao invés de elevar ou diminuir tarifas, é possível que o contrato seja reequilibrado por meio do aumento ou diminuição de transferências financeiras do poder concedente em favor do concessionário, desde que previstas inicialmente no edital e na minuta de contrato (art. 17, caput da Lei nº 8.987, de 1995).

II. **Através da criação, ampliação ou alteração nas porcentagens das tarifas de receitas alternativas, complementares, acessórias ou de projetos associados**: é também legalmente aceitável que o reequilíbrio seja obtido mediante receitas derivadas da exploração extraordinária do serviço ou do bem concedido (art. 11 da Lei nº 8.987, de 1995). A tarifa se comporta, principalmente nas concessões comuns, como a principal fonte de receitas do projeto concessionário, existindo, conforme previsão do referido dispositivo legal. A possibilidade de alteração nas margens percentuais de vinculação dessas receitas para a redução do valor tarifário pode ser uma forma de reequilíbrio em favor do poder concedente.

III. **Prorrogação do prazo contratual:** para se evitare o aumento tarifário (ou a diminuição para reequilíbrio a favor do Estado) e as suas consequências, é possível que o reequilíbrio seja realizado pela ampliação ou diminuição do período de recebimento de tarifas pelo concessionário para viabilizar a compensação de desequilíbrios ocorridos ao longo da execução do contrato, dentro do prazo inicialmente estabelecido. É importante ressaltar que o prazo estipulado no contrato de concessão não deve ser feito de forma discricionária, devendo resultar de estudos prévios sobre a viabilidade econômico-financeira referente à execução de cada serviço específico. Em outras palavras, o prazo da concessão deve estar diretamente ligado aos aspectos econômicos e financeiros relacionados a cobrir os custos com a prestação do serviço e com os investimentos realizados e previstos. Sua prorrogação ou diminuição se comportam como verdadeiras formas de recompor prejuízos que concessionário e o Poder Público possam ter tido (e que se submeta às hipóteses legais de reequilíbrio), levando em consideração a relação de encargos e vantagens inicialmente acordados.

IV. **Especificamente nas parcerias público-privadas, a complementação ou substituição da contraprestação pública por benefício não financeiro**: no caso das parcerias público-privadas, existe essa possibilidade, que consiste no incremento ou na substituição (reequilíbrio a favor do poder concedente) da contraprestação estatal, que pode ser realizada através da outorga para exploração acessória de uso de bens públicos do Estado. A Lei nº 11.079, de 2004, reconhece como formas válidas de contraprestação do parceiro público ao privado, além da já citada, a cessão de créditos não tributários, a outorga de direitos em face da Administração Pública, a outorga de direitos sobre bens públicos dominiais, dentre outros (art. 6º da referida lei).

CAPÍTULO 27

AVALIAÇÃO DO PROJETO E ACOMPANHAMENTO

Método geral e partes da avaliação

A avaliação do projeto da autoridade portuária tem como finalidade demonstrar a sua conformação legal e com os princípios do serviço adequado, respeitada as características de uma tarifação incentivadora da eficiência, competitividade e produtividade do setor portuário. Após o exame, o parecista emite uma opinião.

Existem três partes nesse processo avaliativo:

I. *Parecista*: é quem irá conduzir a análise pelo Regulador e emitir o parecer;

II. *Representante tarifário*: é o ponto focal do Regulador para apresentar o projeto e os documentos que os subsidiaram, respondendo pelas dúvidas e solicitações adicionais do Regulador. É indicado pelos dirigentes da autoridade portuária como procurador de seus interesses; e

III. *Autoridade regulatória*: é quem irá aprovar o parecer, e homologar o resultado do processo.

Sob a ótica da regulação setorial, a tarifação em questão será bem-sucedida se, e somente se, atingir os seguintes critérios e objetivos:

- evitar preços abaixo dos custos (incluindo um retorno "razoável");
- evitar lucros arbitrários;
- viabilizar a agilidade administrativa no processo de definição e revisão das tarifas;

- impedir a má alocação de recursos e a produção ineficiente; e
- estabelecer preços não discriminatórios ou impróprios entre os consumidores.

O parecista deve atestar que as condições reais do projeto atendem aos critérios e requisitos normativos. Para tal asseguração, as técnicas de análise utilizadas são aquelas emprestadas da auditoria, a saber:

- amostragem;
- indagação escrita ou oral;
- análise documental;
- conferência de cálculos;
- recálculo;
- confirmação externa;
- correlação das informações; e
- indicadores de análise horizontal e vertical.

Deve ser estabelecido um nível risco e distorção aceitáveis, incluindo a materialidade e relevância. Para aumentar a independência, objetividade e zelo profissional, recomenda-se o parecista ser escolhido entre aqueles que não atuaram como apoiadores dos regulados durante a produção de versões preliminares da proposta.

Durante o exame, procura-se:

i. por erros (práticas involuntárias, por esquecimento ou má interpretação das regras) e por não conformidades;
ii. atestar que as informações enviadas estão completas, pesando-se o custo-benefício de obtenção de informações com maior grau de confiança, bem como a natureza estimativa de previsões de demandas;
iii. validar a presença de informações com valor confirmatório e preditivo. Devem ainda apresentar compreensibilidade, comparabilidade e verificabilidade. Serem igualmente: suficientes, convincentes, adequadas, úteis e relevantes para indicar a adequação do projeto.

Recomenda-se construir uma Matriz de Achados, conforme exemplo a seguir:

TABELA 33

Exemplo de Matriz de Achados (com preenchimento hipotético)

Pendência	Critério	Enviou (S /N)	Situação Encontrada / Condição		Efeitos / Prejuízos	Recomendações
			Inexatidão / Incerteza (S / N)	Incompletude (S / n)		
1	Estrutura Tarifária Vigente	S	S		Não confirmação da situação inicial	Confirmar, pois difere daquela disponível no sítio eletrônico
2	Estrutura Tarifária proposta de acordo com a Res. 32, destacando a variação em relação à vigente	S	S		Impossibilidade de comparação entre os dois momentos (inicial e final)	Reformular

O conjunto de achados do exame podem corroborar para "Aprovar" o projeto, ou para "Rejeitar". Não deve existir aprovação com ressalvas nos projetos tarifários submetidos ao Regulador. As impropriedades e irregularidades que não obstarem a aprovação devem ser pontuadas, para seu futuro saneamento, a título recomendativo ou impositivo aos gestores do porto. Deve constar no parecer a descrição dos fatos, dos requisitos e das circunstâncias que levaram à opinião proposta.

Nesse âmbito, o parecista não executa, de ofício, ajuste ou correção de erros e inconformidades – a proposta é sempre do interessado.

A possibilidade de saneamento ocorre dentro de um prazo fixado, que pode ser acordado ou não entre as partes.

Os papéis de trabalho integram o processo, independente de transcrição.

O Parecer deve ser aprovado pelo Coordenador ou Supervisor dos trabalhos, ou por gerente equivalente, antes de ser submetido à autoridade regulatória.

Margem Bruta e lucro operacional

Durante as análises dos projetos tarifários, os consultores e reguladores utilizam-se de indicadores para avaliação dos resultados e dos cenários. Esses mesmos indicadores podem ser aplicados no acompanhamento da empresa durante o ciclo tarifário, servindo inclusive para comparar diferentes administrações portuárias.

Indicador é o conjunto de atributos usados como instrumentos na medição de aspectos relacionados ao desempenho operacional ou a qualidade do serviço prestado nos portos e nas instalações portuárias;

Além da *Margem Bruta* (montante arrecadado acima dos custos, sem considerar os impostos), como indicadores de avaliação do projeto de revisão (ou de reajuste tarifário); o *Lucro Operacional* (receitas descontados os gastos).

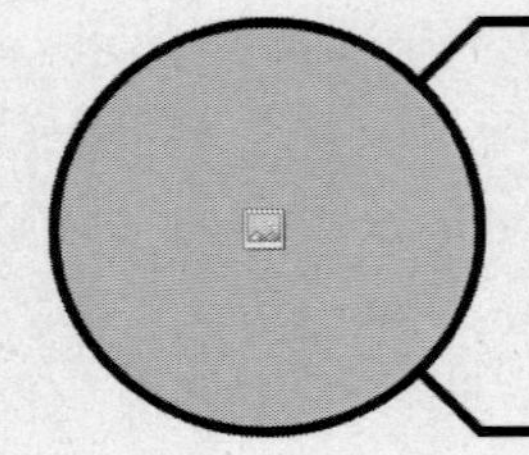

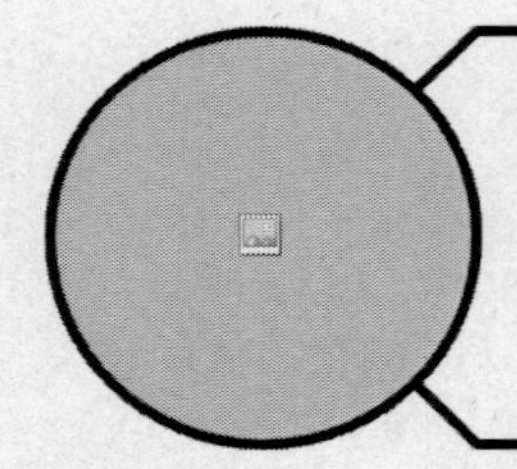

FIGURA 53 – Dois indicadores principais de avaliação de projetos tarifários

Vimos as equações de Margem Bruta e Lucro Operacional no capítulo anterior. Uma margem bruta positiva indica um superávit, provavelmente ausência de subsídios. Via de regra, tais indicadores são considerados, comparando dos momentos, comparativamente: o antecedente à revisão tarifária e o subsequente à revisão, em uma base anual (acumulado de 12 meses).

Diferente das demais (lucro e taxa de retorno), que são calculadas para a operação completa, a margem bruta é calculada para cada grupo tarifário (associado a um objeto de custo). A distorção (diferença de patamares) entre as margens brutas em um mesmo período revela os subsídios cruzados existentes entre os grupos tarifários.

Reajuste médio e efeito médio

Além disso, na aprovação dos projetos, o Regulador divulga também quatro outros indicadores no ato aprovatório, para fins de publicidade e transparência social:

Índice de Reajuste Tarifário (IRT):
- variação percentual da arrecadação tarifária, considerando o momento anterior. É a visão do usuário; e

Efeito Médio Tarifário (EMT):
- variação percentual da arrecadação total, considerando o momento anterior. É a visão do porto.

Investimentos:
- Montante de capital a ser empregado na expansão e melhoria da infraestrutura.

Período de revisão ou reajuste:
- Data da última revisão e montante de meses acumulados.

FIGURA 54 – Indicadores divulgados nos atos aprovatórios

O Índice *de Reajuste Médio* (IRT) é a variação porcentual das arrecadações tarifárias, considerando o momento anterior; trata-se da visão do usuário).

O *Efeito Médio Tarifário* (EMT) é a variação porcentual da arrecadação total, isto é, de todas as receitas operacionais e não operacionais, considerando o momento anterior; trata-se da visão do fornecedor.

Ambas são calculadas com base na Receita Anual Tarifária (RAT), Receita Anual Requerida (REQ) e Receita Anual Verificada (RAV), conforme definições do capítulo anterior.

As equações são as seguintes:

$$IRT\% = \frac{REQ_{A1}}{RAT_{A0}} \times 100$$

e

$$EMT\% = \frac{RAV_{A1}}{RAV_{A0}} \times 100$$

O Efeito Médio tende a ser menor que o Reajuste Médio, caso as receitas tarifárias sejam em montante superior às demais receitas operacionais do porto (geralmente esse é o caso) ou cresçam menos que as receitas patrimoniais.[152] Essa distância entre Efeito Médio e Reajuste Médio é, na verdade, um indicativo de modicidade do resultado do processo tarifário.

Data-base

A data para solicitar um reajuste tarifário (atualização monetária) é a data de aprovação do último reajuste somada a 12 meses, no mínimo. Nesse caso, vale o dia do ato de aprovação pela Agência. Nesse sentido, os meses a serem considerados no reajuste podem retroagir, no limite, até a data base da última revisão ou data do pedido do último reajuste, a que for menor.

Por exemplo:

- Situação: Revisão tarifária aprovada em 06.06.2021, referente período de 07.05.2015 a 01.09.2020;
- Próximo reajuste: pleito a partir do mês de junho/2022 (12 meses após 06.05.2021). O período de apuração, no caso, poderá ir desde 09/2020 até o mês anterior ao efetivo pedido de reajuste.

A data base da revisão tarifária (cuja natureza é de um reequilíbrio), para efeitos da revisão seguinte, deve constar no ato de aprovação da última revisão, para deixar transparente qual foi o período de tempo (data inicial e data final) considerado na análise.

[152] No exemplo numérico da tabela seguinte, ocorreu justamente o contrário.

Central de resultados

É impressionante a enorme quantidade de informações, dados e números resultantes de um projeto tarifário. Por isso, é essencial que o Regulador crie um sumário executivo, sintetizando os resultados principais, permitindo uma apreciação rápida.

A seguir, um modelo, o qual chamo de central de resultados. Nesse exemplo, a situação antes da revisão já era equilibrada, tendo ocorrido investimentos, mantendo-se ainda em equilíbrio, embora em patamar inferior.

TABELA 34

Exemplo numérico de Central de Resultados (com dados fictícios)

	CENÁRIO ATUAL	**CENÁRIO DE EQUILÍBRIO**
		Reajuste Linear na Tarifa Atual
	Ano A_0	**Ano A_1**
RECEITAS OPERACIONAIS – RO		
Receita Tarifária Anual – RAT		
Tabela I	R$ 60.572.174,14	R$ 84.041.219,42
Tabela II	R$ 3.723.675,98	R$ 7.328.390,12
Tabela III	R$ 85.497.171,58	R$ 86.051.001,35
Tabela IV	R$ -	R$ -
Tabela V	R$ 788.299,11	R$11.630,62
Tabela VI	R$ -	R$ -
Tabela VII	R$ 3.104.963,47	R$ 6.346.948,54
Tabela VIII	R$ 8.966.843,19	R$ -
Tabela IX	R$ 491.632,45	R$ 539.193,11
SubTotal 1	R$ 163.144.759,92	R$ 184.318.383,17
Receitas com Contratos de Arrendamento	R$ 55.436.796,66	R$ 149.876.318,51
Receitas Acessórias	R$ 31.304.949,91	R$ 1.152.719,46
Receitas Complementares	R$ 1.232.085,72	R$ 540.009,29
Outras Receitas Operacionais	R$ -	R$ -
SubTotal 2	R$ 87.973.832,30	R$ 151.569.047,26

RECEITAS NÃO OPERACIONAIS – RNO		
Receitas Financeiras	R$ 10.328.821,17	R$ 4.840.941,33
SubTotal 3	R$ 10.328.821,17	R$ 4.840.941,33
RECEITA ANUAL VERIFICADA (RAV = RO + RNO)	**R$ 261.447.413,39**	
RECEITA TARIFÁRIA ANUAL REQUERIDA (REQ)		**R$ 184.318.383,17**
CUSTEIO		
Custo Operacional		
Custo Direto	R$ 45.022.148,24	R$ 52.435.127,09
Investimentos Anuais		R$ 121.523.705,50
Custo Indireto	R$ 14.436.165,51	R$ 35.127.347,04
Despesas Administrativas	R$ 59.135.761,90	-R$ 20.976.007,72
Despesas Financeiras	R$ 26.250.821,28	R$ 25.799.368,76
Custos com Contratos de Arrendamento	R$ 1.172.429,23	R$ 3.904.051,30
Custos com Receitas Acessórias	R$ -	R$ -
Custo Total de Produção Anual (CTPA)	R$ 146.017.326,16	R$ 217.813.591,97
LUCRATIVIDADE		
Margem Bruta (Receita Total / Custeio Total) R$	R$ 115.430.087,23	-R$ 33.495.208,80
Margem Bruta (Receita Total / Custeio Total) %	79,05%	-15,38%
Lucro Operacional R$	R$ 96.184.407,57	R$ 58.716.713,05
Lucro Operacional %	62,58%	31,95%
Situação	Equilibrado	Equilibrado
RECEITA ANUAL PERMITIDA (RAP)		**R$ 340.728.371,76**
Reajuste Linear		
Índice de Reajuste Médio (IRT)		12,98%
Efeito Médio Tarifário (EMT)		30,32%

Outros indicadores

Os indicadores demonstrados anteriormente existem sem prejuízo da aplicação dos métodos tradicionais de avaliação de desempenho quanto à gestão econômico-financeira de entidades de exploram atividade econômica.

Os métodos de avaliação de indicadores são os mais variados. Cita-se três:

- *Pela Estrutura*: estabelece uma relação entre as contas contábeis de uma mesma demonstração ou de mesma natureza, em um dado período;
- *Pela Evolução*: compara as contas contábeis no tempo, entre períodos, consigo mesma;
- *Pelo Quociente*: emprega os indicadores mais sofisticados, dividindo uma conta contábil por outra.

Nesse sentido, existem os:

- *Indicadores de Análise Econômica*: têm foco na rentabilidade e produtividade, tais como o lucro líquido e retorno; e
- *Indicadores de Análise Financeira*: têm foco nos recursos, no caixa e na solvência.

As medidas mais tradicionais são as seguintes:

I. *Liquidez*: Capacidade de pagamento da empresa, isto é, as condições financeiras de quitar no vencimento os compromissos e os passivos assumidos. Demonstra o equilíbrio financeiro e a necessidade de investimento em capital de giro;

II. *Capital e Endividamento*: Proporção de recursos próprios e de terceiros mantidos pela empresa, sua dependência financeira por dívidas de curto prazo, a natureza de suas exigibilidades e seu risco financeiro;

III. *Margem e Retorno*: Rentabilidade, lucratividade, atratividade para novos investimentos e alavancagem;

IV. *Financeiro Operacional* (ou de Atividade Econômica): Qualidade dos processos organizacionais, demonstrando o empenho na gestão do caixa e do custo, incluindo o giro dos ativos e o capital de giro.

A seguir, a lista de indicadores mais empregados pelo Regulador para avaliar o desempenho da situação econômico-financeira das administrações portuárias e exploradores do porto organizado.

TABELA 35

Indicadores de sustentabilidade da gestão financeira da Administração Portuária

Nome do Indicador	Fórmula de Cálculo	Unidade	Descrição/ Interpretação
Liquidez Corrente	Ativo Circulante ÷ Passivo Circulante	Decimal	Mostra quanto a empresa poderá dispor em recursos em curto prazo para pagar suas dívidas circulantes. Em outras palavras, indica o quanto existe de ativo circulante para cada $1 de dívida em curto prazo. Assim, quando a liquidez corrente é maior que 1,0, significa que seu capital circulante líquido é positivo, se igual a 1,0, é nulo e se menor que 1,0, seu capital circulante líquido é negativo. Quanto maior, melhor.
Liquidez Geral	(Ativo Circulante + Realizável em Longo Prazo) ÷ (Passivo Circulante + Passivo Não Circulante)	Decimal	Revela a capacidade de pagamento pela empresa das dívidas de curto e longo prazo, utilizando, para isso, seus ativos circulantes e realizáveis em longo prazo, ou seja, é uma medida de capacidade da empresa em honrar todas as suas exigibilidades, contando, para isso, com os seus recursos realizáveis em curto e longo prazos. De cada $1 tem de dívida, o quanto existe de direitos e haveres no ativo circulante e no realizável em longo prazo. Quanto maior, melhor.
Liquidez Seca	(Ativo Circulante – Estoques) ÷ Passivo Circulante	Decimal	Verifica a capacidade de a empresa cumprir ou não as suas obrigações de curto prazo, desconsiderando estoques. Quanto maior, melhor.
Garantia de Capital de Terceiros	Passivo Circulante + Passivo Não Circulante Patrimônio Líquido	Decimal	Demonstra quanto a empresa tomou de capital de terceiros para cada $1 de capital próprio aplicado. Quanto menor, melhor.
Endividamento Geral	(Passivo Circulante +Passivo Não Circulante) ÷ Ativo Total	%	Indica que porcentagem dos ativos totais é financiada por capital de terceiros, ou seja, quanto a empresa possui de capital de terceiros em relação ao seu ativo. Quanto menor, melhor.

Nome do Indicador	Fórmula de Cálculo	Unidade	Descrição/ Interpretação
Composição do Endividamento	Passivo Circulante ÷ (Passivo Circulante + Passivo Não Circulante)	%	Demonstra o percentual que as obrigações de curto prazo representam sobre o total de obrigações da empresa, ou seja, 0 % da dívida total que vencerá no curto prazo. Quanto menor, melhor.
Margem Líquida	Lucro Líquido ÷ Receita Líquida	%	Mede a eficiência global da empresa. Esse índice demonstra o retorno líquido da empresa sobre seu faturamento, ou seja, o quanto de lucro a empresa obteve sobre as vendas. Quanto maior, melhor.
Giro do Ativo	Receita Líquida ÷ Ativo Total	Decimal	Mostra quantas vezes o ativo da empresa girou no período. Representa o total das vendas produzidas com o ativo da empresa. Para cada $1 de capital empregado, mostra o quanto foi vendido. Quanto maior, melhor.
Alavancagem Financeira	Ativo Total ÷ Patrimônio Líquido	Decimal	Representa a capacidade da empresa em aumentar seu lucro líquido utilizando a estrutura de financiamento. Verifica o quanto a empresa está alavancada, usando capital de terceiros visando ao aumento de lucros. Não deve ser muito maior que o do setor.
Retorno sobre o Ativo	Lucro Líquido ÷ Ativo Total	%	Mensura a eficiência da empresa em gerar lucros com seus ativos disponíveis. Indica a lucratividade da empresa em relação aos investimentos totais, representados pelo ativo total. Quanto maior, melhor.
Faturamento Comprometido com Contas a Receber	Contas a Receber de Clientes ÷ Receitas de Tarifas (faturadas)	%	Representa o porcentual de faturamento em poder dos clientes da empresa, refletindo a eficiência dos sistemas de crédito e de cobrança. Quanto menor, melhor.

Nome do Indicador	Fórmula de Cálculo	Unidade	Descrição/ Interpretação
Índice de Eficiência Operacional	Custos dos Serviços Prestados ÷ Receitas Totais Operacionais	Decimal	Demonstra a eficiência operacional da empresa na prestação dos serviços. É mais eficiente quanto mais receitas com menos custos (fazer mais com menos). Quanto menor, melhor.

Fonte: ANTAQ, 2017

I. Os indicadores podem ser avaliados horizontalmente (evolução entre os períodos de apuração, geralmente anuais) ou verticalmente (uma visão mais sistemática do conjunto de indicadores, em dado período). O julgamento dos parâmetros deve considerar:
II. uma *inspeção vertical*, observando cada indicador individualmente, a valores de certa data; e
III. uma *inspeção horizontal*, observando tendências de melhora, piora ou estabilidade dos indicadores.

Nessas inspeções, não existe um índice ótimo. Procura-se comparar o desempenho de uma empresa com as do seu ramo de negócio. Ademais, a empresa poderá ter adotado estratégias financeiras e econômicas diversas no longo prazo, e o curto prazo nem sempre será um reflexo de estabilidade.

Ressalvando que a análise, nos projetos tarifários, tem como foco as *atividades operacionais* (recebimento de clientes, pagamentos, depreciação e amortização), e não as *atividades de financiamento* (aumento de capital, pagamento de dividendos)

ANÁLISES DE RESULTADOS DE POLÍTICAS

É importante considerar que **Avaliação** é a investigação e diagnóstico aprofundado, para atender e fazer cumprir certos eventos que implicam decisão da Agência. É um dos resultados do monitoramento e da fiscalização, e deve ser conclusiva o suficiente para permitir o fácil entendimento e acompanhamento do gestor da política pública ou da autoridade regulatória;

Tal avaliação, contudo, depende da formulação de parâmetros de comparação, chamados de números de *benchmarking*. Podemos adotar índices referenciais, típicos da indústria de transportes. As informações de *benchmarking* do setor portuário podem ser obtidas internamente ou externamente aos portos organizados, a partir da pesquisa em organização com resultados considerados de notório destaque, como aqueles internacionais ou reconhecidos pela excelência (isto é, aqueles acima da média setorial).

Uma **meta** é um nível de desempenho mensurável a ser alcançado em um espaço de tempo específico e determinado. É a representação quantitativa de um indicador de desempenho em um ponto especificado no futuro. O propósito das metas é: a) estabelecer/comunicar o nível esperado de desempenho; b) possibilitar que os indivíduos compreendam qual é a sua contribuição à estratégia geral; c) concentrar as atenções da organização em melhorias.

Fiscalização é a vigilância, proativa, planejada ou contingencial, quanto ao cumprimento de certos requisitos previamente estabelecidos nos normativos da ANTAQ, nos contratos com o Poder Concedente ou nos instrumentos jurídicos pertinentes.

Monitoramento é atividade contínua, representada pela coleta sistemática de dados, a partir de um dado momento bem caracterizado (ponto de partida do monitoramento) sobre insumos, processos e produtos da gestão da atividade portuária ou da sua regulação. Forma um estoque de dados e de fatos relevantes, com os quais é possível construir painéis gráficos, contendo informações sintéticas, tempestivas e pontuais, de fácil consumo. Não pretende explicar as razões de determinado nível de desempenho, mas fornece insumos à avaliação.

QUESTÕES PARA REVISÃO

41. Quais os temas tratados no principal normativo tarifário?

42. Como a regulação tarifária pode aumentar a competitividade dos portos organizados? Cite uma ferramenta.

43. Quais as quatro abordagens de Alderton?

44. Quais os componentes da balança de equilíbrio econômico-financeiro das administrações portuárias?

45. Explique o tripé Custo, Performance e Valor.

46. O que é um ciclo tarifário? A revisão extraordinária é cabível em qual condição? Explique uma delas.

47. Quais as condições de contorno para um projeto tarifário de sucesso?

48. As tarifas portuárias são estabelecidas somente pelo custo? Quais elementos estão inclusos nos preços?

49. Quais as três etapas do fluxo de apresentação de um projeto tarifário?

50. Quais são os indicadores de avaliação de um projeto?

PARTE VI

PROBLEMAS E APLICAÇÕES

PROBLEMAS E APLICAÇÕES

1) Seria possível adotar tarifas progressivas, como no imposto de renda da pessoa física? Simule um exemplo, considerando as seguintes modalidades tarifárias hipotéticas. O objetivo é obter uma tarifa média de $2,00.

Item	Forma de incidência	Frequência média anual	Tarifa calculada $
1	Acesso aquaviário de longo curso, por DWT		
1.1	Embarcações de 0-40 mil DWT	300	?
1.2	Embarcações de 40-60 mil DWT	400	?
1.3	Embarcações de 60-80 mil DWT	50	?

2) Considere uma inflação no período avaliado de 5,0%. No processo de revisão tarifária ordinária, uma das modalidades existentes tinha o preço inicial de $4,00, sendo proposto ao Regulador o incremento de 25% para o período subsequente. Se o Regulador aprovar a proposta, com base em método de taxa de retorno, haverá necessariamente prejuízo para a modicidade? Considere também que os demais portos públicos vizinhos (em um raio de 800 km) mantiveram seu preço em $3,75.

3) Admita, hipoteticamente, que receita tarifária anual total de todos os portos organizados, quando somadas, equivalem a $3,0 bilhões. A receita patrimonial anual de todos eles é $1,0 bilhão.
Após avaliação dos formuladores de política pública, o ministério supervisor decidiu implantar um sistema de monitoramento informatizado da navegação próxima aos portos públicos, ao custo de aquisição total e instalação no valor de $800 milhões, e um custo de operação e manutenção de $50 milhões.

Considerando o período de referência de três anos, quanto a receita tarifária total anual dos portos deverá ser incrementada, percentualmente, para viabilizar o projeto, supondo nenhum subsídio estatal? E se a União subsidiar em 50% os custos de aquisição e instalação? Caso a tarifa seja encarregada de todos os custos, quais objetos de custos estariam envolvidos? Crie uma política de subsídios cruzados carregando mais os armadores estrangeiros.

4) Presuma os seguintes objetos de custo e método de custeio simplificado:

Objeto de Custo	Nome	Custo Indireto	Despesas
1	Acesso	82%	65%
2	Acostagem	18%	35%

Outros dados:

- Custo Direto do Acesso anual: $108.000.000,00
- Custo Direto da Acostagem anual: $54.000.000,00
- Custo Indireto anual: $36.000.000,00
- Despesas anuais: $56.000.160,00
- Estrutura Tarifária:

Tabela	Forma de Incidência	Demanda anual	Pesagem
I	1. Acesso aquaviário, por DWT		
	1.1 Longo curso	50.000	70%
	1.2 Cabotagem	50.000	30%
II	1. Acostagem, por metro linear, por hora		
	1.1 Longo curso	10.000	30%
	1.2 Cabotagem	10.000	70%

Resolva:

a) O custo médio de cada modalidade tarifária;

b) Se o custo indireto aumentar em 20%, quando varia o custo médio da modalidade 1.2 da tabela II?

c) Qual é o conjunto de tarifas que zera o lucro operacional?

d) Qual é o conjunto de tarifas que proporciona um lucro operacional de 10%, se todos adotarem um ajuste incremental linear?

5) Considere os seguintes indicadores de resultado de revisões tarifárias:

Autoridade Portuária	Lucro Operacional	
	1ª Revisão tarifária	2ª Revisão tarifária
A	0%	10%
B	15%	0%

Avalie: qual foi a estratégia comercial de cada uma delas, nos dois momentos?

6) Considere os seguintes indicadores de resultado de revisões tarifárias, presumindo um lucro operacional superior a zero (situação equilibrada no geral):

Autoridade Portuária	Margem Bruta		
	Tabela I	Tabela II	Tabela II
A	35%	–15%	–10%
B	5%	2%	1%

Avalie: qual foi a estratégia comercial de cada uma delas, em cada tabela tarifária?

7) É possível criar um indicador de modicidade ou um processo objetivo de avaliação? Desenvolva. Pense no custo e na dispersão de preços.

8) Qual seria o modelo de remuneração portuário se houvesse a concessão exclusivamente do canal de acesso aquaviário do porto organizado? Quem investiria em dragagem de aprofundamento? Quais seriam os reflexos nas tarifas do porto organizado, exceto as tarifas de acesso aquaviário?

9) Considerando as diferenças entre os portos organizados brasileiros e as diferentes demandas que atendem, é possível criar um ranking tarifário? Esboce um, escolhendo uma modalidade tarifária qualquer.

10) Com base nesta DRE Regulatória, calcule as receitas operacionais e não operacionais, em termos anuais médios no período.

(continua)

Código	Grau	Título	Média Ano 01	Média Ano 02	Média Ano 03
2.01.09	3º	Receitas Antecipadas	216.746,16	89.100,00	316.937,88
2.01.09.01	4º	Receitas Antecipadas a apropriar	216.746,16	89.100,00	316.937,88
2.02.09	3º	Receitas Antecipadas	0,00	0,00	0,00
2.02.09.01	4º	Receitas Antecipadas	0,00	0,00	0,00
3.01	2º	Receita Bruta dos Serviços Portuários	4.936.251,28	5.866.625,05	7.859.437,79
3.01.01	3º	Receitas da Infraestrutura de Acesso Aquaviário	2.173.274,88	2.735.444,44	2.505.067,41
3.01.02	3º	Receitas-da Infraestrutura de Acostagem	0,00	0,00	0,00
3.01.03	3º	Receitas da Infraestrutura Operacional ou Terrestre	0,00	0,00	0,00
3.01.04	3º	Receitas por Movimentação de Cargas	0,00	0,00	0,00
3.01.05	3º	Receitas de Armazenagem	0,00	0,00	0,00
3.01.06	3º	Receitas por Utilização de Equipamentos	0,00	0,00	0,00
3.01.07	3º	Receitas por Diversos Padronizados	0,00	0,00	0,00
3.01.08	3º	Receitas com Contratos de Arrendamento	2.820.254,96	3.729.156,17	6.155.470,10
3.01.09	3º	Receitas com Contratos de Uso Temporário	0,00	0,00	0,00
3.01.10	3º	Receitas Alternativas	3.790,60	0,00	0,00
3.01.10.02	4º	Outras receitas operacionais	3.790,60	0,00	0,00
3.01.10.03	4º	Receitas Complementares	0,00	0,00	0,00
3.01.10.04	4º	Receitas Acessórias	0,00	0,00	0,00
3.01.11	3º	Deduções da Receita	–61.766,93	–597.975,56	–801.099,72
3.02	2º	Receita Operacional Líquida	4.936.251,28	5.866.625,05	7.859.437,79
4.01	2º	Custos Alocados à Infraestrutura Marítima	0,00	15.019.205,60	8.501.891,79
4.02	2º	Custos Alocados à Infraestrutura de Acostagem	0,00	0,00	0,00
4.03	2º	Custos Alocados à Infraestrutura Operacional e Terrestre	0,00	0,00	0,00
4.04	2º	Custos Alocados à Armazenagem	0,00	0,00	0,00

(conclusão)

Código	Grau	Título	Média Ano 01	Média Ano 02	Média Ano 03
4.05	2º	Custos Alocados ao Aluguel de Equipamentos	0,00	0,00	0,00
4.06	2º	Custos Alocados aos Diversos Padronizados	75.392,08	0,00	0,00
4.07	2º	Custos Alocados à Movimentação de Cargas	0,00	0,00	0,00
4.08	2º	Custos Alocados aos Contratos de Arrendamentos	0,00	0,00	0,00
4.09	2º	Custos Alocados aos Contratos de Uso Temporário	0,00	0,00	0,00
4.10	2º	Custos Indiretos	1.307.364,95	1.452.835,70	1.465.473,48
4.10.01	3º	Custo com Pessoal	1.231.972,87	1.452.835,70	1.465.473,48
4.10.02	3º	Serviços	0,00	0,00	0,00
4.10.03	3º	Materiais	0,00	0,00	0,00
4.10.04	3º	Outros	0,00	0,00	0,00
4.11	2º	Custos Alocados à Outorga	0,00	0,00	0,00
4.12	2º	Custos Alocados às Receitas Complementares	0,00	0,00	0,00
4.13	2º	Custos Alocados às Receitas Acessórias	0,00	0,00	0,00
5	1º	LUCRO OPERACIONAL BRUTO (3 – 4)	3.488.070,33	–10.605.416,25	–2.107.927,48
6.01	2º	Despesas Administrativas e Gerais	10.693,22	12.458,22	6.389,20
6.01.01	3º	Despesas com Pessoal	0,00	0,00	0,00
6.01.02	3º	Serviços de Terceiros	0,00	0,00	0,00
6.01.03	3º	Utilidades	0,00	0,00	0,00
6.01.04	3º	Despesas Gerais	10.693,22	12.458,22	6.389,20
6.01.06	3º	Despesas para Crédito de Liquidação Duvidosa	0,00	0,00	0,00
6.01.07	3º	Outras Despesas Operacionais	0,00	0,00	0,00
6.03	2º	Depreciação, Amortização e Exaustão	0,00	0,00	0,00
6.03.01	3º	Depreciação, Amortização e Exaustão	0,00	0,00	0,00
8.01	2º	Receitas e Despesas Financeiras	0,00	0,00	0,00
8.01.01	3º	Receitas Financeiras	0,00	0,00	0,00
8.01.02	3º	Despesas Financeiras	0,00	0,00	0,00

11) Considerando as particularidades do setor portuário, seria possível estabelecer uma tarifa dinâmica, como nos transportes de passageiro por aplicativo? E uma tarifa "fura-fila", dando preferência na atracação ou acostagem para quem pagar um adicional? Informe quais princípios regulatórios e elementos do serviço adequado estão associados ao problema. Pense em como viabilizar e propor a segunda situação ao Regulador.

12) Calcule o seguinte reajuste tarifário:

Dados:
Data do último reajuste: 05.10.2020
Data do projeto: 10.10.2021
Fator X = 1,0%

Forma de Incidência	Tarifa atual (R$)	Demanda Média Anual (toneladas)
Modalidade Tarifária 1	1.600,00	100.000
Modalidade Tarifária 2	4.000,00	20.000

Estabeleça:

a) Os preços máximos para o período subsequente;
b) A Receita Tarifária Anual (RAT) para o período subsequente;
c) O Índice de Reajuste Médio (IMT);
d) O Efeito Médio Tarifário (EMT), se considerarmos as receitas não tarifárias equivalentes a 20,0% das receitas tarifárias antes do reajuste.

13) Considere a seguinte situação hipotética, embora simplificada, considerando:

I. a existência de dois grupos tarifários, como na tabela a seguir, associados aos objetos de custo e modalidades tarifárias;
II. inexistência de outras receitas, exceto as receitas tarifárias;
III. inalterações na estrutura tarifária vigente, mantendo-se as modalidades tarifárias para o próximo período, sem acréscimos ou exclusões;
IV. um crescimento de 10% nos custos diretos, indiretos e despesas, para o período subsequente;
V. o método de custeio do período anterior é idêntico ao método de custeio do próximo período, assim como os custos e despesas.

Temos dois momentos: o ano A_0 (ano de partida) e o ano A_1 (ano a ser reequilibrado). Após avaliar o nível de equilíbrio atual, encontre um novo preço-teto para as tarifas no período A_1, já em novo patamar de equilíbrio, considerando $P = C_{me}$.

Os dados do problema são (Fase de Entrada):

A. Mercado de Referência (estrutura atual, preços e demandas médias)

Grupo	Nome do Grupo	Objeto de Custo	Item	Modalidade Tarifária (forma de incidência)	Modalidade Tarifada	Preço-teto em A0 (R$)	Demanda média mensal realizada em A0	Demanda média mensal projetada em A1
I	Acesso Aquaviário	Infraestrutura Marítima	1	Tarifa fixa por acesso aquaviário de uma embarcação.	Sim	2.300,00	600	660
			2	Por tonelada de carga movimentada no porto.	Não			
			2.1	Para operações de longo curso	Sim	38,00	166670	183337
			2.2	Para operações de cabotagem ou navegação interior.	Sim	55,00	100.002	110.002
II	Acostagem	Infraestrutura de Acostagem	1	Para o berço principal.	Não			
			1.1	Por metro linear de instalação ocupada por embarcação, por hora ou fração, até o limite de 24 horas.	Sim	160,00	20000	22000
			1.2	Por metro linear de instalação ocupada por embarcação, por hora ou fração, após 24 horas.	Sim	330,00	12000	13200

B. Método de Custeio

O método de custeio a ser utilizado é o chamado Custeio Integral ou Custeio Pleno. Os percentuais de rateio a serem utilizados (tanto para o período antecedente quanto para o subsequente) estão na tabela a seguir (os porcentuais não precisam de uma precisão maior que a casa decimal).

		Percentuais de Rateio – Custos Indiretos (%)			Percentuais de Rateio – Despesas (%)							
Objetos de Custo	**Grupo Tarifário**	**Pessoal**	**Serviços de Terceiros**	**Materiais**	**Outros Custos**	**Pessoal**	**Utilidades**	**Serviços de Terceiros**	**Despesas gerais**	**Crédito de Liquidação Duvidosa**	**Outras Despesas**	**Depreciação e Amortização**
Infraestrutura Marítima	I	82	82	82	95	82	82	82	95	65	95	65
Infraestrutura de Acostagem	II	18	18	18	5,0	18	18	18	5,0	35	5,0	35

C. Demonstração de Resultado de Exercícios antecedente

Considere a seguinte demonstração contábil para o período antecedente, seguindo a lista de contas do Manual de Contas da Administração Portuária:

(continua)

Código	Grau	Título	Média mensal dos últimos 36 meses
3	1º	RECEITAS	
3.01	2º	Receita Bruta dos Serviços Portuários	
3.01.01	3º	Receitas da Infraestrutura de Acesso Aquaviário	R$15.500.000,00
3.01.02	3º	Receitas da Infraestrutura de Acostagem	R$8.500.000,00
3.01.08	3º	Receitas com Contratos de Arrendamento	R$300.000,00
3.01.10	3º	Receitas Alternativas	
3.01.10.02	4º	Outras receitas operacionais	R$192.000,00
3.01.10.03	4º	Receitas Complementares	R$259.000,00
3.01.10.04	4º	Receitas Acessórias	R$343.000,00

(conclusão)

Código	Grau	Título	Média mensal dos últimos 36 meses
4	1º	CUSTOS DA ATIVIDADE	
4.01	2º	Custos Alocados à Infraestrutura Marítima	R$9.000.000,00
4.02	2º	Custos Alocados à Infraestrutura de Acostagem	R$4.500.000,00
4.08	2º	Custos Alocados aos Contratos de Arrendamentos	R$25.000,00
4.10	2º	Custos Indiretos	R$3.000.000,00
4.10.01	3º	Custo com Pessoal	R$1.500.000,00
4.10.02	3º	Serviços	R$500.000,00
4.10.03	3º	Materiais	R$500.000,00
4.10.04	3º	Outros	R$500.000,00
4.12	2º	Custos Alocados às Receitas Complementares	
4.13	2º	Custos Alocados às Receitas Acessórias	R$25.000,00
5	1º	LUCRO OPERACIONAL BRUTO (3 – 4)	
6	1º	DESPESAS	
6.01	2º	Despesas Administrativas e Gerais	R$3.900.000,00
6.01.01	3º	Despesas com Pessoal	R$1.950.000,00
6.01.02	3º	Serviços de Terceiros	R$390.000,00
6.01.03	3º	Utilidades	R$390.000,00
6.01.04	3º	Despesas Gerais	R$390.000,00
6.01.06	3º	Despesas para Crédito de Liquidação Duvidosa	R$390.000,00
6.01.07	3º	Outras Despesas Operacionais	R$390.000,00
6.03	2º	Depreciação, Amortização e Exaustão	R$780.000,00
8.01	2º	Receitas e Despesas Financeiras	
8.01.01	3º	Receitas Financeiras	R$50.000,00
8.01.02	3º	Despesas Financeiras	R$45.000,00

Considerando esses dados, calcule e preencha o seguinte quadro de resultados:

(continua)

	CENÁRIO ATUAL / VIGENTE	**CENÁRIO FUTURO / TARIFA = CUSTO MÉDIO**
	Ano A0	**Ano A1**
RECEITAS OPERACIONAIS – RO		
Receita Tarifária Anual – RAT		
Grupo 1		
Grupo 2		
SubTotal 1		
Receitas com Contratos de Arrendamento		
Receitas Acessórias		
Receitas Complementares		
Outras Receitas Operacionais		
SubTotal 2		
RECEITAS NÃO OPERACIONAIS – RNO		
Receitas Financeiras		
SubTotal 3		
RECEITA ANUAL VERIFICADA (RAV = RO + RNO)		
RECEITA TARIFÁRIA ANUAL REQUERIDA (REQ)		
CUSTEIO ANUAL		
Custo Operacional		
Custo Direto		
Custo Indireto		
Despesas Administrativas		
Despesas Financeiras		
Custos com Contratos de Arrendamento		
Custos com Receitas Acessórias		
Custo Total de Produção Anual (CTPA)		

(conclusão)

LUCRATIVIDADE		
Margem Bruta (Receita Total / Custeio Total) R$		
Margem Bruta (Receita Total / Custeio Total) %		
Lucro Operacional R$		
Lucro Operacional %		
Situação		
RECEITA ANUAL PERMITIDA (RAP)		
Índice de Reajuste Médio (IRT)		
Efeito Médio Tarifário (EMT)		

REFERÊNCIAS

ALDERTON, Patrick. *Port Management and Operations*. 2. ed. Londres: LLP Informa Law, 2005.

ALEXANDRINO, Marcelo; PAULO, Vicente. *Direito tributário na Constituição e no STF*: teoria e jurisprudência. Niterói: Editora Impetus, 2004.

ALMEIDA, Aline Paola Correa Braga Camarade. *As tarifas e as demais formas de remuneração dos serviços públicos*. Rio de Janeiro: Lumenen Juris, 2009. p. 150-152.

ALVES, André Azevedo; CARPINTEIRO, José António. O Papel do Estado Social e a Regulação Independente. *Revista Liberdade e Cidadania*, ano 3, n. 9, jun./set. 2010. Disponível em: http://www.flc.org.br/revista/arquivos/246782145913676.pdf. Acesso em: 12 maio 2022.

ARNOLD, John. *Port Tariffs*: Current Practices and Trends. Infrastructure and Urban Development Department discussion paper. n. INU 27. Washington, D.C.: World Bank Group, 1988.

AYRES, Ian; BRAITHWAITE, John. *Responsive Regulation*: Transcending the Deregulation Debate. Oxford: Oxford University Press, 1992.

BALEEIRO, Aliomar. *Direito Tributário Brasileiro*. 13. ed. Atualizada por Misabel Abreu Machado Derzi. Rio de Janeiro: Editora Forense, 2015.

BANDEIRA DE MELLO, Celso Antônio. *Curso de direito administrativo*. 32. ed. São Paulo: Saraiva, 2015. p. 640.

BANDEIRA DE MELLO, Celso Antonio. *O conteúdo jurídico do princípio da igualdade*. 3. ed. São Paulo: Editora Malheiros, 1995.

BERNSTEIN, Jeffrey I.: SAPPINGTON, David E. M. Setting the X Factor in Price-Cap Regulation Plans. *Journal of Regulatory Economics*, Springer, v. 16, n. 1, p. 5-25, jul. 1999.

BRASIL. ANTAQ. *Nota Técnica nº 50/2017/GRP/SRG*. Cenários Exemplificativos para o Método de Custeio previsto no Manual de Contas das Autoridades Portuárias. Sandro J. Monteiro. 31 jul. 2017. Disponível em: https://www.gov.br/antaq/pt-br/assuntos/instalacoes-portuarias/NotaTcnican50_2017_GRP_ANTAQ.pdf. Acesso em: 12 maio 2022.

BRASIL. ANTAQ. Manual de Contas para Autoridades Portuárias - versão 2017. Publicado em: 3 ago. 2017.

BRASIL. ANTAQ. *Painel de Autorizações de Navegação*. Superintendência de Outorgas – SOG e Gerência de Autorizações da Navegação – GAN. Atualizado em 12 maio 2022. Disponível em: http://outorgasnav.antaq.gov.br/. Acesso em: 15 maio 2022.

BRASIL. ANTAQ. *Resolução Normativa nº 32-ANTAQ, de 03 de maio de 2019*. Aprova a norma que dispõe sobre a estrutura tarifária padronizada das administrações portuárias e os procedimentos para reajuste e revisão de tarifas. Diário Oficial da União. Brasília, DF, 10 maio 2019.

BRASIL. ANTAQ. *Resolução Normativa nº 15, de 28 de dezembro de 2016*. Aprova a norma que Dispõe sobre o manual de Contas das autoridades Portuárias, como parte do "sistema de contabilidade Regulatória aplicável ao Setor portuário (Sicrasp)". Diário Oficial da União. Brasília, DF, 28 dez. 2016.

BRASIL. *Decreto nº 24.508, de 29 de junho de 1934*. Define os serviços prestados pelas administrações dos portos organizados, uniformiza as taxas portuárias, quanto à sua espécie, incidência e denominação, e dá outras providências. Diário Oficial da União. Seção 1, Brasília, DF, 10 jul. 1934. Disponível em: https://www2.camara.leg.br/legin/fed/decret/1930-1939/decreto-24508-29-junho-1934-499830-publicacaooriginal-1-pe.html. Acesso em: 15 maio 2022.

BRASIL. *Decreto nº 2184, de 24 de março de 1997*. Regulamenta o art. 2º da Lei nº 9.277, de 10 de maio de 1996, que autoriza a União a delegar aos Municípios ou Estados da Federação a exploração dos portos federais. Casa Civil. Brasília, DF, 24 mar. 1997. Disponível em: http://www.planalto.gov.br/ccivil_03/decreto/d2184.htm. Acesso em: 15 maio 2022.

BRASIL. *Decreto nº 4.122, de 13 de fevereiro de 2002*. Aprova o Regulamento e o Quadro Demonstrativo dos Cargos Comissionados e dos Cargos Comissionados Técnicos da Agência Nacional de Transportes Aquaviários – ANTAQ, e dá outras providências. Diário Oficial da União. Brasília, DF. 14 fev. 2002.

BRASIL. *Decreto nº 8.033, de 27 de junho de 2013*. Regulamenta o disposto na Lei nº 12.815, de 5 de junho de 2013, e as demais disposições legais que regulam a exploração de portos organizados e de instalações portuárias. Diário Oficial da União. Brasília, DF. 27 jun. 2013.

BRASIL. *Lei nº 3.421, de 10 de julho de 1958*. Cria o Fundo Portuário Nacional, a Taxa de Melhoramentos dos Portos e dá outras providências. Casa Civil. Brasília, DF, 10 jul. 1958. Disponível em: http://www.planalto.gov.br/ccivil_03/leis/1950-1969/l3421.htm. Acesso em: 15 maio 2022.

BRASIL. *Lei nº 8.666, de 21 de junho de 1993*. Regulamenta o art. 37, inciso XXI, da Constituição Federal, institui normas para licitações e contratos da Administração Pública e dá outras providências. Casa Civil. Brasília, DF, 21 jun. 1993. Disponível em: http://www.planalto.gov.br/ccivil_03/leis/l8666cons.htm. Acesso em: 17 maio 2022.

BRASIL. *Lei nº 8.630, de 25 de fevereiro de 1993*. Dispõe sobre o regime jurídico da exploração dos portos organizados e das instalações portuárias e dá outras providências. (LEI DOS PORTOS). Diário Oficial da União. Brasília, DF. 26 fev. 1993.

BRASIL. *Lei nº 8.987, de 13 de fevereiro de 1995*. Dispõe sobre o regime de concessão e permissão da prestação de serviços públicos previsto no art. 175 da Constituição Federal, e dá outras providências. Diário Oficial da União. Brasília, DF. 13 fev. 1995.

BRASIL. nº Lei nº 9.074, de 7 de julho de 1995. Estabelece normas para outorga e prorrogações das concessões e permissões de serviços públicos e dá outras providências. Casa Civil. Brasília, DF, 7 jul. 1995. Disponível em: https://www2.camara.leg.br/legin/fed/lei/1995/lei-9074-7-julho-1995-347472-publicacaooriginal-1-pl.html. Acesso em: 17 maio 2022.

BRASIL. *Lei nº 9.277, de 10 de maio de 1996*. Autoriza a União a delegar aos municípios, estados da Federação e ao Distrito Federal a administração e exploração de rodovias e portos federais. Casa Civil. Brasília, DF, 10 maio 1996. Disponível em: http://www.planalto.gov.br/ccivil_03/leis/l9277.htm. Acesso em: 15 maio 2022.

BRASIL. *Lei nº 9.491, de 09 de setembro de 1997*. Altera procedimentos relativos ao Programa Nacional de Desestatização, revoga a Lei nº 8.031, de 12 de abril de 1990, e dá outras providências. Diário Oficial da União. Brasília, DF. 10 set. 1997.

BRASIL. *Lei nº 10.192, de 14 de fevereiro de 2001*. Dispõe sobre medidas complementares ao Plano Real e dá outras providências. Diário Oficial da União. Brasília, DF. 16 fev. 2001.

BRASIL. *Lei nº 10.233, de 05 de junho de 2001*. Dispõe sobre a reestruturação dos transportes aquaviário e terrestre, cria o Conselho Nacional de Integração de Políticas de Transporte, a Agência Nacional de Transportes Terrestres, a Agência Nacional de Transportes Aquaviários e o Departamento Nacional de Infraestrutura de Transportes, e dá outras providências. Diário Oficial da União. Brasília, DF. 6 jun. 2001.

BRASIL. *Lei nº 12.815, de 05 de junho de 2013*. Dispõe sobre a exploração direta e indireta pela União de portos e instalações portuárias e sobre as atividades desempenhadas pelos operadores portuários e dá outras providências. Diário Oficial da União. Brasília, DF. 5 jun. 2013.

BRASIL. *Lei nº 14.047, de 2020*. Dispõe sobre medidas temporárias para enfrentamento da pandemia da Covid-19 no âmbito do setor portuário, sobre a cessão de pátios da administração pública e sobre o custeio das despesas com serviços de estacionamento para a permanência de aeronaves de empresas nacionais de transporte aéreo regular de passageiros em pátios da Empresa Brasileira de Infraestrutura Aeroportuária (Infraero); e altera as Leis nºs 9.719, de 27 de novembro de 1998, 7.783, de 28 de junho de 1989, 12.815, de 5 de junho de 2013, 7.565, de 19 de dezembro de 1986, e 10.233, de 5 de junho de 2001. Secretaria Geral. Brasília, DF, 24 ago. 2020. Disponível em: http://www.planalto.gov.br/ccivil_03/_ato2019-2022/2020/lei/l14047.htm. Acesso em: 15 maio 2022.

CÂMARA, Jacintho Arruda. *Tarifa nas Concessões*. São Paulo: Malheiros, 2009. p. 48.

CARVALHO-FILHO, José dos Santos. *Manual de Direito Administrativo*. 27. ed. São Paulo: Atlas, 2014. p. 344.

CESÁRIO, Natália de Aquino. *A discriminação na cobrança de tarifas de energia e telefonia como estratégia de Administração Pública Inclusiva*. 2014. Trabalho de Conclusão de Curso (Graduação em Direito) – Faculdade de Direito de Ribeirão Preto da Universidade de São Paulo, Ribeirão Preto, 2014. p. 56.

CHENG, Jiannan; YANG, Zhongzhen. The equilibria of Port Investment in a Multi-Port Region in China. *Transportation Research Part E: Logistics and Transportation Review*, v. 108, p. 36-51, dez. 2017.

COGLIANESE, Cary; MENDELSON, Evan. Meta-Regulation and Self-Regulation. *Oxford Handbook Online: Scholarly Research Reviews*, set. 2010.

CUÉLLAR, Leila. Abuso de Posição Dominante no Direito de Concorrência Brasileiro. *In*: CUÉLLAR Leila; MOREIRA, Egon Bockmann. *Estudos de Direito Econômico*. Belo Horizonte: Fórum, 2004. p. 35-41.

CURCINO, Gabrielle dos Anjos. *Análise de adequabilidade de portos às novas teorias e práticas portuárias*: um estudo de caso no porto de Belém. 2007. Dissertação (Mestrado) – Universidade de Brasília, Departamento de Engenharia Civil e Ambiental, Brasília, 2007.

DI PIETRO, Maria Sylvia Zanella. *Direito Administrativo*. 27. ed. São Paulo: Editora Atlas, 2014. p. 112.

EVANS, David S.; PADILLA, A. Jorge. Excessive prices: using economics to define administrable legal rules. *CEPR Discussion Paper*, Londres, nº 4626, set. 2004.

FERREIRA-NETO, João Ferreira; BRITO, Thiago Barros. *Avaliação da capacidade do canal de acesso do porto de santos por simulação de eventos discretos*. São Paulo, 2012. Disponível em: http://www.usp.br/cilip/wpcontent/uploads/2012/01/59-Botter-Ferreira-neto-Pereira-y-Barros-Brito-COMPLETOBrasil1.pdf. Acesso em: 12 maio 2022.

FRANCO, Gladys Vasquez. *La concesión administrativa de servicio público*. Santa Fé de Bogotá: Temis, 1991.

GASPARETTO, Valdirene. *Uma discussão sobre a seleção de direcionadores de custos na implantação do custeio baseado em atividades*. 1999. Dissertação (Mestrado em Engenharia de Produção) – Universidade Federal de Santa Catarina, Florianópolis, 1999.

GIAMBIAGI, Fabio. *Finanças Públicas*. 3. ed. Rio de Janeiro: Editora Campus, 2008. p. 420.

GOMEZ-IBANEZ, Jose. *Regulating infrastructure*: monopoly, contracts and discretion. Cambridge, MA: Harvard University Press, 2003.

GREMAUD, Amaury Patrick. *Economia Brasileira Contemporânea*. 7. ed. São Paulo: Editora Atlas, 2012. p. 164.

GROTTI, Dinorá Adelaide Musetti. *O serviço público e a Constituição brasileira de 1988*. 2001. 439 f. Tese (Doutorado em Direito) – Pontifícia Universidade Católica de São Paulo, São Paulo, 2001. p. 291.

GUIMARÃES, Fernando Vernalha. *Concessão de serviço público*. São Paulo: Saraiva, 2012. p. 175.

HARB, Karina Houat. *Princípio da continuidade do serviço público e interrupção*. Enciclopédia jurídica da PUC-SP. Celso Fernandes Campilongo, Alvaro de Azevedo Gonzaga e André Luiz Freire (coords.). Tomo: Direito Administrativo e Constitucional. Vidal Serrano Nunes Jr., Maurício Zockun, Carolina Zancaner Zockun, André Luiz Freire (coord. de tomo). 1. ed. São Paulo: Pontifícia Universidade Católica de São Paulo, 2017.

HART, Oliver; MOORE, John. Contracts as Reference Points. *The Quaterly Journal of Economics*, v. CXXIII, fev. 2008.

HART, Oliver; FRYDLINGER, David. "Overcoming Contractual Incompleteness: The Role of Guiding Principles". *Working Paper*, [Revised Oct. 2021].

HOJI, Masakasu. *Administração Financeira e Orçamentária:* matemática financeira aplicada, estratégias financeiras, orçamento empresarial. 8. ed. São Paulo: Editora Atlas, 2010.

JUSTEN-FILHO, Marçal. *Comentários* à *Lei de Licitações e Contratos Administrativos*. 4. ed. Rio de Janeiro: Aide Editora, 1996. p. 402.

JUSTEN-FILHO. *Teoria Geral das Concessões de Serviço Público*. São Paulo: Editora Dialética, 2003.

KAHN, Alfred E. *The economics of regulation*: Principles and Institutions. 2. ed. Massachusetts: Cambridge, 1988.

KAPLAN, Robert S. In Defense of Activity-Based Costing Management. *Management Accounting*, p. 58-63, nov.1992.

LOBO, Carlos Augusto da Silveira. Os terminais portuários privativos na Lei n. 8.630/93. *Revista do Direito Administrativo*, Rio de Janeiro, n. 220, p. 19-34, abr./jun. 2000.

MARINELA, Fernanda. *Direito Administrativo*. 4. ed. Niterói: Editora Impetus, 2010. p. 429.

MAROLLA, Eugenia Cristina Cleto. *Concessões de serviço público*: a equação econômico-financeira dos contratos. São Paulo: Verbatim, 2011. p. 40.

MARQUES-NETO, Floriano de Azevedo. Breves considerações sobre o equilíbrio econômico-financeiro nas concessões de serviços públicos. *Revista de Informação Legislativa*, Brasília, v. 40. n. 159, p. 193-197, jul./set. 2003. p. 196.

MARTINS, Eliseu. *Contabilidade de Custos*. 10. ed. São Paulo: Atlas, 2010.

MARTINS, Eliseu; ROCHA, Welington Rocha. *Métodos de custeio comparados*: Custos e Margens Analisados Sob Diferentes Perspectivas. 2. ed. Barueri: Editora Atlas, 2015.

MEIRELLES, Hely Lopes. *Licitação e Contrato Administrativo*. 11. ed. Atualizada por Eurico de Andrade Azevedo. São Paulo: Malheiros, 1996. p.165.

MEIRELLES, Hely Lopes. *Direito Administrativo Brasileiro*. 27. ed. Atualizada por Eurico de Andrade Azevedo. São Paulo: Editora Malheiros, 2002.

MOOR, Fernanda Stracke. *O regime da delegação da prestação de serviços públicos*. Porto Alegre: Livraria do Advogado, 2002. p. 57.

MOREIRA-NETO, Diogo de Figueiredo. Mito e realidade do serviço público. *Revista de Direito da Procuradoria Geral do Estado do Rio de Janeiro*, Rio de Janeiro, v. 53, p. 138-147, 2000.

MOREIRA, Egon Bockmann. *Direito das Concessões de Serviço Público*: Inteligência da Lei 8.987/95 (Parte Geral). São Paulo: Malheiros, 2010. p. 262-330-442.

MUSGRAVE, Richard. *Teoria das Finanças Públicas*. São Paulo: Editora Atlas, 1976.

NOHARA, Irene Patrícia. *Direito Administrativo*. esq. compl. atual. São Paulo: Editora Atlas, 2011. p. 448.

NUNES, António José Avelãs. *A Constituição Europeia*: a Constitucionalização do Neoliberalismo. São Paulo/Coimbra: RT/Coimbra Editora, 2007. p. 95.

OLSON, Mancur. *A Lógica da Ação Coletiva:* os Benefícios Públicos e uma Teoria dos Grupos Sociais. Tradução de Fábio Fernandez. 1. ed. São Paulo: Edusp, 2015.

ORTIZ, Gaspar Arino. *Principios de derecho publico económico*. Lima: Ara Editores, 2004. p. 623.

PADUA, Claudio de Alencar; SOUZA, Eduardo Gonçalves. Superação dos Gargalos Logísticos do Setor Portuário. *Revista do BNDES*, Rio de Janeiro, v. 13, n. 26, p. 55-88, dez. 2006.

PEREZ, Marcos Augusto. *O risco no contrato de concessão de serviço público*. Belo Horizonte: Fórum, 2006. p. 173

RAICHELIS, Raquel. Democratizar a gestão das políticas sociais: um desafio a ser enfrentado pela sociedade civil. *In*: MOTA, Ana E. *et al.* (Org.). *Serviço Social e Saúde*: formação e trabalho profissional. São Paulo: Cortez Editora, 2006.

ROCHA, Carlos Henrique; MARTINS, Francisco Giusepe Donato; SILVA, Francisco Gildemir Ferreira da. Modelo teórico de tarifa portuária baseado na contabilidade de custos gerencial e nas finanças corporativas. *Journal of Transport Literature*, v. 8, n. 1, p. 95-108, 2014.

RUA, Maria das Graças. Análise das políticas: conceitos básicos. *In*: RUA, Maria das Graças; VALADAO, Maria Izabel. *O Estudo da Política*: Temas Selecionados. Brasília: Paralelo 15, 1998.

SALOMÃO, Calixto. *Direito concorrencial*: as estruturas. São Paulo: Malheiros, 1998. p. 192-194.

SCHIRATO, Vitor Rhein. A experiência e as perspectivas da regulação do setor portuário no Brasil. *Revista de Direito Público da Economia – RDPE*, Belo Horizonte, ano 6, n. 23, p. 171-190, jul./set. 2008.

SELZNICK, Philip. Focusing organizational research on regulation. *In*: NOLL, Roger (Ed). *Regulatory Policy and the Social Sciences*. Berkeley: University of California Press, 1985. p. 363-367.

SMITH, Adam. *A riqueza das nações*. Tradução de Norberto de Paula Lima. 3. ed. Rio de Janeiro: Nova Fronteira, 2017.

SOUSA, Erivelto Fioresi. *Proposta de modelo gerencial de custos aplicável a portos*. 2018. 186 f. Tese (Doutorado em Engenharia de Produção) – Universidade Federal do Rio Grande do Sul, Porto Alegre, 2018.

SOUZA, André Luiz de. *A modicidade tarifária nas concessões de serviços públicos*. 2016. 200 f. Dissertação (Mestrado em Ciências) – Faculdade de Direito de Ribeirão Preto, Universidade de São Paulo – USP, Ribeirão Preto, 2016.

SUNDFELD, Carlos Ari. A regulação de preços e tarifas dos serviços de telecomunicações. In: SUNDFELD, Carlos Ari (coord.). *Direito administrativo econômico*. São Paulo: Malheiros, 2000. p. 317-328.

SUNDFELD, Carlos Ari. CÂMARA, Jacintho Arruda. O poder normativo das agências em matéria tarifária e a legalidade o caso da assinatura do serviço telefônico. *In*: ARAGÃO, Alexandre Santos de (coord.). *O poder normativo das agências reguladoras*. Rio de Janeiro: Forense, 2006. p. 610.

THE WORLD BANK. *Port Reform Toolkit PPIAF, World Bank, 2nd Edition*: Module 1 – Framework For Port Reform. Washington, DC: The International Bank for Reconstruction and Development / The World Bank, 2007. p. 11.

TOVAR, Antonio Carlos de Andrade; Ferreira, Gian Carlos Moreira. A Infra-Estrutura Portuária Brasileira: O Modelo Atual e Perspectivas para seu Desenvolvimento Sustentado. *Revista do BNDES*, Rio de Janeiro, v. 13, n. 25, p. 209-230, jun. 2006.

UDAETA, Miguel Edgar Morales. Planejamento Integrado de Recursos Energéticos – PIR – para o setor elétrico: pensando o desenvolvimento sustentável. 1997. Tese (Doutorado em Engenharia) – Escola Politécnica da Universidade de São Paulo, São Paulo, 1997.

United Nations Conference on Trade and Development (UNCTAD). *Strategic Port Pricing*, 21 fev. 1995.

VISCUSI, W. Kip; VERNON, John M.; HARRINGTON- JR., Joseph E. *Economics of Regulation and Antitrust*. MA: Cambridge, The MIT Press, 2000.

WALD, Arnoldo. GAENSLY, Marina. Concessão de rodovias e os princípios da supremacia do interesse público, da modicidade tarifária e do equilíbrio econômico-financeiro do contrato. *Revista dos Tribunais*, São Paulo, v. 877, p. 11-26, nov. 2008.

WILSON, Robert. *Strategic Analysis of Auctions*. Stanford Business School. Prepared for The Handbook of Game Theory. Amsterdam: North-Holland/Elsevier Science Publishers, 1990.

APÊNDICES

APÊNDICE I – Tabelas de apoio

TABELA 36
Método de Custeio A – visão resumida

Objetos de Custo	Grupo Tarifário	Total de Custos Indiretos	Total de Despesas Administrativas	Total por Grupo Tarifário
Da Infraestrutura de Acesso Aquaviário	**1**	18,4%	19,8%	19,6%
Da Infraestrutura de Acostagem	**2**	12,7%	14,2%	13,9%
Da Infraestrutura Terrestre	**3**	56,6%	30,8%	35,3%
De Utilização de Armazéns	**5**	1,0%	0,9%	0,9%
Da Utilização de Equipamentos	**6**	0,0%	0,0%	0,0%
Dos Diversos Padronizados	**7**	1,3%	1,2%	1,2%
Da Movimentação de Cargas	**4**	0,0%	0,0%	0,0%
Dos Contratos de Arrendamento		2,5%	16,3%	13,9%
Dos Contratos de Uso Temporário	**8**	6,8%	16,0%	14,4%
Dos Complementares	**9**	0,3%	0,3%	0,3%
Das Receitas Acessórias		0,4%	0,4%	0,4%
TOTAL		**100,0%**	**100,0%**	**100,0%**

Fonte: ANTAQ, 2007a.

TABELA 37

Método de Custeio B – visão completa

MÉTODO DE CUSTEIO		Porcentuais de Rateio - Custos Indiretos				Porcentuais de Rateio - Despesas						
Objetos de Custo	Grupo Tarifário	Pessoal	Serviços de Terceiros	Materiais	Outros Custos	Pessoal	Utilidades	Serviços de Terceiros	Despesas gerais	Crédito de Liquidação Duvidosa	Outras Despesas Operacionais	Depreciação e Amortização
Da Infraestrutura de Acesso Aquaviário	1	18,4%	18,4%	18,4%	28,4%	18,4%	18,4%	18,4%	18,4%	40,0%	18,4%	40,0%
Da Infraestrutura de Acostagem	2	12,7%	12,7%	12,7%	5,5%	12,7%	12,7%	12,7%	12,7%	40,0%	12,7%	35,0%
Da Infraestrutura Terrestre	3	56,6%	56,6%	56,6%	38,2%	30,9%	30,9%	30,9%	39,1%	0,0%	39,1%	0,0%
De Utilização de Armazéns	5	1,0%	1,0%	1,0%	0,0%	1,0%	1,0%	1,0%	1,0%	0,0%	1,0%	0,0%
Da Utilização de Equipamentos	6	0,0%	0,0%	0,0%	0,0%	0,0%	0,0%	0,0%	0,0%	0,0%	0,0%	0,0%
Dos Diversos Padronizados	7	1,3%	1,3%	1,3%	0,8%	1,3%	1,3%	1,3%	1,3%	0,0%	1,3%	0,0%
Da Movimentação de Cargas	4	0,0%	0,0%	0,0%	0,0%	0,0%	0,0%	0,0%	0,0%	0,0%	0,0%	0,0%
Dos Contratos de Arrendamento		2,5%	2,5%	2,5%	13,4%	17,5%	17,5%	17,5%	13,4%	10,0%	13,4%	15,0%
Dos Contratos de Uso Temporário	8	6,8%	6,8%	6,8%	13,4%	17,5%	17,5%	17,5%	13,4%	10,0%	13,4%	10,0%
Dos Complementares	9	0,3%	0,3%	0,3%	0,0%	0,3%	0,3%	0,3%	0,3%	0,0%	0,3%	0,0%
Das Receitas Acessórias		0,4%	0,4%	0,4%	0,3%	0,4%	0,4%	0,4%	0,4%	0,0%	0,4%	0,0%
TOTAL		100,0%	100,0%	100,0%	100,0%	100,0%	100,0%	100,0%	100,0%	100,0%	100,0%	100,0%

TABELA 38

Demonstração de Resultados de Exercícios regulatória anual

(continua) (conclusão)

Código	Conta
3	RECEITAS
3.01	Receita Bruta dos Serviços Portuários
3.01.01	Receitas da Infraestrutura de Acesso Aquaviário
3.01.01.02	Cabotagem
3.01.01.03	Navegação Interior
3.01.01.04	Outros
3.01.01.99	(–) Ajuste a Valor Presente – Infraestrutura de Acesso Aquaviário
3.01.02	Receitas da Infraestrutura de Acostagem
3.01.02.01	Longo Curso
3.01.02.02	Cabotagem
3.01.02.03	Navegação Interior
3.01.02.04	Outros
3.01.02.99	(–) Ajuste a Valor Presente – Infraestrutura de Acesso Aquaviário
3.01.03	Receitas da Infraestrutura Operacional ou Terrestre
3.01.03.01	Longo Curso, Cabotagem e Navegação Interior
3.01.03.99	(–) Ajuste a Valor Presente – Infraestrutura Operacional ou Terrestre
3.01.04	Receitas por Movimentação de Cargas
3.01.04.01	Longo Curso, Cabotagem e Navegação Interior
3.01.04.99	(–) Ajuste a Valor Presente – Movimentação de Cargas
3.01.05	Receitas de Armazenagem
3.01.05.06	Tipos de Carga
3.01.05.99	(–) Ajuste a Valor Presente – Armazenagem
3.01.06	Receitas por Utilização de Equipamentos
3.01.07	Receitas por Diversos Padronizados
3.01.08	Receitas com Contratos de Arrendamento
3.01.08.01	Carga Geral Solta
3.01.08.02	Carga Geral Conteinerizada
3.01.08.03	Granel Sólido
3.01.08.04	Granel Líquido
3.01.08.05	Outros
3.01.08.99	(–) Ajuste a Valor Presente – Arrendamento
3.01.09	Receitas com Contratos de Uso Temporário

(continua)

Código	Conta
3.01.09.05	Outros
3.01.09.99	(–) Ajuste a Valor Presente – Contratos de uso temporário
3.01.10	Receitas Alternativas
3.01.10.02	Outras receitas operacionais
3.01.10.03	Receitas Complementares
3.01.10.03.01	Fornecimentos tarifados
3.01.10.04	Receitas Acessórias
3.01.10.04.01	Patrimoniais dentro da área do porto organizado
3.01.10.04.02	Patrimoniais fora da área do porto organizado
3.01.10.04.03	Publicidade
3.01.10.99	(–) Ajuste a Valor Presente – Receitas Alternativas
3.01.11	Deduções da Receita
3.01.11.01	Abatimentos
3.01.11.02	Impostos, Taxas e Contribuições sobre Vendas e Serviços
3.01.11.03	Cancelamento e Devoluções
3.02	Receita Operacional Líquida
4	CUSTOS DA ATIVIDADE
4.01	Custos Alocados à Infraestrutura Marítima
4.01.01	Custo com Pessoal
4.01.02	Serviços
4.01.03	Materiais
4.01.04	Outros
4.01.04.99	Outros Custos
4.02	Custos Alocados à Infraestrutura de Acostagem
4.02.01	Custo com Pessoal
4.02.02	Serviços
4.02.03	Materiais
4.02.04	Outros
4.02.04.99	Outros Custos
4.03	Custos Alocados à Infraestrutura Operacional e Terrestre
4.03.01	Custo com Pessoal
4.03.02	Serviços
4.03.03	Materiais
4.03.04	Outros
4.03.04.99	Outros Custos

(continua)

Código	Conta
4.04	Custos Alocados à Armazenagem
4.04.01	Custo com Pessoal
4.04.02	Serviços
4.04.03	Materiais
4.04.04	Outros
4.04.04.99	Outros Custos
4.05	Custos Alocados ao Aluguel de Equipamentos
4.05.01	Custo com Pessoal
4.05.02	Serviços
4.05.03	Materiais
4.05.04	Outros
4.05.04.99	Outros Custos
4.06	Custos Alocados aos Diversos Padronizados
4.06.01	Custo com Pessoal
4.06.02	Serviços
4.06.03	Materiais
4.06.04	Outros
4.06.04.99	Outros Custos
4.07	Custos Alocados à Movimentação de Cargas
4.07.01	Custo com Pessoal
4.07.02	Serviços
4.07.03	Materiais
4.07.04	Outros
4.07.04.99	Outros Custos
4.08	Custos Alocados aos Contratos de Arrendamentos
4.08.01	Custo com Pessoal
4.08.02	Serviços
4.08.03	Materiais
4.08.04	Outros
4.08.04.99	Outros Custos
4.09	Custos Alocados aos Contratos de Uso Temporário
4.09.01	Custo com Pessoal
4.09.02	Serviços
4.09.03	Materiais
4.09.04	Outros

(continua)

Código	Conta
4.09.04.99	Outros Custos
4.10	Custos Indiretos
4.10.01	Custo com Pessoal
4.10.02	Serviços
4.10.03	Materiais
4.10.04	Outros
4.10.04.99	Outros Custos
4.11	Custos Alocados à Outorga
4.11.01	Parcela Fixa da Outorga Onerosa
4.11.02	Parcela Variável da Outorga Onerosa
4.12	Custos Alocados às Receitas Complementares
4.12.01	Custo com Pessoal
4.12.02	Serviços
4.12.03	Materiais
4.12.04	Outros
4.12.04.99	Outros Custos
4.13	Custos Alocados às Receitas Acessórias
5	LUCRO OPERACIONAL BRUTO (3 – 4)
6	DESPESAS
6.01	Despesas Administrativas e Gerais
6.01.01	Despesas com Pessoal
6.01.02	Serviços de Terceiros
6.01.03	Utilidades
6.01.04	Despesas Gerais
6.01.06	Despesas para Crédito de Liquidação Duvidosa
6.01.06.01	Despesas para Crédito de Liquidação Duvidosa
6.01.06.99	Outras Despesas para Crédito de Liquidação Duvidosa
6.01.07	Outras Despesas Operacionais
6.01.07.01	Provisões
6.01.07.02	Ajustes de Estoques
6.01.07.03	Doações e Brindes
6.01.07.04	Despesas com Patrocínio
6.01.07.05	Fundo da Infância e da Adolescência
6.01.07.06	Baixa de Títulos Incobráveis
6.01.07.07	Despesas Tributárias

(continua)

Código	Conta
6.01.07.08	Despesas com Acidentes
6.01.07.09	Multas
6.01.07.99	Redução ao Valor Recuperável
6.02	RESULTADO ANTES DOS JUROS, IMPOSTOS DE RENDA, CONTRIBUIÇÃO SOCIAL, DEPRECIAÇÃO E AMORTIZAÇÃO (LAJIDA) (5 – 6.1)
6.03	Depreciação, Amortização e Exaustão
6.03.01	Depreciação, Amortização e Exaustão
6.03.01.01	Despesas com Depreciação
6.03.01.02	Despesas com Amortização
6.03.01.03	Despesas com Exaustão
7	RESULTADO ANTES DOS JUROS, IMPOSTOS DE RENDA E CONTRIBUIÇÃO SOCIAL (LAJIR) (5 – 6)
8	RESULTADOS FINANCEIROS LÍQUIDOS
8.01	Receitas e Despesas Financeiras
8.01.01	Receitas Financeiras
8.01.01.01	Juros Ativos
8.01.01.02	Variações Cambiais Ativas
8.01.01.03	Variações Monetárias Ativas
8.01.01.04	Instrumentos Financeiros Derivativos
8.01.01.05	Receita Financeira de Ajuste a Valor Presente
8.01.01.06	Rendimento de Títulos Mantido até o Vencimento
8.01.01.07	Ajuste Positivo de Marcação a Mercado de Títulos
8.01.01.99	Outras Receitas Financeiras
8.01.02	Despesas Financeiras
8.01.02.01	Juros Passivos
8.01.02.02	Descontos Financeiros
8.01.02.03	Variações Cambiais Passivas
8.01.02.04	Variações Monetárias
8.01.02.05	Instrumentos Financeiros Derivativos
8.01.02.06	Encargos Financeiros – AVP
8.01.02.07	Ajuste Negativo de Marcação a Mercado
8.01.02.99	Outras Despesas Financeiras
9	RESULTADO OPERACIONAL (7 + 8)
10	RESULTADO NÃO OPERACIONAL
10.01	Outras Receitas e Despesas Não Operacionais

(conclusão)

Código	Conta
10.01.01	Receitas Não Operacionais
10.01.01.01	Receitas Não Operacionais
10.01.01.99	Outras Receitas Não Operacionais
10.01.02	Despesas Não Operacionais
10.01.02.01	Despesas Não Operacionais
10.01.02.99	Outras Despesas Não Operacionais
11	RESULTADO ANTES DO IMPOSTO DE RENDA E CONTRIBUIÇÃO SOCIAL (LAIRCS) (9 + 10)
11.01	Contribuição Social
11.02	Imposto de Renda
12	RESULTADO LÍQUIDO DO EXERCÍCIO

Fonte: ANTAQ, 2019.

APÊNDICE II – Padronização da agência reguladora

TABELA 39

Tabelas tarifárias padronizadas

Tabela I – Infraestrutura de Acesso Aquaviário

Devido pelo armador ou requisitante

(continua)

ITEM	FORMA DE INCIDÊNCIA
1	Tarifa fixa por acesso aquaviário (entrada e saída) de uma embarcação.
2	Tarifa variável, pela tonelagem de porto bruto da embarcação (TPB / DWT):
2.1	Para operações de longo curso:
2.1.1	De carga geral ou de projeto, solta.
2.1.2	De carga geral, conteinerizada.
2.1.3	De granéis sólidos.
2.1.4	De granéis líquidos.
2.1.5	De petróleo, de seus derivados ou outros combustíveis.
2.1.6	De embarcações do tipo *roll-on roll-off.*
2.1.7	De embarcações de turismo ou de transporte de passageiros.
2.1.8	De carga perigosa ou tóxica.
2.1.9	Com outros fins ou que não movimentam carga, inclusive fundeio para abastecimento.
2.2	Para operação de cabotagem ou navegação interior:
2.2.1	De carga geral ou de projeto, solta.
2.2.2	De carga geral, conteinerizada.
2.2.3	De granéis sólidos.
2.2.4	De granéis líquidos.
2.2.5	De petróleo, de seus derivados ou outros combustíveis.

(conclusão)

ITEM	FORMA DE INCIDÊNCIA
2.2.6	De embarcações do tipo *roll-on roll-off*.
2.2.7	De embarcações de turismo ou de transporte de passageiros.
2.2.8	De carga perigosa ou tóxica.
2.2.9	Com outros fins ou que não movimentam carga ou passageiro, inclusive fundeio para abastecimento.
3	Tarifa fixa para fundeio de embarcações de longo curso, de cabotagem, de navegação interior, de apoio marítimo, por período de 24 horas.

Fonte: ANTAQ, 2019.

Tabela II – Instalações de Acostagem
Devido pelo armador ou requisitante

ITEM	FORMA DE INCIDÊNCIA
1	Para o berço (*inserir o nome ou sigla do berço, repetindo o item 1 e subitens para os demais berços existentes*) *
1.1	Por metro linear de instalação ocupada por embarcação, por hora ou fração, até o limite de 48 horas:
1.1.1	Para operações de longo curso no berço.
1.1.2	Para operação de cabotagem ou navegação interior.
1.2	Por metro linear de instalação ocupada por embarcação, por hora ou fração, após 48 horas:
1.2.1	Para operações de longo curso no berço.
1.2.2	Para operação de cabotagem ou navegação interior.

Fonte: ANTAQ, 2019.
*No caso de preço único para todos os berços, escrever *"– para todos os berços"*.

Tabela III – Infraestrutura Operacional ou Terrestre
Devido pelo operador portuário ou requisitante

(continua)

ITEM	FORMA DE INCIDÊNCIA
1	Por tonelada de mercadoria movimentada a partir da embarcação até as instalações de armazenagem ou limite do porto, ou no sentido inverso.
2	Por contêiner movimentado a partir da embarcação até as instalações de armazenagem ou limite do porto, ou no sentido inverso.
3	Por veículo movimentado pelo sistema *roll-on roll-off*.

(conclusão)

ITEM	FORMA DE INCIDÊNCIA
4	Por passageiro:
4.1	Embarcado ou desembarcado no porto, cuja origem seja um porto nacional.
4.2	Embarcado ou desembarcado no porto, cuja origem seja um porto internacional.
4.3	Em trânsito, independente da origem.
5	Por tonelada de combustível ou inflamáveis movimentada a partir de instalações portuárias em veículo-tanque, para abastecimento de embarcações.
6	Por tonelada ou fração de fornecimento de insumos de bordo.
7	Por tonelada ou fração de fornecimento de insumos para atendimento a serviços de reparo e manutenção de embarcações.
8	Pela permanência de veículos, vagão ou equipamentos de movimentação de carga de terceiros ou apoio à atividade *off-shore*, antes, durante e após a execução da operação portuária.
8.1	No primeiro período de 08 (oito) horas, por acesso e por veículo, vagão ou equipamento.
8.2	Pelo período excedente a 08 (oito) horas, por veículo, vagão ou por equipamento, por hora ou fração.
9	Por tonelada de mercadoria ou carga movimentada em sistemas de conjuntos de equipamentos.
10	Por tonelada e fração de carga movimentada a partir da embarcação empregada na navegação de apoio marítimo à exploração de petróleo e gás, em apoio às atividades *offshore*.
11	Por cabeça de animal vivo embarcado ou desembarcado.

Fonte: ANTAQ, 2019.

Tabela IV – Movimentação de Cargas

Devido pelo dono da mercadoria ou requisitante

ITEM	FORMA DE INCIDÊNCIA
1	Por tonelada de mercadoria movimentada a partir da embarcação até as instalações de armazenagem ou limite do porto, ou no sentido inverso.
2	Por contêiner movimentado a partir da embarcação até as instalações de armazenagem ou limite do porto, ou no sentido inverso.
3	Por veículo movimentado pelo sistema *roll-on roll-off*.

Fonte: ANTAQ, 2019.

Tabela V – Utilização de Infraestrutura de Armazenagem

Devido pelo dono da mercadoria ou requisitante

(continua)

ITEM	FORMA DE INCIDÊNCIA
1	Áreas cobertas:
1.1	Mercadorias diversas de importação do estrangeiro, ainda sujeitas ao desembaraço aduaneiro, recebidas em armazéns ou pátios:
1.1.1	No primeiro período de 10 dias ou fração, por dia.
1.1.2	No segundo e períodos subsequentes de 10 dias ou fração, por dia.
1.2	Mercadorias diversas, nacionais ou nacionalizadas, recebidas em armazéns ou pátios, por tonelada:
1.2.1	No primeiro período de 10 dias ou fração, por dia.
1.2.2	No segundo e períodos subsequentes de 10 dias ou fração, por dia.
1.3	Contêiner com mercadorias nacionais ou nacionalizadas, por unidade:
1.3.1	No primeiro período de 10 dias ou fração, por dia.
1.3.2	No segundo e períodos subsequentes de 10 dias ou fração, por dia.
1.4	Contêiner vazio, por unidade:
1.4.1	No primeiro período de 10 dias ou fração, por dia.
1.4.2	No segundo e períodos subsequentes de 10 dias ou fração, por dia.
1.5	Mercadorias a granel sólido, por tonelada:
1.5.1	No primeiro período de 10 dias ou fração, por dia.
1.5.2	No segundo e períodos subsequentes de 10 dias ou fração, por dia.
1.6	Mercadorias a granel líquido, por tonelada:
1.6.1	No primeiro período de 10 dias ou fração, por dia.
1.6.2	No segundo e períodos subsequentes de 10 dias ou fração, por dia.
1.7	Por contêiner refrigerado, com mercadoria nacional ou nacionalizada, por unidade:
1.7.1	No primeiro período de 10 dias ou fração, por dia.
1.7.2	No segundo e períodos subsequentes de 10 dias ou fração, por dia.
2	Áreas descobertas:
2.1	Mercadorias diversas de importação do estrangeiro, ainda sujeitas ao desembaraço aduaneiro, recebidas em armazéns ou pátios:
2.1.1	No primeiro período de 10 dias ou fração, por dia.
2.1.2	No segundo e períodos subsequentes de 10 dias ou fração, por dia.
2.2	Mercadorias diversas, nacionais ou nacionalizadas, recebidas em armazéns ou pátios, por tonelada:
2.2.1	No primeiro período de 10 dias ou fração, por dia.

(conclusão)

ITEM	FORMA DE INCIDÊNCIA
2.2.2	No segundo e períodos subsequentes de 10 dias ou fração, por dia.
2.3	Contêiner com mercadorias nacionais ou nacionalizadas, por unidade:
2.3.1	No primeiro período de 10 dias ou fração, por dia.
2.3.2	No segundo e períodos subsequentes de 10 dias ou fração, por dia.
2.4	Contêiner vazio, por unidade:
2.4.1	No primeiro período de 10 dias ou fração, por dia.
2.4.2	No segundo e períodos subsequentes de 10 dias ou fração, por dia.
2.5	Mercadorias a granel sólido, por tonelada:
2.5.1	No primeiro período de 10 dias ou fração, por dia.
2.5.2	No segundo e períodos subsequentes de 10 dias ou fração, por dia.
2.6	Mercadorias a granel líquido, por tonelada:
2.6.1	No primeiro período de 10 dias ou fração, por dia.
2.6.2	No segundo e períodos subsequentes de 10 dias ou fração, por dia.
2.7	Por contêiner refrigerado, com mercadoria nacional ou nacionalizada, por unidade:
2.7.1	No primeiro período de 10 dias ou fração, por dia.
2.7.2	No segundo e períodos subsequentes de 10 dias ou fração, por dia.
3	Veículos, por veículo e por dia.
3.1	No primeiro período de 10 dias ou fração, por dia.
3.2	No segundo e períodos subsequentes de 10 dias ou fração, por dia.
4	Carga de Projeto, por carga e por dia.
4.1	No primeiro período de 10 dias ou fração, por dia.
4.2	No segundo e períodos subsequentes de 10 dias ou fração, por dia.

Fonte: ANTAQ, 2019.

Tabela VI – Utilização de Equipamentos

Devido pelo requisitante

(continua)

ITEM	FORMA DE INCIDÊNCIA
1	Pela utilização de guindaste elétrico de pórtico, por hora ou fração:
1.1	Com capacidade até 5 toneladas.
1.2	Com capacidade superior a 5 toneladas.
2	Pela utilização de guindaste elétrico de pórtico e equipamentos específicos, por tonelada movimentada.

(conclusão)

ITEM	FORMA DE INCIDÊNCIA
3	Pela utilização de empilhadeira, por hora ou fração:
3.1	Com capacidade até 3 toneladas.
3.2	Com capacidade superior a 3 toneladas.
4	Pela utilização de autoguindaste, por hora ou fração.
5	Pela utilização de pá carregadeira, por hora ou fração.
6	Pela utilização de *grab*, por hora ou fração.
7	Pela utilização de caminhão basculante, por hora ou fração.
8	Pela utilização de carreta, por hora ou fração.
9	Pela utilização de locomotiva, por hora ou fração.
10	Pela utilização de trator, por hora ou fração.
11	Pela utilização de vagão, por hora ou fração.
12	Pela utilização de moega, por hora ou fração.
13	Pela utilização de moega, com tombador, por hora ou fração.
14	Pela utilização de moega ferroviária, por hora ou fração.
15	Pela utilização de balança rodoviária, por hora ou fração.
16	Pela utilização de eletroímã, por hora ou fração.
17	Pela utilização de escada de embarque ou desembarque de pessoas, por dia ou fração.
18	Pela utilização de pallet, por dia ou fração.

Fonte: ANTAQ, 2019

Tabela VII – Diversos Padronizados

Devido pelo requisitante

(continua)

ITEM	FORMA DE INCIDÊNCIA
1	Pela entrega de água potável, através de tubulação, à embarcação ou consumidor instalado na área do porto, por m³ por mês ou fração.
2	Pela entrega de energia elétrica:
2.1	à embarcação ou consumidor instalado na área do porto, por kWh por mês ou fração;
2.2	para contêiner refrigerado ou para unidade refrigeradora tipo *clip-on*, por dia ou fração.
3	Pelo carregamento ou descarga de mercadoria em veículo de terceiros, por tonelada de carga.
4	Pela pesagem de mercadoria carregada em veículo de terceiros, por veículo de transporte.

(conclusão)

ITEM	FORMA DE INCIDÊNCIA
5	Pela pesagem de tara de veículos de terceiros, por veículo de transporte.
6	Pela pesagem de mercadorias carregadas em vagões ou outros veículos, por tonelada ou fração.
7	Pelo controle, conferência, termo de vistoria ou verificação de peso no recebimento ou na entrega de mercadoria ou carga, por tonelada ou fração.
8	Pela retirada de amostra no recebimento na entrega de mercadoria ou carga, por amostra.
9	Pela consolidação ou desconsolidação de contêiner, por unidade.
10	Pela utilização de área em armazéns com fins diversos à armazenagem, por m^2, por dia.
11	Pela utilização de área em pátios, por m^2, por dia.
12	Pelo fornecimento de certidões ou certificados, por unidade.
13	Pelo cadastramento de veículos de transporte, para trânsito na área do porto organizado, por veículo.
14	Pela utilização de área coberta em caráter temporário e precário para o atendimento ou apoio à operação portuária, por m^2, por dia.
15	Pela utilização de área descoberta em caráter temporário e precário para o atendimento ou apoio à operação portuária, por m^2, por dia.
16	Guarda como fiel depositário de mercadorias em áreas arrendadas ou públicas, por dia.
17	Guarda como fiel depositário de mercadorias em áreas arrendadas ou públicas, por % do valor CIF da mercadoria.
18	Pelos serviços de amarração e desamarração de embarcações, por embarcação atracada e por manobra.
19	Pela inspeção não invasiva de cargas conteinerizadas, por contêiner inspecionado.
20	Pela retirada de resíduos sólidos não perigosos do cais, por hora.

Fonte: ANTAQ, 2019.

Tabela VIII – Uso Temporário

Devido pelo contratado

ITEM	FORMA DE INCIDÊNCIA
1	Pelo uso de área para movimentação ou armazenagem de cargas não consolidadas, por m^2, por mês ou fração.
2	Pelo uso de área para movimentação ou armazenagem de cargas destinadas à plataforma *offshore*, por m^2, por mês ou fração.

Fonte: ANTAQ, 2019.

TABELA 40
Abrangências típicas das Tabelas Tarifárias

Objeto de Custo	Abrangência
I	As tarifas desta tabela remuneram a utilização da infraestrutura de acesso aquaviário, isto é: 1. As obrigações da Administração Portuária definidas nos arts. 17 e 18 da Lei nº 12.815/2013; 2. Profundidades adequadas às embarcações no canal de acesso, nas bacias de evolução e junto às instalações de acostagem; 3. Balizamento e a sinalização do canal de acesso, desde o seu início até as instalações de acostagem.
II	As tarifas desta tabela remuneram a utilização da infraestrutura de acostagem, isto é: 1. As obrigações da Administração Portuária definidas nos arts. 17 e 18 da Lei nº 12.815/2013; 2. Cais, píeres e pontes de atracação que permitam a execução segura da movimentação de cargas, de tripulantes e de passageiros; 3. Instalações, redes e sistemas, localizados na faixa de cais, para iluminação, água, esgoto, energia elétrica, telecomunicações, combate a incêndio, proteção ambiental, segurança do trabalho, sanitários e estacionamento, bem como vigilância dessas dependências portuárias.
III	As tarifas desta tabela remuneram a utilização da infraestrutura terrestre, por ela mantida, que os operadores portuários ou requisitantes encontram para acesso e execução de suas operações no porto, incluindo: • Obrigações da Administração Portuária definidas no arts. 17 e 18 da Lei nº 12.815/2013; • Arruamento; • Pavimentação; • Sinalização e iluminação, • Acessos rodoviários ou ferroviários; • Dutos e instalações de combate a incêndio; • Redes de água; • Esgoto; • Energia elétrica e telecomunicação; • Instalações sanitárias; • Áreas de estacionamento; • Sistema de proteção ao meio ambiente e de segurança do trabalho; • Vigilância das dependências portuárias.
IV	As tarifas desta tabela remuneram a movimentação de cargas nos portos organizados, incluindo o recebimento, conferência, transporte interno, abertura de volumes para conferência aduaneira, manipulação, arrumação e entrega, bem como o carregamento ou descarga de embarcações.
V	As tarifas desta tabela remuneram o atendimento prestado pela Administração Portuária de fiel guarda e conservação de mercadorias importadas, a exportar ou em trânsito, depositadas sob sua responsabilidade, incluindo o recebimento, abertura para conferência aduaneira, pesagem das mercadorias avariadas, bem como a entrega.
VI	As tarifas desta tabela remuneram a utilização de equipamentos portuários e acessórios, fornecidos pela Administração Portuária, mediante requisição.
VII	As tarifas desta tabela remuneram os atendimentos prestados pela Administração do Porto no fornecimento de água e de energia elétrica, na atracação, desatracação e deslocamento das embarcações ao longo do local de acostagem e, ainda, quaisquer préstimos de natureza diversa ou não enquadrados nas tabelas anteriores.

Fonte: ANTAQ, 2019.

Esta obra foi composta em fonte Palatino Linotype, corpo 10
e impressa em papel Pólen Bold 70g (miolo) e Supremo 250g (capa)
pela Gráfica Formato.